SOUVENIRS

D'UN

OFFICIER COLONIAL

ERRATA

Page 106. — 20e ligne, *lire* frère *au lieu de* père.

Page 129. — 36e ligne, *lire* Le Lion *au lieu de* Le Léon.

Page 135. — 8e ligne, *lire* Pé-Tang *au lieu de* Pékin.

Page 142. — 15e ligne, *lire* exercée *au lieu de* exécutée.

Page 166. — 32e ligne, *supprimer les deux mots :* de partir.

Page 172. — 24e ligne, *lire* la part prise *au lieu de* la prise.

Page 192. — Après la dernière ligne, *ajouter :* avec Mme de Rosthorn, qui...

Page 205. — 27e ligne, *lire* XVIIIe *au lieu de* XXIIIe.

Page 208. — 20e ligne, *lire* anglican *au lieu de* anglais.

Page 211. — 6e ligne, *lire* arme *au lieu de* armée.

Page 231. — 8e ligne, *lire* Pou-Yi *au lieu de* Kouang-Su.

Page 256. — 12e ligne, *lire* sérieux *au lieu de* curieux.

Page 202. — 21e ligne, *lire* Marcilhaci *au lieu de* Marcilhau.

Page 293. — 33e ligne, *lire* Bèthemont *au lieu de* Béthencourt.

Page 294. — 8e ligne, *lire* Bèthemont *au lieu de* Béthencourt.

Page 314. — 29e ligne, *lire* général von Bulow, *au lieu de* Bulow.

GÉNÉRAL DE PÉLACOT

Grand Officier de la Légion d'Honneur

SOUVENIRS D'UN OFFICIER COLONIAL

(1871-1918)

ALGÉRIE — TUNISIE
TONKIN
NOUVELLE-CALÉDONIE
CHINE
MADAGASCAR

AURILLAC — IMPRIMERIE MODERNE

—

1926

AVANT-PROPOS

Ma carrière militaire a été bien remplie et particulièrement variée.

J'ai eu l'occasion de voir beaucoup de choses intéressantes et d'approcher un certain nombre de personnages qui feront figure dans l'Histoire.

J'avais pris l'habitude, depuis le moment où je suis entré à l'École supérieure de Guerre, de prendre au jour le jour des notes sur tout ce que je voyais et sur tout ce que je faisais.

Cela m'a permis de donner satisfaction au désir exprimé par plusieurs de mes amis, de me voir écrire ces souvenirs.

Je n'ai pas su résister aux instances qui ont été faites auprès de moi et je me suis mis au travail, avec la pensée de faire une petite plaquette, résumant les événements auxquels j'ai pris part, pendant près d'un demi siècle.

J'ai éprouvé un plaisir extrême à revivre ces nombreuses années de mon existence et je me suis laissé entraîner beaucoup plus loin que je l'avais projeté.

Au cours de ma longue carrière, j'ai rencontré beaucoup de chefs, dans la vraie acception du mot, bons, intelligents, énergiques, droits et exigeants, comme doivent l'être des militaires soucieux d'assurer un bon service.

J'en ai malheureusement rencontré quelques-uns sans caractère, n'ayant en vue que leur avancement et susceptibles de toutes les capitulations de conscience pour donner satisfaction à leur ambition.

J'ai également trouvé sur mon chemin quelques rares officiers, affiliés à une secte ennemie de l'armée, et qui, sûrs de l'impunité, m'ont tiré dans les jambes, parce qu'ils avaient compris que je les avais devinés et que je les appréciais à leur valeur.

Ces chefs intrigants et ces officiers félons appartenaient à une catégorie d'officiers, qui a surgi dans l'armée, quelques années avant la guerre, à une époque où la délation et la politique y avaient été introduites par le chef de l'armée lui-même, le général André de sinistre mémoire et plusieurs de ses successeurs.

Pour le récit de ces souvenirs, j'ai bien été obligé de parler de quelques-uns de ces officiers, mais je n'ai pas écrit leurs noms et je me suis contenté de les désigner par des initiales.

Les officiers de l'armée coloniale qui les ont connus, n'auront pas de mal à les identifier, car leur réputation était bien établie.

Ma carrière militaire s'est déroulée sur les points les plus variés de notre planète : j'ai donc beaucoup voyagé et j'ai cru devoir donner quelques renseignements très brefs sur chacun des pays que j'ai visités.

Je n'ai pas la prétention d'instruire mes lecteurs, je serais très heureux si je pouvais les intéresser. Ce serait pour moi la plus grande satisfaction que j'ose espérer de ce travail, que je me suis imposé, pendant les loisirs de ma retraite.

Voici quelles sont les grandes divisions de ces souvenirs :

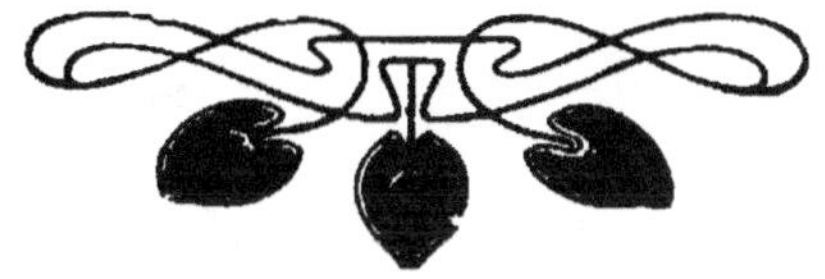

NOTA. — Je dois signaler que j'ai emprunté quelques détails descriptifs dans le grand Larousse illustré et dans l'Illustration ; j'ai recueilli des documents pour la description de la Nouvelle-Calédonie dans un ouvrage intitulé « Marins et Missionnaires par le Père A. de Salinis S. J. »

SOUVENIRS

D'UN

OFFICIER COLONIAL

CHAPITRE I

Débuts de ma carrière (1871)

Ma carrière militaire tout entière s'est écoulée entre la guerre de 1870-1871 contre l'Allemagne, à laquelle j'ai pris part comme engagé volontaire, et la guerre de 1914, à laquelle j'ai participé, pendant les huit premiers mois, quoique appartenant à la deuxième section de l'Etat-Major général.

Né en 1851, à Besse (Puy-de-Dôme), j'ai fait la plus grande partie de mes études à Cahors, où mon père était fonctionnaire.

Ce dernier, ayant été nommé inspecteur de l'enregistrement à Gap, puis au Puy, j'ai terminé mes études au Lycée de Lyon, où j'ai préparé mon baccalauréat ès-sciences et l'examen de Saint-Cyr.

J'ai passé ces deux examens en juillet 1870 et j'ai encore le souvenir de l'enthousiasme, provoqué à Lyon, par la déclaration de guerre.

Pendant que je passais l'examen oral du baccalauréat, le 22 juillet 1870, j'étais bien un peu troublé, par les cris de « à Berlin », que proférait la foule, qui escortait les troupes se rendant à la gare pour s'embarquer.

Les examinateurs, du reste, avaient eux aussi l'esprit préoccupé et ne prêtaient pas une bien grande attention à mes réponses.

Ils firent, ce jour-là, preuve d'une indulgence inaccoutumée, car je crois bien que presque tous les candidats furent reçus.

Je passai les premiers mois de la guerre dans ma famille, au Puy, où je rongeais mon frein, car dès mon arrivée, j'avais fait part de mon désir de m'engager, à mon père, qui s'opposa à ce projet, parce que mon frère aîné était déjà à l'armée. Mon frère, ayant été fait prisonnier à Sedan, je finis par obtenir l'autorisation de prendre du service, au 16e régiment d'infanterie, dont le dépôt était au Puy.

Après deux mois d'instruction, je fus nommé sergent et je fis partie d'un détachement, appelé à former un régiment de marche, avec lequel je pris part aux opérations de l'armée Faidherbe.

Libéré, après la conclusion de la paix, je revins au Puy, auprès de mes parents.

L'avenir, à ce moment, était bien trouble pour les jeunes gens de mon âge.

J'avais toujours désiré faire ma carrière dans l'armée, mais après la guerre et après la Commune, il était permis de se demander ce que deviendrait l'armée.

Je n'avais pas connu le résultat de l'examen écrit pour Saint-Cyr, que j'avais passé, quelques jours avant la guerre.

D'autre part, je n'avais pas l'intention de me remettre au travail pour préparer un nouvel examen.

Je me trouvais dans cette situation perplexe, lorsqu'un beau jour, le Comte de Malartic, préfet de la Haute-Loire, m'offrit les fonctions de chef de cabinet. Malgré mon peu de goût pour ces fonctions administratives, pour lesquelles je n'étais nullement préparé, et dans le but de ne pas rester oisif, j'acceptai les propositions de M. de Malartic, auprès duquel je restai pendant quelques mois seulement, car un jour, en consultant le « Journal Officiel », j'eus l'agréable surprise de voir mon nom figurer sur une liste de jeunes gens reçus à l'Ecole de Saint-Cyr.

Je n'eus pas un moment d'hésitation et je présentai ma démission à mon préfet.

Pendant mon séjour au Puy, j'eus l'occasion de faire la connaissance de M. Charles Dupuy, qui devait devenir député de la Haute-Loire, puis Ministre de l'Instruction publique et, à plusieurs reprises Président du Conseil des Ministres. J'ai toujours conservé depuis des relations très cordiales avec cet éminent homme d'Etat, qui, en raison de ses opinions modérées et sages, est relégué depuis longtemps dans le rôle modeste de sénateur.

J'entrai donc à Saint-Cyr, qui était commandé à cette époque par le général Henrion et où je passai les années de 1872 et 1873.

Je reçus l'épaulette le 1er octobre 1873.

La promotion à laquelle j'appartenais, prit le nom de promotion d'Alsace-Lorraine.

NOTA. — Depuis que ces lignes ont été écrites, M, Charles Dupuy est mort. Cet homme intègre. qui fut plusieurs fois Ministre, a laissé sa femme sans fortune et une loi récente vient d'accorder à cette dernière une pension de douze mille francs.

CHAPITRE II

13 Années de service dans l'armée métropolitaine (1872-1885)
École Supérieure de Guerre (1878-1880)

Je passe sur les premières années de ma carrière, qui s'écoulèrent d'une façon monotone, dans les humbles fonctions de sous-lieutenant et de lieutenant au 119e régiment d'infanterie et au 138e régiment, avec lesquels je tins garnison à Paris, à Eu, au Havre, à Lisieux et à Limoges.

En 1878, je fus reçu à l'Ecole Supérieure de Guerre, qui remplaçait depuis peu, l'Ecole d'Etat-Major et qui était alors dirigée par le Général Lewal. Je fis partie de la 4e promotion de cette école. En décembre 1880, j'obtins le brevet d'Etat-Major et je fus détaché au 5e Bureau de l'Etat-Major (dépôt de la Guerre), pour faire partie des missions topographiques, chargées d'établir le levé de la carte d'Etat major d'Algérie au 1/50.000.

Missions Topographiques en Algérie
Province d'Oran (1881)

A partir de ce moment, ma carrière devient très intéressante, car elle s'écoule, presque tout entière, dans l'Afrique du Nord ou aux Colonies et me procure l'occasion de faire de longs et beaux voyages et de prendre part à plusieurs expéditions, dont je conserve un souvenir ineffaçable.

Le Ministre, ayant décidé de faire lever la carte d'Algérie, avait demandé des officiers brevetés du grade de lieutenant ou de capitaine, pour constituer les brigades chargées de ce travail, sous la direction du Colonel Perrier, membre de l'Institut, chef du 5e Bureau de l'Etat-Major Général.

Mon régiment, le 138e d'infanterie, étant en garnison à Bellac et à Magnac-Laval (Haute-Vienne), je n'avais aucun désir d'aller m'enterrer dans une de ces localités et je saisis, avec empressement, l'occasion qui se présentait à moi, d'aller collaborer à un travail intéressant et de faire campagne.

Je fis donc une demande pour faire partie de ces brigades topographiques.

Cette demande ayant été agréée, je fus versé dans une brigade commandée par le Capitaine Mercier du Paty de Clam.

Le capitaine du Paty était un homme d'une intelligence hors ligne, qui, s'il n'avait pas eu les reins cassés par le rôle malheureux qu'il a joué dans l'affaire Dreyfus, serait certainement devenu un des grands chefs de l'armée.

Il était sorti le premier de l'Ecole d'Etat-Major et tout le monde s'accordait à reconnaître en lui un officier de tout premier ordre ; malheureusement il était très emballé et son imagination ardente le disposait à commettre des maladresses. Obligé de quitter l'armée à la suite de l'affaire Dreyfus, il se retira dignement, comme Lieutenant-Colonel dans ses foyers et on n'entendit plus parler de lui, jusqu'au moment où il s'engagea comme simple soldat, pour prendre part à la guerre contre l'Allemagne en 1914. Quelque temps après on le rétablit dans son grade et on lui donna le commandement d'un régiment de territoriale; il fut blessé et mourut des suites de sa blessure.

En ce qui me concerne, je ne puis que rendre hommage à son affabilité et je conserve un excellent souvenir des deux campagnes topographiques, que j'ai faites sous ses ordres en 1881 et en 1883.

J'ai toujours trouvé en lui un chef plein de bienveillance, qui me mit au courant d'un travail nouveau pour moi, et me permit, par la suite, de rendre de bons services comme topographe.

Les brigades topographiques ayant été organisées, nous nous mîmes au travail à la fin de décembre 1880, pour préparer la campagne de 1881.

Nous fûmes installés au Ministère de la Guerre, et, pendant une quinzaine de jours, nous fûmes occupés à recueillir les documents nécessaires à reporter sur notre mappe, feuille de carton épais, sur laquelle sont portés tous les éléments, destinés à servir de base au travail sur le terrain, et les points géodésiques, qui devaient former le canevas de notre travail.

La brigade, dont je faisais partie, devait opérer aux environs d'Oran et la tâche, qui m'avait été attribuée, se trouvait au N. E. de cette ville. Notre travail **préparatoire** terminé, nous partîmes de Marseille, le 26 janvier 1881, sur le paquebot « La Ville de Naples » de la compagnie transatlantique, qui nous débarqua le surlendemain à Oran.

Oran était, à cette époque, une ville assez maussade, peuplée, en grande partie d'Espagnols. Elle est devenue depuis, une très grande ville, par suite des travaux considérables qui ont été effectués sur le plateau situé au Nord de la vieille ville.

Le port d'Oran était déjà assez important.

Nous eûmes à procéder, dans cette ville, à tous nos préparatifs et à nous procurer le matériel de campement, les animaux et le personnel nécessaires à une campagne de six mois.

Chacun de nous devait recevoir, un cheval, 2 mulets avec leur conducteur, un tirailleur algérien, comme interprète et 2 grandes tentes.

Cette période d'organisation dura 10 jours et, le 7 février, je partis pour la brousse, muni des instruments qui m'avaient été confiés, pour mon travail, par le Dépôt de la Guerre.

Le terrain, que j'avais à lever, était compris dans un carré d'environ 20 kilomètres de côté.

Il était situé au N. E. d'Oran et formait un massif montagneux, entouré par la mer à l'O. et au N., dont les sommets les plus élevés étaient côtés 612 m. (Djebel Kar ou Montagne des Lions) et 600 m. (Djebel Krichtel).

Le contour de ce massif était limité, sur la mer, par la pointe de Kanastel, la pointe de l'Aiguille, le cap Ferrat et le cap Corbon.

A deux kilomètres de ma limite Est, se trouvait le petit port d'Arzeu.

Quatre villages européens se trouvaient sur ce terrain, dans la plaine qui s'étendait au S. E. du massif montagneux.

Ces villages, qui avaient été fondés par des déportés à la suite du coup d'Etat du 2 Décembre 1852, étaient composés, en grande partie de vignerons, parmi lesquels se trouvait un nombre important d'Espagnols. C'est dans ces centres, et surtout à Saint-Cloud, que je devais établir ma base de ravitaillement.

J'avoue que, lorsque je me vis en présence de ce massif

montagneux, je fus effrayé du travail et de la fatigue qui allaient m'incomber.

J'étais jeune, vigoureux, je ne craignais pas la fatigue, mais je me demandais comment j'allais m'acquitter de la tâche que j'avais entreprise. Mon inexpérience, comme topographe, était complète, et malgré les conseils que le capitaine du Paty m'avait donnés avant mon départ d'Oran, je ne savais pas trop comment commencer mon travail.

La première partie de ce travail consistait à faire une reconnaissance préliminaire du terrain, que j'avais à lever, à rechercher les points géodésiques, à les reconstruire, s'ils avaient été détruits, à les débroussailler, à suppléer à leur insuffisance en déterminant de nouveaux points, en un mot, à faire une triangulation aussi serrée que possible.

Ce travail nécessitait des déplacements presque journaliers de mon campement et de grandes fatigues, car je devais faire l'ascension de tous les sommets qui se trouvaient dans le massif montagneux que j'avais à lever.

Le capitaine du Paty, se rendant compte des difficultés que je devais rencontrer dans un terrain très accidenté, eut l'aimable attention de venir passer deux jours avec moi, pour m'aider à commencer mon travail.

Grâce à ses bons conseils, je ne fus pas long à m'habituer au maniement de ma boussole-éclimètre, quelqu'imparfait que fut cet instrument et à calculer les cotes de nivellement.

Au bout de quinze jours j'eus achevé ma reconnaissance préliminaire et je pus me rendre au rendez-vous, que notre chef de brigade avait donné à ses officiers à Oran, pour l'assemblage de nos travaux.

Ce travail ayant nécessité une douzaine de jours, je repartis le 7 mars pour la brousse et je me mis au travail pour faire le levé de détail de mon terrain.

Grâce à un travail acharné je pus terminer mon travail en moins de 2 mois et rentrer à Oran le 27 avril, pour la mise au net de mon levé.

Je crois devoir dire deux mots sur les opérations successives, auxquelles donne lieu le levé topographique d'un terrain.

Le travail sur le terrain est fait au crayon, sur la mappe, sur laquelle sont portées toutes les cotes de nivellement, qui sont calculées, chaque jour au retour au campement et tous les détails de planimétrie.Le figuré du terrain est également porté sur la mappe.

Le travail sur le terrain étant terminé, la mise au net du travail se fait au point de rassemblement de la brigade.

Cette mise au net consiste à déterminer, sur la mappe, le passage des courbes et à faire des calques pour les courbes de nivellement, pour la planimétrie, pour les teintes et pour les écritures.

C'est à ce moment que le chef de brigade s'assure que les raccords, entre les différents travaux, sont bien effectués.

Tous ces travaux sont faits en Algérie ; ils sont remis au dépôt de la guerre, à la rentrée à Paris. Des dessinateurs spéciaux sont chargés de faire le travail d'ensemble.

Mon travail étant complètement terminé le 10 juin et le départ de la brigade étant fixé au 30 du même mois, j'avais, devant moi, une vingtaine de jours de liberté, dont je profitai pour aller faire une visite à un de mes cousins, le lieutenant de Spahis du Roure de Paulin, qui était, avec son escadron, à la Smala de Sidi Medjaëd.

Cet aimable parent, étant venu au devant de moi à Tlemcen, nous fîmes, à cheval une agréable randonnée : Tlemcen, Sidi Medjaëd, Lalla-Marghnia, Nemours.

Aimablement reçus de poste en poste, suivant les traditions de l'hospitalité algérienne et favorisés par un temps magnifique, sur les chevaux admirablement entraînés de mon cousin, nous parcourions chaque jour 50 à 60 kilomètres. Nous visitâmes ainsi, pendant cette randonnée de 5 jours, une région intéressante et pleine de souvenirs des campagnes d'Afrique, sur la frontière du Maroc. C'est ainsi que nous traversâmes le champ de bataille de l'Isly, où le Maréchal Bugeaud remporta une victoire éclatante sur les Marocains en 1844, à la suite de laquelle il reçut le titre de duc d'Isly, et que nous passâmes près du marabout célèbre de Sidi-Brahim, où 79 Français résistèrent pendant 3 jours, aux troupes d'Abd-el-Kader (1845).

A notre retour à Tlemcen, ancienne Pomaria romaine, nous visitâmes l'ancienne ville de Mansourah, située à quelques centaines de mètres de la ville actuelle et qui a conservé des fréquentes révolutions qu'elle a subies, de nombreux témoins, soit des multiples enceintes, soit des monuments de forme variée, notamment de belles mosquées.

A la chute de l'empire, Almahade Tlemcen devint la capitale du sultanat zénatain des Abd-el-Ouadites et elle atteignit alors sa plus grande prospérité.

Après cet intéressant voyage, je rentrai à Oran et, comme il y avait encore une dizaine de jours, avant la date de retour de la brigade en France, j'en profitai pour aller visiter Alger, où je devais retrouver quelques camarades d'une brigade topographique, qui venait d'opérer dans le nord de la province.

Alger était déjà, à ce moment, une très belle ville, très animée et dans un site splendide. La casbah, qui domine la ville, est très intéressante à visiter, car elle a conservé tout à fait le caractère arabe. La ville basse, au contraire, est de construction récente et a l'aspect d'une ville européenne. Je profitai de mon voyage de retour pour m'arrêter à Blidah, qui est une charmante petite ville dans les arbres, avec de l'eau jaillissant de tous côtés, et à Orléansville, où je tenais à voir un de mes amis d'enfance, adjudant dans un régiment de hussards.

Rentré à Oran, le veille du départ de la brigade, je m'embarquai le lendemain 30 juin avec elle, sur le paquebot « la ville de Madrid » de la Compagnie Transatlantique, qui nous débarqua à Port Vendres, après une escale de quelques heures à Valence (Espagne).

Campagne de Tunisie (1881)
Colonne de Tébessa

Pendant ma campagne topographique, dans la province d'Oran, l'expédition de Tunisie avait été commencée et j'avais assisté, à Oran, à l'embarquement des troupes de la province qui devaient y prendre part.

Aussitôt rentré au Ministère, je fis une demande pour faire partie de cette expédition, mais les demandes étaient nombreuses et la mienne ne reçut satisfaction qu'au mois d'octobre.

J'étais, à ce moment, en permission chez mon père, conservateur des hypothèques à Reims, lorsque je reçus avis que j'étais désigné pour faire partie comme topographe, de la colonne de Tébessa, qui se formait, sous les ordres du général Forgemol de Bostquénar. Je recevais, en même temps, l'ordre de me rendre d'urgence au Ministère, où je devais trouver mon chef de brigade, le Capitaine Lachouque, avec lequel je devais m'embarquer. Nos préparatifs de départ furent vite terminés et nous nous rendîmes à Marseille où nous prîmes passage sur le paquebot « la ville de Barcelone », de la Compagnie transatlantique.

Après trois jours d'une navigation très pénible, nous arrivâmes à Bône, d'où nous fûmes dirigés sur Constantine, où nous devions trouver des ordres et recevoir le matériel et les animaux qui nous étaient nécessaires.

Le capitaine Lachouque, mon chef de brigade, était l'homme le plus aimable, le plus courtois, que j'ai rencontré dans ma carrière.

Nous devions former, à nous deux, la brigade topographique de la colonne de Tébessa.

Nous vécûmes pendant 3 mois, sous la même tente et nous eûmes continuellement, malgré les moments difficiles que nous eûmes à traverser, les relations les plus affectueuses.

Le capitaine Lachouque était un dessinateur de grand talent et, dès le premier jour, il eut l'heureuse inspiration de reproduire en tête des levés d'itinéraire que nous faisions chaque jour, pendant la marche de la colonne, les ruines romaines, que nous rencontrions en grand nombre, sur notre route.

Cette innovation eut un grand succès auprès des officiers de la colonne et, plus tard, j'eus le grand plaisir de voir nos itinéraires exposés, par le Ministère de la Guerre, à l'exposition universelle d'Amsterdam (1883).

Le capitaine Lachouque est devenu général de division et les hasards de notre carrière nous remirent en présence, bien longtemps après la colonne de Tébessa, lorsque je pris, en 1906, le commandement de la première brigade d'Infanterie Coloniale à Cherbourg.

Le général Lachouque était, à ce moment, pourvu du commandement de la 3e division d'Infanterie Coloniale à Brest et j'étais placé de nouveau sous ses ordres.

Malheureusement cette situation ne se prolongea pas car le Général Lachouque reçut une nouvelle destination, quelque temps après ma prise de commandement.

Le Général Lachouque est aujourd'hui au cadre de réserve et habite Paris, où je le rencontre de temps en temps et c'est toujours avec un grand plaisir que nous nous rappelons nos souvenirs de la Colonne de Tébessa.

Dès notre arrivée à Constantine, nous nous présentâmes au Général Ritter, commandant de la Division, qui nous dit qu'il n'avait reçu aucun ordre nous concernant.

Sur le vu de nos lettres de service, il nous dirigea sur Souk-Arras, où nous devions trouver des chevaux, des mulets et le matériel de campement qui nous était nécessaire.

Je fus émerveillé par le site de Constantine. Cette ville est entourée de 3 côtés par le Rummel, qui coule dans un ravin profond, véritable gouffre. Du pont, jeté sur ce ravin, qui fait communiquer la ville avec la gare, on aperçoit difficilement le fond du ravin et on entend rouler les eaux du Rummel, qui forment plusieurs cascades.

De Souk-Arras, nous devions nous rendre à Tébessa par étapes, en longeant la frontière tunisienne.

Je n'ai jamais compris, pour quelle raison, on nous faisait suivre cet itinéraire, alors qu'il aurait été beaucoup plus simple et plus rapide de nous diriger directement sur Tébessa, en quittant Constantine. Je l'ai d'autant moins compris que l'Etat-Major de la Division ne nous cacha pas que nous arriverions à Tébessa, après le départ de la Colonne.

Quoiqu'il en soit, nous quittâmes Souk-Arras le 14 octobre.

Avant notre départ, le Commandant Vivensang, Commandant supérieur, joignit à notre convoi le drapeau du 4e régiment de zouaves, escorté par les sapeurs de ce régiment, que nous devions remettre au Colonel Gand, dès que nous aurions rejoint la colonne.

Notre voyage se passa sans incidents et nous arrivâmes à Tébessa le surlendemain 16, après avoir couché dans les smalahs d'Ain-Guettar et d'El Mehridg. Dans la première de ces smalahs, nous rencontrâmes le capitaine Ménétrez, qui devait devenir, par la suite, Général de Division.

A notre arrivée à Tébessa, nous apprîmes que la colonne était partie de la veille.

Cette colonne, ayant un effectif et un convoi considérables, nous pensâmes, avec raison, qu'elle ne marcherait pas très vite et que nous la rattraperions facilement.

Le capitaine Lachouque décida donc que nous coucherions à Tébessa et que nous repartirions le lendemain. Nous eûmes le temps, dans la soirée, le jour de notre arrivée, de visiter les ruines romaines, qui se trouvent à Tébessa, ancienne Thevesta des Romains, et en particulier le temple de Minerve, une ancienne basilique et un arc de triomphe très bien conservé

Partis le lendemain, à 6 heures du matin, nous rejoignîmes la colonne au camp de Raz ek Aïoun, en Tunisie.

Nous nous présentâmes immédiatement au Général Forgemol de Bostquenar, qui nous fit assigner un campement auprès du Quartier Général. Pendant cette campagne nous eûmes la plus grande indépendance et personne ne s'immisça dans notre service.

La colonne de Tébessa était fortement constituée, avec deux brigades d'infanterie, commandées par les généraux de Gislain et de la Sougeolle et une brigade de cavalerie, commandée par le Général Bony. Il y avait, en outre, un fort contingent de goumiers.

Le chef d'état-major de la colonne était le Lieutenant-Colonel Senault.

Cette colonne, devant traverser un pays dénué de ressources, avait un convoi énorme, 8 ou 10.000 chameaux et 3 ou 4.000 mulets. La région tunisienne, parcourue par la colonne, était généralement très plate et très découverte. Il n'y avait guère comme végétation que de l'alfa et des palmiers nains.

Dans ces conditions la marche était facile et l'ordre de marche adopté était celui d'un immense carré. L'avant garde, qui était précédée par la Cavalerie, était formée par un bataillon d'infanterie, déployé à un kilomètre en avant du carré.

Il y avait également un bataillon, échelonné à un kilomètre, sur les trois autres faces et encadrant la colonne. Le convoi était à l'intérieur du carré. Il était fractionné, chaque élément déployé en ligne.

La marche de cet immense carré était tout à fait imposante. Dans les commencements, il y avait bien un peu de flottement, mais au bout de quelques jours, tous les éléments s'habituèrent à cet ordre de marche et rien n'était plus curieux que de voir, lorsqu'on était sur une petite hauteur, sur les flancs du carré, cette masse s'avancer lentement et parfois, esquisser, avec ordre, des mouvements de conversion, nécessités par la nature du terrain et la direction de la marche.

Le capitaine Lachouque et moi, suivis chacun d'un spahis,

nous voltigions autour de la colonne, pour faire l'itinéraire et nous pouvions jouir à loisir de ce spectacle.

Le jour où nous rejoignîmes la colonne, au camp de Raz al Aïoun, il y eut, dans la soirée, un engagement de cavalerie, assez sérieux, avec des groupes tunisiens, qui venaient tirer des coups de fusil sur le camp. L'objectif de la colonne était Kairouan, ville sainte des Tunisiens.

En quittant le camp de Raz el Aïoun, elle se dirigea sur Haïdra, où se trouvent de belles ruines romaines. La marche de la colonne se continua, sans graves incidents, jusqu'à Kairouan.

Elle était attaquée, presque constamment, et surtout la nuit, par des partis ennemis, mais ces combats n'étaient, en général, pas très sérieux. Un seul eut une certaine gravité et força la colonne à s'arrêter, pour attendre l'issue d'un engagement assez vif, au cours duquel les arabes eurent une vingtaine d'hommes tués.

Le lendemain, en partant du camp d'Enchir-Sbiba, j'accompagnais le chef d'Etat-Major, qui allait au-devant de la colonne, pour marquer l'emplacement du camp. Notre petit détachement fut chargé par un groupe d'arabes ; nous nous trouvions dans une situation assez désagréable, lorsqu'un peloton de chasseurs d'Afrique vint nous dégager.

La marche de la colonne, après ce combat, se continua vers Kairouan, sans rencontrer de difficultés sérieuses. Les arabes cherchaient constamment à arrêter cette marche, en venant tirailler sur les flancs et surtout sur la face postérieure du carré, mais ils étaient éloignés par le service de sûreté et le carré continuait à progresser. Nous arrivâmes à Kairouan le 29 octobre et la colonne prit son campement à un kilomètre à l'Ouest de la ville.

Nous avions appris, la veille, à notre dernier campement de Bir Zlass, à 8 kilomètres de Kairouan, que la colonne de Sousse, Général Etienne, était entrée le 26, sans coup férir, dans la ville et que le lendemain 27, la colonne de Zaghouan, général Logerot, avait fait également son entrée dans la ville sainte.

Trois colonnes se trouvaient donc réunies, le 29 octobre, sous les murs de Kairouan.

Cette ville était entourée de hautes murailles, qui ne furent pas défendues. Considérée comme ville sainte, elle n'avait jamais été visitée par des Européens. Elle renfermait de nombreux édifices religieux, koubbas, zaouïas, mosquées. La plus célèbre de ces dernières est la Djemma-Kébira, grande mosquée de Sidi-Okba, dont la salle de prières est entourée d'une double colonnade. Toutes ces colonnes proviennent de ruines romaines. Le minaret est aussi très remarquable.

Kairouan a été fondée en 669 par Sidi Okba.

Pendant les premiers jours de notre séjour à Kairouan, les officiers furent autorisés à visiter la grande mosquée de Sidi-Okba.

Notre brigade topographique prit le contact avec la brigade de la colonne Logerot, composée des capitaines Bertin-Mourot et Joppé et des lieutenants Revertegat et Belin.

Elle était dirigée par le chef d'escadron Peigné. J'avais connu ce dernier à Saint-Cyr, comme professeur de topographie ; depuis ma sortie de l'école j'avais eu l'occasion de le rencontrer à plusieurs reprises et j'avais conservé avec lui des relations cordiales. C'était un homme remarquablement doué, mais très arriviste. Après avoir été chef de Cabinet du Général Boulanger, ministre de la Guerre, il se lança dans la politique ultra radicale, fut compromis dans l'affaire des fiches et, à la suite d'une manifestation maladroite, lorsqu'il commandait le 9e corps d'armée, fut placé en disponibilité.

Il fut du reste rappelé à l'activité, peu de temps après et sa disgrâce momentanée, ne l'empêcha pas d'être nommé grand officier de la Légion d'Honneur.

Pendant notre séjour à Kairouan, le Général Saussier, Commandant en chef des troupes de l'Algérie et de la Tunisie, vint se joindre à la colonne de Tébessa, avec son chef d'Etat-Major le colonel Boussenard et manifesta le désir, tout en laissant le commandement au général Forgemol, de prendre part aux opérations de cette colonne. Les mauvaises langues prétendaient, à ce moment, que le général Saussier, pressentant la chute du Ministère, n'était pas fâché de couper le fil avec la métropole, pour donner le temps à un nouveau ministère, qui fut le ministère Gambetta, de se former.

La colonne de Tébessa, après un stationnement de 12 jours à Kairouan, pendant lequel elle se ravitailla à Sousse, repartit le 10 novembre, dans la direction de Gafsa, où elle arriva le 20.

Cette marche de 10 jours fut signalée par un seul incident. Le 13, en arrivant au camp de Gilma, le service des renseignements apprit qu'un fort troupeau de moutons conduit par un détachement ennemi, se trouvait à une faible distance du camp. La cavalerie se mit aussitôt en marche et opéra une razzia de 10.000 moutons.

Le commandement eut la fâcheuse inspiration de faire la répartition de tous ces animaux, entre les unités de la colonne. Cette mesure eut de grosses conséquences. Il en résulta un alourdissement de la colonne ; de plus, chaque unité, fut obligée d'affecter quelques hommes à la garde de son troupeau. Ces troupeaux se mélangeaient fréquemment et des vols incessants se produisaient.

Tout cela mit un certain désordre dans la colonne. Il eut beaucoup mieux valu affecter une unité à la garde de cet immense troupeau et l'envoyer à Tébessa, où on aurait pu le vendre.

Pendant la marche de Kairouan à Gafsa la colonne souffrit beaucoup du manque d'eau. On rencontrait rarement des puits et presque toujours, l'eau qu'on en tirait, n'était pas buvable, parce qu'elle avait séjourné longtemps au contact d'un terrain imprégné de sel.

Il fallait, pour pouvoir utiliser ces puits, retirer l'eau qu'ils contenaient. On pouvait alors consommer l'eau qui arrivait, du reste, assez rapidement.

A l'Oued-Meredba, dernière étape, avant l'arrivée à Gafsa, nous ne trouvâmes pas de puits, mais, sur le conseil d'un arabe, on creusa et on trouva, sous le sable, une nappe d'eau, qui permit de désaltérer toute la colonne.

L'entrée à Gafsa ne souffrit aucune difficulté.

Le capitaine Lachouque et moi, suivis de nos deux spahis, avions devancé la colonne, et comme nous pénétrions dans la ville nous fûmes surpris de voir arriver, au devant de nous, un gros officier tunisien, qui nous dit être colonel et commandant la citadelle de Gafsa. Il nous apportait très aimablement les clés de cette citadelle.

N'ayant aucune qualité pour les recevoir, nous le dirigeâmes du côté de la colonne, qui avançait et il remit les clés au chef d'Etat-Major, qu'il rencontra en avant de la colonne.

Gafsa, située au milieu d'une oasis, arrosée par plusieurs

sources abondantes, était un point très important de la Tunisie. Elle possédait une casbah, une citadelle, et plusieurs palais, le Dar el bey et le dar Sidi Youseph, ce dernier appartenant à un chef insurgé.

Dans l'intérieur de cette petite ville se trouvait un grand bassin, construit avec des pierres de taille, provenant de ruines romaines, dont plusieurs d'entre elles portaient des inscriptions en latin.

Ce bassin contenait de l'eau, ayant une température de 32° et grande fut ma surprise de voir des poissons évoluer dans cette eau chaude.

Gafsa, depuis la découverte de gisements considérables de phosphate, est devenue, quelques années après l'occupation française, un centre très important.

La colonne, après avoir pris possession de l'oasis, installa son camp à côté de la ville.

Le général Forgemol, après avoir donné deux jours de repos à tout le monde, décida qu'une petite colonne composée de 4 bataillons d'infanterie, 4 escadrons de cavalerie et d'une batterie d'artillerie, et commandée par le Général de la Sougeolle, irait faire une reconnaissance dans un massif montagneux situé à l'Est de Gafsa.

Je fus désigné pour accompagner cette colonne comme topographe.

Elle se mit en marche le 22 novembre, et, après deux jours de marche, elle arriva à un col, d'où nous pouvions apercevoir les schots, qui se trouvaient au-delà du massif montagneux.

Le manque d'eau obligea la colonne à rétrograder et nous rentrâmes à Gafsa le 25.

Le 27, une autre reconnaissance, commandée par le général de Gislain, et ayant à peu près la même composition que la première, se mit en route dans une autre direction.

Pendant notre séjour à Gafsa, une petite colonne commandée par le colonel Jacob, venant du Sud, vint rejoindre la colonne de Tébessa.

Cette colonne, après notre départ de Gafsa, qui eut lieu le 4 décembre, resta pour occuper l'oasis. La colonne de Tébessa prit la direction de Tébessa, où elle arriva le 13, après avoir traversé une région très intéressante, en raison des ruines romaines excessivement nombreuses qu'on y rencontre. Beaucoup de ces monuments étaient admirablement conservés et il était facile de relever les inscriptions latines gravées sur leurs faces. La colonne passa auprès des ruines de l'ancienne Thélepte, et campa à Kasserin, où se trouvent les traces d'un ancien barrage très important. La colonne, devant être disloquée à Tébessa, le général Forgemol nous rendit notre liberté.

Le capitaine Lachouque et moi, nous partîmes le 15 pour Constantine, où nous arrivâmes le 17, après avoir fait la route, partie à cheval, partie en voiture.

A Constantine, j'appris par un télégramme du Ministère, que j'étais désigné pour faire partie des brigades topographiques d'Algérie, pour la campagne de 1882, qui devaient s'embarquer à Marseille le 28 janvier.

Je m'empressai de régler à Constantine toutes mes affaires administratives et je me rendis à Bône, où je m'embarquai le 23, sur le paquebot « la ville de Bône », de la compagnie Transatlantique.

Après une traversée assez pénible et une courte escale à Ajaccio, j'arrivai à Marseille le 27 au soir.

Je passai la journée du 28 dans cette ville et je pris le rapide du soir qui m'amena à Paris le lendemain matin.

Mon premier soin, en arrivant dans la capitale, fut de me rendre au Ministère de la guerre avec le capitaine Lachouque, qui avait fait le voyage en même temps que moi, pour rendre compte de notre mission, puis je me rendis à Reims, où je passai les fêtes du Jour de l'An dans ma famille. Je rentrai à Paris le 2 janvier 1882, pour préparer ma nouvelle campagne topographique.

Mission Topographique en Algérie (1882)
Province de Constantine

J'appris, en arrivant au dépôt de la guerre, que j'étais affecté à une brigade, commandée par le capitaine Bauchet, qui devait opérer entre Bône et la Calle, province de Constantine.

Le capitaine Bauchet, avait été mon camarade de promotion à l'Ecole de Guerre et j'avais entretenu d'excellentes relations avec lui. J'étais donc enchanté de me trouver sous ses ordres

Je retrouvai le capitaine Bauchet en 1890 à Hanoï, où il était chef du service topographique.

Le capitaine Bauchet est arrivé général de brigade et est mort en 1909.

Lorsque le travail à effectuer fut distribué entre les officiers de la brigade, j'eus le plaisir de constater que la besogne qui m'incombait, était beaucoup moins difficile que celle qui m'avait été attribuée l'année précédente dans la province d'Oran. Le rectangle, que je devais lever, s'étendait depuis les premières maisons de la Calle à l'Est, jusqu'à 3 kilomètres du Cap Rosa à l'Ouest

Mon travail était limité, au Sud, par une ligne passant à 6 kilomètres au sud de la Calle, et coupant le lac d'Oubeïra.

Le terrain, contenu dans ce rectangle, était difficile, parce qu'il était rempli de broussailles très épaisses et parce qu'il était très accidenté dans certaines parties, mais une portion importante de sa surface était occupée par le lac Mélah, le lac Oubeïra et la mer qui le limitait au Nord, ce qui devait diminuer considérablement mon travail.

D'autre part, les hauteurs qui se trouvaient sur ce terrain ne dépassaient pas 256 mètres (Kef Trebiche). J'étais donc enchanté à la pensée que j'aurais moins de fatigue que l'année précédente et que je pourrais terminer mon levé assez tôt pour que je puisse avoir devant moi, le temps de faire quelques excursions.

Avant mon départ de Paris, j'avais eu la satisfaction d'apprendre que le Ministère m'avait accordé deux lettres d'éloges, avec prix, pour mes travaux topographiques dans la province d'Oran et à la colonne de Tébessa.

Chacun des prix, qui m'étaient décernés, consistaient en 10 cartes d'Etat-Major à mon choix, gravées sur cuivre et collées sur toile, contenues dans un étui rouge, ayant la forme d'un gros volume, avec une dédicace portant en lettres d'or, mon nom et l'attribution qui m'était faite par le Ministère de la Guerre.

La brigade Bauchet s'embarqua, le 27 janvier à Marseille, sur le paquebot « La Ville de Madrid », de la Compagnie Transatlantique et arriva à Bône sans incident, le 29. C'est dans cette ville que devait être le siège de la brigade.

Pendant le court séjour que je fis à Bône, pour préparer mon travail et recevoir le personnel et le matériel nécessaires, j'eus le plaisir de retrouver un de mes camarades de promotion de Saint-Cyr, le Comte de Lapeyrouse Vaucresson, qui, après avoir donné sa démission, s'était installé dans cette ville avec sa famille.

Je trouvai, dans cette charmante famille, un accueil des plus sympathiques et je nouai avec elle des relations, qui, malgré les nombreuses années qui se sont écoulées depuis mon arrivée à Bône, ont toujours conservé le caractère le plus affectueux. Nous nous sommes, du reste, retrouvés à Paris, où le Comte et la Comtesse de Lapeyrouse sont venus se fixer en 1883.

Mes préparatifs étant terminés, je partis de Bône pour la brousse le 8 février.

Les renseignements qui m'avaient été donnés à Paris, sur le terrain que j'avais à lever, étaient à peu près exacts, je constatai cependant, dès le premier jour, que les difficultés de circulation seraient beaucoup plus grandes que je pensais, car le sol était couvert d'une broussaille presque impénétrable. J'allais être obligé de m'avancer, la hâche à la main, dans certains endroits. Dès mon premier campement, le chef du douar le plus voisin, vint me prévenir qu'il y avait beaucoup de panthères dans les environs et m'engagea à venir camper auprès de son douar. Le brave homme s'exagérait certainement la responsabilité qui lui incombait.

Pour accéder à son désir, j'aurais dû m'éloigner de l'endroit où je devais, le lendemain commencer mon travail, je résolus donc, à la grande désolation du chef de douar, de rester sur l'emplacement où je me trouvais.

Voyant que ma décision était irrévocable, ce chef m'envoya, le soir, deux de ses hommes pour garder mon campement. Je dois dire que le seul bruit que j'entendis pendant la nuit, fut le cri des chacals et le reniflement des hyènes autour de ma tente. Du reste, pendant les deux mois que je circulai sur ce terrain, je ne vis jamais trace de panthères.

Il y en avait cependant, puisque pendant le séjour que je fis à La Calle, je vis des arabes qui en apportaient deux, qu'ils avaient tués au Nord du lac Oubeïra, dans la forêt de chênes-liège, que je parcourus à plusieurs reprises.

Il y avait même des lions dans les environs, car le Commandant Supérieur avait deux lionceaux, qu'il faisait nourrir par une chienne et qui avaient été recueillis sur le territoire placé sous ses ordres

Je me mis au travail, dès le lendemain de mon arrivée sur le terrain et, au bout d'une quinzaine de jours, j'eus terminé la reconnaissance préliminaire, au cours de laquelle, je déterminai le plus grand nombre de points possible, afin de resserrer ma triangulation et de faciliter mon travail par la suite

Je rentrai à Bône pour l'assemblage des travaux. Mon séjour dans cette ville ne dépassa pas 10 jours et je repartis pour la brousse, où, pendant un mois, je me livrai à un travail acharné. Le 5 avril, j'avais terminé mon travail sur le terrain et je me rendis au siège de la brigade, où je devais faire ma mise au net.

Le départ pour la France de la brigade, devant avoir lieu le 23 juin, j'avais devant moi, plus de deux mois. Comme je tenais à être libre le plus tôt possible, je me mis, sans désemparer au travail, et au bout d'une vingtaine de jours, il ne me restait plus qu'à assurer mon raccord avec mes voisins.

Comme ils n'étaient pas tous rentrés à Bône, je demandai à mon chef de brigade l'autorisation de faire un petit voyage à Tunis.

Cette autorisation m'ayant été accordée, je partis le 28 avril sur le paquebot « la ville de Rome », de la Compagnie Trans-atlantique.

Tunis, quoique occupée depuis plusieurs mois par l'armée française, avait encore conservé tout son cachet indigène, et je visitai, avec le plus grand intérêt, ses souks, marchés qui avaient un caractère tout particulier. Je visitai également le Bardo, palais du Bey, aux environs de Tunis, où à côté de détails charmants de l'art oriental, on trouve la plus odieuse camelote étrangère, allemande en grande partie.

L'excursion que je fis à la Goulette et à Carthage, me remplit d'émotion, lorsque je constatai combien il reste peu de choses de cette ville qui fut la rivale de Rome.

D'antiques citernes, de vieux pans de mur et c'est tout ! Les Pères Blancs ont construit, au milieu des ruines de Carthage, une chapelle dédiée à Saint Louis, qui mourut de la peste en ces lieux. Ils ont réuni beaucoup de souvenirs de cette ancienne cité.

Dans un voyage, que je fis à Tunis en 1913, je pus constater les changements survenus dans cette ville, qui est devenue une grande ville européenne très florissante.

Les quartiers arabes, les souks, existent bien encore, mais ils n'ont pas conservé le cachet qu'ils avaient en 1882, lorsque je les visitai pour la première fois.

Les paquebots viennent maintenant accoster à Tunis, en traversant le lac El Bahira, qui a été dragué, ce qui supprime les difficultés d'embarquement, en rade de la Goulette et permet de s'embarquer à Tunis même.

Je revis également, en 1913, Carthage ainsi que la nouvelle basilique, que le Cardinal Lavigerie a fait édifier.

Je m'embarquai le 2 mai 1882 en rade de la Goulette sur le paquebot « Abd el Kader » de la Compagnie transatlantique, par un temps affreux, qui rendit très difficile l'accostage des embarcations.

Je trouvai, sur le paquebot, le cardinal Lavigerie, auquel j'eus l'honneur d'être présenté, mais la mer était si dure, que je m'en tins à cette présentation et que je fus privé du plaisir de causer avec Son Eminence, qui, du reste, supportait fort mal la mer.

J'arrivai le lendemain à Bône, où, après avoir assuré mon raccord avec mes camarades, je restai jusqu'à l'embarquement de la brigade, qui eut lieu le 28 juin sur le paquebot « Isaac-Pereire » de la Compagnie Transatlantique.

Notre voyage s'effectua, par une mer excellente et, le surlendemain, nous débarquâmes à Marseille, après une escale de quelques heures à Ajaccio, où j'eus le spectacle très curieux d'une procession en l'honneur de Saint Jean-Baptiste.

A cette procession assistaient plusieurs confréries de pénitents en cagoule et je remarquai les efforts prodigieux, que faisait un de ces pénitents, pour porter une énorme croix, qui l'accablait de son poids.

Nous repartîmes le soir même pour Paris, où, après avoir remis mon travail au Ministère, je me rendis à Reims, pour passer quelques jours dans ma famille.

Avant de quitter le Ministère, j'avais obtenu l'assurance que je ferais partie de la campagne topographique l'année prochaine.

Je passai mon été en congé, utilisant mes loisirs entre Paris, Vichy et Reims. Je fis même un petit voyage en Belgique et, à l'expiration de mon congé, je rejoignis mon régiment le 138e d'infanterie à Magnac-Laval, où je ne restai que deux jours, car, à peine arrivé, je reçus l'ordre de me rendre au Ministère pour préparer mon travail, pour la campagne topographique prochaine, le départ devant avoir lieu le premier décembre, deux mois plus tôt que les années précédentes.

Mission Topographique en Algérie (1883)
Province de Constantine

En arrivant au Ministère, j'appris que j'étais affecté à la brigade du capitaine Mercier du Paty de Clam. Mon ancien chef de la campagne de 1881, avait demandé que je sois placé sous ses ordres. J'en fus enchanté car je n'avais eu qu'à me louer de ses procédés à mon égard. Je lui étais reconnaissant de m'avoir aimablement guidé dans mes débuts comme topographe.

Cette brigade devait opérer, comme celle à laquelle j'avais appartenu l'année précédente, dans les environs de Bône. Le travail, qui m'était affecté, se trouvait au sud de cette ville et la ligne de chemin de fer Bône-Constantine traversait mon terrain dans sa partie Ouest.

Deux villages assez importants, Mondovi et Barral, avec gares, se trouvaient sur mon terrain. D'après les renseignements, que je pus me procurer, le levé que j'avais à exécuter se trouvait dans le massif des Merdès, pays très accidenté, couvert de forêts de chênes-liège, avec des sommets atteignant 400 mètres d'altitude.

J'étais très heureux de revenir à Bône, où j'avais contracté d'excellentes relations et de retrouver la famille de Lapeyrouse, qui avait été si accueillante pour moi l'année précédente.

Notre brigade s'embarqua le premier décembre à Marseille, sur le paquebot « La Ville de Bône », de la compagnie Transatlantique sur lequel j'avais déjà fait la traversée de Bône à Marseille, à mon retour de Tunisie en décembre 1881. Le surlendemain nous débarquions à Bône après une excellente traversée.

Je ne restai dans cette ville que quelques jours, juste le temps nécessaire pour préparer mon séjour dans la brousse, et le 8 décembre, je partis pour me rendre sur mon terrain.

Les renseignements, qui m'avaient été donnés à Paris, sur la région dans laquelle j'allais travailler, étaient parfaitement exacts et je pus me rendre compte, en faisant une reconnaissance préliminaire, que je rencontrerais de grandes difficultés, pour circuler et pour travailler dans un pays très broussailleux, très accidenté et très couvert, où la vue était extrêmement limitée. J'avais, heureusement, acquis une grande expérience dans mes deux précédentes campagnes et, somme toute, je pus, avec de grandes fatigues, mener à bien la tâche qui m'était imposée.

Cette campagne fut pénible, non seulement en raison des difficultés, que je rencontrai sur mon terrain, mais aussi en raison de la température froide et pluvieuse que j'eus à supporter à son début.

J'ignore les raisons, qui avaient déterminé le Ministère à faire avancer de deux mois le départ des brigades, mais je pus constater, à mes dépens, que le climat est peu favorable, dans le nord de l'Algérie, pour camper dans la brousse, au mois de décembre, en pays montagneux. A plusieurs reprises, j'eus à subir des ouragans, qui renversèrent mes tentes et bouleversèrent mon campement.

J'avais heureusement le chemin de fer à ma portée et, quand le temps était trop mauvais, je me réfugiais à Bône, où je trouvais un bien-être appréciable et des amis, qui me faisaient oublier les mauvais moments passés dans la brousse.

Dans ces conditions, je mis beaucoup plus de temps pour achever mon travail et ce n'est que vers le 20 avril, que je pus terminer ma mise au net.

Le départ de la brigade étant fixé au 15 mai, j'avais encore devant moi, près d'un mois, que je mis à profit pour aller faire une excursion jusqu'à Biskra.

Un de mes amis, le capitaine Revertegat, qui appartenait à une brigade topographique, opérant dans les environs de Philippeville, vint me rejoindre à Bône et nous partîmes ensemble pour une excursion d'une douzaine de jours, au cours de laquelle nous visitâmes Constantine, Batna, Biskra, Lambessa, Sétif, Bougie et Philippeville.

A cette époque le voyage de Batna à Biskra se faisait au moyen d'une diligence, qui, à partir d'El Kantara, traversait le désert.

Je ne connais rien de plus impressionnant que la surprise que l'on éprouve lorsque, après avoir traversé le pont d'El Kantara, on se trouve en présence de l'oasis de ce nom et de l'immensité du désert.

On vient de quitter une région cultivée et tout à coup, comme si un rideau venait d'être tiré, on a la sensation de l'infini et de la désolation.

J'ai refait ce voyage en 1913, très confortablement installé dans un wagon de chemin de fer et j'ai trouvé Biskra transformée en station hivernale.

En 1883, cette ville était essentiellement indigène, avec seulement quelques maisons européennes, abritant les différents services de l'administration.

A notre retour nous visitâmes Lambessa, dont les ruines romaines sont très intéressantes.

C'est au pénitencier de Lambessa que furent enfermés de nombreux condamnés politiques, après le coup d'Etat du deux décembre 1852.

Le voyage de Sétif à Bougie se faisait également en diligence et on traversait les gorges si intéressantes et si majestueuses du Chabet el Akra.

Nous ne restâmes à Bougie qu'une soirée et une nuit et le lendemain nous reprîmes la diligence de Sétif, pour de là continuer notre voyage, en chemin de fer, jusqu'à Philippeville, où je me séparai de mon ami et je rentrai à Bône, par le paquebot « Le Moïse » de la Compagnie Transatlantique.

Les quelques jours qui me séparaient de notre départ, furent employés à régler toutes mes affaires.

Il m'arriva, dans cette période, une aventure peu banale. Un jour que je me promenais, sur les allées à Bône, avec des amis, je vis un énorme lion mort, transporté dans une voiture qu'un arabe escortait. Je m'approchai de la voiture, pour examiner cette bête superbe et je demandai à l'arabe où il la conduisait. L'indigène me répondit que ce lion était destiné à M. Diehl, notaire.

Au même moment un monsieur s'approcha et donna l'ordre à l'arabe de le suivre avec la voiture. Je m'interposai aussitôt et je demandai des explications à ce monsieur. Celui-ci me répondit qu'il était M. d'O., administrateur du territoire, sur lequel le lion avait été tué et, qu'en cette qualité, il avait le droit de se faire présenter l'animal et de lui couper une patte.

Je répondis à ce zélé fonctionnaire que l'arabe ne lui demandant pas de prime, il avait le droit de disposer du produit de sa chasse, que ce lion était destiné à M. Diehl et qu'il allait être amené chez lui. Sur ce, mon ami et moi, nous primes la bride du cheval et nous conduisîmes la voiture chez M. Diehl, au grand ébahissement de l'administrateur qui tempêtait.

M. Diehl, avec lequel j'avais d'excellentes relations, me fut très reconnaissant de mon intervention et, pour me remercier, me fit cadeau du filet du lion.

Je fis mariner ce filet, pendant plusieurs jours et j'invitai deux de mes amis pour le manger. Je mentirais si je disais que nous le trouvâmes succulent. Il était plutôt coriace, malgré la marinade et avait un goût sauvage très fort.

J'ai revu souvent, depuis cette époque, la peau de ce superbe animal, chez mon ami Revertégat, qui a épousé Mademoiselle Diehl. Ce lion était énorme: il avait une crinière noire très abondante.

Je m'embarquai, avec ma brigade, le 15 mai, sur le paquebot « Afrique » qui nous débarqua le surlendemain à Marseille.

En arrivant dans cette ville, j'eus l'agréable surprise d'apprendre que j'avais été nommé capitaine, par décret du 8 mai, à la suite d'une proposition au choix, que j'avais obtenue à l'Ecole supérieure de guerre et qui avait été renouvelée après l'expédition de Tunisie.

J'étais placé au 63e régiment d'infanterie à Limoges, mais le bataillon auquel j'étais affecté, était détaché à Dellys, dans la province d'Alger. J'avais donc la perspective de faire prochainement une nouvelle traversée.

Après la remise de mon travail au Ministère, j'obtins une permission de 30 jours, que je passai dans ma famille à Reims et, le 22 juin, je m'embarquai à nouveau à Marseille sur le paquebot « L'Immaculée Conception », de la Compagnie Transatlantique, qui me débarqua à Dellys, après avoir fait escale à Bône, Philippeville, Collo, Djijelli et Bougie.

Dellys est un petit port de mer, situé entre Bougie et Alger, qui n'offre rien de bien remarquable et qui n'est pas un séjour enchanteur.

Je ne devais pas y rester longtemps d'ailleurs, car le Conseil de santé m'accorda un congé de convalescence de 3 mois, pour faire usage des eaux à Vichy.

Pendant le court séjour que je fis à Dellys, je me rendis à Blidah, en passant par Alger, pour prendre livraison d'un cheval, qui me fut délivré par le premier régiment de chasseurs d'Afrique que commandait alors le colonel Poulard, que j'avais connu à l'Ecole de Guerre, comme écuyer en chef.

Je rentrai à Dellys pour assister à la revue du 14 juillet, puis je me préparai au départ pour Vichy, qui eut lieu le 21 du même mois.

Je pris passage sur le « Mohammed es Sadock ». de la Compagnie Transatlantique, qui me débarqua le 23 juillet à Bône, où j'assistai au mariage de mon ami, le capitaine Revertégat avec Mademoiselle Diehl.

Je me rembarquai le 27, avec mon ami de Lapeyrouse, sur le paquebot « Le Charles-Quint », de la Compagnie Transatlantique qui, après avoir fait escale à Ajaccio, nous débarqua à Marseille le 29 juillet.

CHAPITRE III

Séjour en France (1883-1885)
Débuts dans l'Infanterie de Marine (1885)
Première campagne au Tonkin (1885-1887)

Après mon débarquement à Marseille, je fus dirigé sur Vichy, où je fis une saison de 21 jours. Au cours de mon congé, je partageai mon temps entre Paris et Reims et, au mois de septembre, je me rendis à l'exposition universelle d'Amsterdam, en passant par Bruxelles, Anvers, La Haye.

Je m'arrêtai un jour dans chacune de ces villes.

En quittant Amsterdam, où je visitai l'exposition et où j'eus, ainsi que je l'ai dit plus haut, le plaisir de voir exposés tous les itinéraires, que le capitaine Lachouque et moi avions faits pendant la colonne de Tébessa, je me rendis à Cologne, puis je remontai le Rhin, en bateau jusqu'à Mayence, en m'arrêtant un jour à Coblentz. Ce voyage, sur un des plus beaux fleuves de l'Europe, m'intéressa énormément et j'admirai la richesse et la variété des ressources des régions qu'il traverse. Cette large vallée sinueuse, très profonde, couronnée des deux cotés par de pittoresques burgs en ruine, laissa, dans mon esprit, une impressoin ineffaçable et mélancolique.

Ma pensée se reportait au temps, où la France commandait sur la rive gauche du Rhin, sa frontière naturelle, et je me plaisais à espérer que ce beau temps reviendrait.

Il a été bien près de revenir ce moment si désiré, et après nos victoires de la grande guerre de 1914-1918, la France était en droit de revendiquer cette frontière. Les sacrifices qu'elle a faits, dans cette guerre si cruelle, l'héroïsme que ses enfants ont déployé pendant ces quatre années de lutte, lui permettaient d'espérer que la possession de la rive gauche du Rhin qui, seule, peut la mettre à l'abri de nouvelles agressions, de la part d'un ennemi implacable, lui seraient assurées. Hélas ! il n'en a rien été et nos alliés, poussés par un esprit d'égoïsme jaloux, n'ont pas voulu reconnaître la légitimité de ses revendications et ont refusé d'adhérer aux propositions, formulées par le maréchal Foch. Ces revendications ont-elles été défendues, avec un acharnement suffisant, à la Conférence de la Paix, par notre représentant M. Clémenceau ?

Je ne puis me prononcer sur cette question, que l'Histoire seule pourra élucider.

Toujours est-il que, à l'expiration de l'occupation de la rive gauche du Rhin, qui doit être faite par les alliés pendant 5, 10 ou 15 ans, la frontière de la France sera découverte et que même les traités franco-anglais et franco-américains, si ce dernier est approuvé par le Sénat des Etats Unis (1), ce qui est fort douteux, ne mettront pas notre pays à l'abri d'une nouvelle invasion.

Avant de reprendre le chemin de la France, je pus passer une journée à Wiesbaden, cette ancienne capitale du duché du Nassau, qui est située au pied du Taunus et qui possède des eaux thermales très renommées.

A mon retour à Paris, j'appris que mon bataillon avait quitté Dellys, pour rejoindre son régiment à Limoges. C'est donc dans cette ville que je dus me rendre à l'expiration de mon congé le 27 octobre.

Je restai, pendant 18 mois, dans cette garnison, où je continuai mon service de commandant de compagnie au 63e régiment d'infanterie.

Je n'ai rien de bien intéressant à raconter sur ce séjour à Limoges.

Au mois de mai 1885 mon régiment reçut l'ordre de désigner un bataillon, pour faire partie d'une division expéditionnaire qui, placée sous le commandement du général Coiffé devait se concentrer et s'organiser au Camp du Pas des Lanciers, près de Marseille.

On donna à cette division le nom de Division de réserve du Tonkin, mais, en réalité, elle était destinée, je crois, à se rendre en Egypte, où, depuis quelque temps, les esprits étaient en effervescence et où il était question d'une intervention anglo-française.

Cette intervention n'eut pas lieu, du moins la France n'y prit pas part et se laissa rouler par l'Angleterre, qui s'installa

---

(1 Nous savons maintenant que le traité franco-américain n'a pas été approuvé par le Sénat américain ; naturellement, le traité franco-anglais n'a pas été non plus approuvé et nous restons isolés.

dans le pays des Pharaons où, sous prétexte d'une occupation temporaire, pour rétablir l'ordre, elle installa son protectorat, qui ne devait être que provisoire, mais qui, par la suite. devint définitif et donna à l'Angleterre la clé du canal de Suez. ce canal construit par un Français, Ferdinand de Lesseps, avec l'argent de la France.

C'est toujours ainsi que tous nos gouvernements, soi-disant démocratiques. par suite de leur incapacité en politique étrangère, laissent péricliter les affaires de notre beau pays.

Le traité de Versailles. qui vient de mette fin à la guerre mondiale, et où cependant, la France pouvait parler haut. en raison des sacrifices qu'elle avait faits. pour sauver le monde de la barbarie teutonne. apporte une nouvelle preuve de l'impuissance de nos hommes politiques à défendre ses intérêts.

Je ne faisais pas partie du bataillon, qui devait se rendre au camp du Pas des Lanciers et mon colonel, malgré mon insistance, ne crut pas pouvoir me désigner pour combler une vacance de capitaine dans ce bataillon. Il m'autorisa cependant à me rendre à Paris. pour aller demander au Ministère d'autoriser cette mutation. Je partis immédiatement et le lendemain je me présentai au Directeur de l'Infanterie. qui était justement le général Coiffé. qui devait prendre le commandement de la division en formation et qui, séance tenante, donna des ordres pour que je reçoive satisfaction.

Je rapportai, moi-même à Limoges, cette bonne nouvelle et je pus partir le surlendemain avec le bataillon.

Le voyage s'effectua en chemin de fer et. après un arrêt de 24 heures à Toulouse. nous arrivâmes le 13 juin au camp du Pas des Lanciers. où nous fûmes reçus par le lieutenant-colonel de Torcy. chef d'État-Major de la division.

Nous fûmes dirigés immédiatement sur l'emplacement de notre campement.

Le camp du Pas des Lanciers est situé à une petite distance de Marseille. près de la station de chemin de fer. qui porte ce nom. tout à côté de l'étang de Berre. Le terrain. qui l'entoure est couvert de broussailles et est complètement inculte. Le rocher est presqu'à fleur du sol.

Il existait là un camp permanent. composé d'un certain nombre de baraques. qui servaient à abriter le personnel et le matériel destinés à entretenir le champ de tir. où les troupes de la garnison de Marseille venaient faire leurs tirs de guerre.

Un petit ruisseau, à faible débit, coulait au travers du camp.

Ce terrain de campement pouvait bien suffire pour des corps de troupe à faible effectif, qui avaient à y passer quelques jours, mais il était insuffisant pour une division complète à effectifs de guerre, avec son artillerie, sa cavalerie et tous ses services.

L'eau était également insuffisante et, chose plus grave, aucun service de vidange n'avait été organisé.

On s'était contenté d'établir des feuillées, peu profondes, sur ce sol imperméable, composé de rochers couverts d'une mince couche de terre.

La partie du terrain, qui était affectée à mon bataillon, était couverte de broussailles assez épaisses.

Nous fûmes obligés, tout d'abord, d'enlever toutes ces broussailles et, quand nous commençâmes à monter nos tentes, nous nous aperçûmes qu'il était à peu près impossible de faire pénétrer nos piquets dans ce sol rocheux. Nous dûmes avoir recours à la barre à mine pour faire les trous nécessaires.

Le lendemain de notre arrivée le bataillon reçut les détachements, venus un peu de tous les régiments de France, pour compléter son effectif de guerre. Je fus donc à la tête d'une belle compagnie de 250 hommes, avec laquelle je pris part aux manœuvres d'entraînement, qui commencèrent peu de jours après notre installation.

Nous eûmes, au début, un temps superbe, mais le mistral ne tarda pas à faire son apparition, avec une violence terrible et, une belle nuit, à peu près toutes les tentes du camp furent arrachées.

Si les piquets avaient été plantés, dans un terrain ordinaire, cet ouragan n'aurait pas causé de grands dommages, nos tentes auraient été renversées et nous les aurions redressées.

Malheureusement, comme je l'ai dit plus haut, nous avions été obligés de faire des trous dans le rocher, pour planter nos piquets, il s'en suivit que ces piquets, ayant résisté, presque toutes les toiles de tente furent déchirées.

Au lever du jour le camp présentait un aspect lamentable. On voyait les hommes grouiller et s'agiter pour tâcher de reconstituer le campement. Cela fut d'ailleurs impossible, pour la plupart des tentes et comme le magasin de campement de Marseille avait été vidé, il fallut attendre que l'on reçut de nouvelles tentes de l'intérieur.

Nous fûmes donc obligés de nous ingénier pour nous mettre à l'abri; on construisit des gourbis de fortune. Les nuits, étant encore fraîches, il en résulta que beaucoup d'hommes tombèrent malades.

Cette situation peu favorable, ajoutée aux mauvaises conditions d'installation des feuillées et à la pénurie d'eau, amena une épidémie de fièvre typhoïde qui, en quelques semaines, décima cette belle division et obligea l'autorité supérieure à la dissoudre.

J'assistai aux débuts de cette épidémie, mais je n'eus par la douleur de voir fondre ma compagnie, car je fus avisé, le 2 juin, que j'étais nommé capitaine au 3e régiment d'infanterie de marine à Rochefort. Je fus un peu surpris de cette nomination, à laquelle je ne m'attendais plus.

Depuis le commencement de la campagne du Tonkin, j'avais essayé de faire partie du corps expéditionnaire, soit comme topographe, soit comme officier d'Etat-Major, soit comme officier de troupe.

Aucune de mes demandes n'avait abouti. Elles avaient toutes été primées par celles de fils à papa.

Je désespérais de prendre part à cette expédition lorsqu'un beau jour le Ministre de la Marine demanda des officiers de l'armée de terre, volontaires pour passer dans l'Infanterie de marine, sans perte d'ancienneté et avec promesse de les désigner pour les formations du Tonkin.

Je m'empressai de faire une demande, mais comme cette démarche avait été faite plus d'un an auparavant, je ne m'attendais plus à la voir aboutir.

Débuts dans l'Infanterie de marine (1885)

Quoiqu'il en soit, me voilà devenu Marsouin, après treize années de service dans l'armée de terre.

J'ignorais tout de l'infanterie de marine, lorsque je vins prendre mon service à Rochefort.

Le 3e Régiment était alors commandé par le lieutenant-colonel F., breveté d'Etat-Major, qui me reçut admirablement et facilita beaucoup mes débuts dans cette arme, si nouvelle pour moi.

Je lui dois une grande reconnaissance à ce sujet. Depuis, j'ai été, à plusieurs reprises, sous ses ordres; j'expliquerai par la suite, comment, au cours de l'expédition de Chine en 1900, nos relations sont devenues plus tendues.

Au moment où j'arrivai dans l'infanterie de marine, les officiers de ce corps étaient très émus par l'arrivée, au milieu d'eux, ils disaient l'invasion, d'un certain nombre d'officiers de l'armée de terre.

Cette émotion, il faut le dire, n'était pas justifiée, car, par suite de la création de nouvelles unités, ils avaient obtenu, depuis le commencement de l'expédition du Tonkin, un avancement tout à fait inespéré et, au moment de notre arrivée, ils se trouvaient dans l'impossibilité absolue de satisfaire aux obligations qui incombaient à l'arme.

Ils se rendaient bien compte et c'est certainement ce qui les gênait le plus, que le Ministre de la Guerre avait choisi, avec soin, les officiers qu'il avait donnés à son collègue de la Marine.

Ce choix, du reste, était très justifié car presque tous les officiers de la grande invasion, ont fait une belle carrière. Beaucoup d'entre eux sont devenus généraux. Beaucoup d'autres hélas ! ont payé leur tribut aux colonies, et sont morts pour la France !

Ce mécontentement se manifesta, dès l'arrivée dans les ports, des nouveaux marsouins, qui furent en général accueillis très fraîchement.

Je dois ajouter cependant, qu'à Rochefort, ceux qui vinrent servir au 3ᵉ régiment, n'eurent pas à se plaindre de la réception qui leur fut faite. Le président de la table des capitaines qui, cependant, avait été le porte-parole de ses camarades, pour protester contre l'invasion et qui avait été, de ce fait, sévèrement puni, ne nous tint pas rigueur et nous fit une réception courtoise.

Au bout de quelques jours nous eûmes complètement droit de cité et la différence d'origine ne tarda pas à disparaître.

En ce qui me concerne, je fus très embarrassé dans les premiers temps. J'arrivais directement du camp du Pas des Lanciers et je n'avais pas eu le temps de me procurer une tenue d'infanterie de marine. Je fus donc obligé, avec l'autorisation du commandant du régiment, de faire mon service avec ma tenue de biffin. C'était gênant, car à ce moment, l'infanterie de marine était composée de vieux soldats, qui avaient roulé dans toutes les colonies et qui avaient, peut-être plus encore que leurs officiers, l'esprit de bouton.

Je dus déployer beaucoup de tact et faire souvent la sourde oreille, quand, pendant les exercices et les manœuvres, j'entendais prononcer le mot de biffin, qui, évidemment, s'appliquait à moi, ou tout au moins à ma tenue.

Le service à Rochefort était très pénible, car le lieutenant-colonel F. était passionné pour les manœuvres. Il nous envoyait continuellement, de jour et de nuit, faire des exercices extérieurs.

Je ne m'en plaignais pas, car cela me permettait de faire plus ample connaissance avec mes hommes et de me mettre au courant des traditions de ma nouvelle arme.

Mon séjour à Rochefort ne fut, du reste, pas de longue durée, car le premier août, moins de deux mois après mon arrivée, je reçus la nouvelle de ma nomination au 3e régiment de tirailleurs tonkinois, avec ordre de m'embarquer à Toulon, le 20 août, sur le « Shamrock », transport de l'État à destination du Tonkin.

Première Campagne du Tonkin (1885-1887)

Après avoir passé quelques jours dans ma famille, à Clermont-Ferrand, où mon père était venu s'installer après sa mise à la retraite, je me rendis au port d'embarquement.

Le « Shamrock » était un superbe transport, où l'on aurait pu être parfaitement installé, malheureusement ce bateau était bondé de passagers.

Outre les cadres, en officiers et sous-officiers du 3e régiment de tirailleurs tonkinois, que nous allions former, il y avait une quantité d'officiers de réserve, destinés aux bataillons annamites en formation en Annam et un grand nombre de passagers civils, fonctionnaires en Cochinchine et au Tonkin.

Nous étions donc plus qu'au grand complet et on avait été obligé de transformer l'hôpital du bord en dortoir. J'étais, pour ma part, dans une cabine avec trois autres capitaines.

Cette cohabitation, dans une étroite cabine, pendant près de deux mois, me fut très pénible.

Il y faisait une chaleur torride et je me décidai à passer, presque toutes mes nuits, sur le pont, étendu sur une chaise longue.

Cela manquait certainement de charme, mais cela valait mieux encore que le séjour de la cabine, dont les parois étaient surchauffées pendant le jour et conservaient leur chaleur pendant une grande partie de la nuit. Les nuits, sur le pont, étaient loin d'être fraîches, mais il était cependant possible de dormir ; elles étaient, du reste, fortement écourtées, par le lavage du pont, qui commençait vers trois heures du matin.

A cette heure-là, j'étais obligé, bon gré mal gré, de regagner ma cabine et de m'installer, tant bien que mal, dans ma couchette supérieure.

Il n'y avait pas que le logement qui était défectueux à bord. L'alimentation elle-même était au-dessous de tout et cela par la faute de l'administration de la marine qui, ne voulant pas se charger de la nourriture des passagers, confiait ce soin à un pourvoyeur qui, naturellement, cherchait à gagner le plus possible.

On aurait compris ce système d'alimentation si l'administration avait choisi un pourvoyeur en lui disant : « je vous donne tant par jour pour chaque passager de chaque classe et pour cette somme pour aurez à procurer tant de repas, composés de telle et telle façon. »

Au lieu d'agir ainsi, l'administration procédait par adjudication et confiait le service à celui des concurrents, qui s'engageait à assurer le service au meilleur marché possible.

Il s'ensuivait que le pourvoyeur nourrissait les passagers le plus économiquement qu'il le pouvait en approvisionnant les tables avec des denrées de qualité inférieure. La surveillance et l'exécution du marché, étaient bien confiées au capitaine en second du bateau, mais comme le pourvoyeur rendait de nombreux services au carré des officiers du bord, nos réclamations restèrent toujours sans sanction.

Du reste, il est de tradition dans la marine, que le commandement d'un transport et l'embarquement des officiers sur ces bateaux, sont considérés comme des corvées et que les passagers sont des colis encombrants et gênants, dont il faut s'occuper le moins possible.

Dans ces conditions la surveillance de leur alimentation est une chose négligeable, pour le commandant et le capitaine en second.

Un des exemples les plus frappants de cette négligence est donné par le fait suivant :

Pendant que le bateau traversait des régions torrides comme la Mer Rouge et l'Océan Indien, l'administrateur du bord délivrait journellement au pourvoyeur une certaine quantité de glace pour les tables des passagers. Cette glace, destinée aux repas, était donnée aux passagers qui prenaient des apéritifs ou des consommations, rémunératrices pour le pourvoyeur et, lorsqu'on se mettait à table, la provision était épuisée.

Toutes les réclamations, qui furent faites, restèrent inopérantes et le capitaine en second se contenta de nous dire qu'au retour du bateau à Toulon, nos réclamations seraient présentées à l'Administration de la Marine, qui prendrait contre le pourvoyeur les sanctions réglementaires.

Le voyage de France au Tonkin est un superbe voyage, quand on le fait dans des conditions confortables et à une raison convenable.

Celui que nous fîmes à bord du « Shamrock » fut au contraire très pénible.

Partis de Toulon le 20 août nous arrivâmes à Port-Saïd le 27.

Cette première partie de la traversée fut excellente, avec une mer calme et une température fort agréable. Avant d'arriver au détroit de Messine, nous eûmes le spectacle, nouveau pour moi, du volcan Le Stromboli, d'où sortait une longue colonne de fumée.

La traversée du détroit de Messine est fort intéressante. Ce détroit n'est pas très large à l'entrée et on peut apercevoir très distinctement d'un côté la ville et Messine, sur la côte de Sicile, de l'autre la ville de Reggio, sur la côte de Calabre.

Avant d'y pénétrer on laisse à sa gauche le fameux tourbillon de Charybde et le non moins fameux rocher de Scylla, qui furent, pendant longtemps, la terreur des navigateurs.

Port-Saïd, où nous arrivâmes le septième jour, se trouve à l'entrée du canal de Suez.

Cette ville, bâtie sur le sable, est loin d'être jolie, mais elle est très intéressante, parce qu'elle constitue, en quelque sorte, la charnière entre l'Europe, l'Afrique et l'Asie. La population, que l'on y trouve, est la plus cosmopolite que l'on puisse imaginer.

La rue principale est remplie par une quantité de boutiques, où l'on trouve des marchandises, provenant du monde entier. Toutes les langues y sont parlées. Au milieu de ces boutiques se trouvent de grands cafés, où sont installées des roulottes, qui détroussent les passagers assez confiants ou assez naïfs pour y tenter la fortune.

Chacun de ces cafés possède un orchestre composé, en général de femmes, qui s'empresse, dès qu'un bateau arrive en rade et que le flot des passagers défile dans la rue, de jouer l'hymne national du pays auquel appartient ce bateau.

Quoique les distractions que l'on rencontre à Port-Saïd ne soient pas très attrayantes, les passagers descendent généralement à terre, parce que le bateau est inhabitable pendant que l'on fait le charbon.

On ne peut rester sur le pont, qui est envahi par la poussière noire et d'autre part, on ne peut se réfugier dans les cabines, dont les hublots sont fermés et où il existe une chaleur intolérable.

La traversée du canal de Suez est loin d'être intéressante, et, cependant, comme les distractions sont rares à bord, les passagers, qui font le voyage pour la première fois, restent sur le pont et s'amusent à voir défiler les berges du canal et les gares qui sont installées de loin en loin.

On traverse ainsi une région désertique, dans laquelle on voit passer, à de rares intervalles, des convois de chameaux.

Tout cela est bien monotone !

La traversée du lac Tinsah, d'où l'on aperçoit Ismaïliah dans un nid de verdure, et des grands lacs rompt un peu la monotonie du trajet et au bout de 28 heures, on arrive à Port-Tewfik, en vue de Suez, qui se profile à une petite distance.

A cette époque on ne voyageait pas la nuit dans le canal. Depuis j'ai traversé souvent le canal, et grâce à un réflecteur électrique, placé à l'avant du bateau, on peut marcher nuit et jour. La traversée, dans ces conditions, se fait en 15 heures environ.

La chaleur était déjà très forte dans le canal, mais dès que nous pénétrâmes dans la mer Rouge, elle devint véritablement accablante. Il était impossible de rester dans les cabines et, d'autre part, on était exposé, sur le pont, à une réverbération des plus dangereuses.

Dans la traversée de la Mer Rouge, qui dura cinq jours et demi, plusieurs passagers furent frappés de coup de chaleur et, trois d'entre eux, y trouvèrent la mort. Ils furent naturellement immergés avant d'arriver à Obock.

Je ne connais rien de plus triste que cette cérémonie de l'immersion.

Elle a lieu généralement à la tombée du jour. On met le pavillon en berne; le bateau stoppe. Le cadavre, enveloppé dans de la toile à voile, avec une gueuse aux pieds, est placé sur une planche à l'ouverture d'un sabord.

Un prêtre récite les prières rituelles et, au commandement du maître de manœuvre, on fait basculer la planche et le cadavre tombe à l'eau, avec un bruit sourd et lugubre.

Dès que la cérémonie est terminée le bateau est remis en marche et continue sa route.

En quittant la Mer Rouge, après avoir traversé le détroit de Bab-el-Mandeb en laissant, sur notre gauche l'île de Périm, sur laquelle les Anglais ont construit des fortifications, pour défendre le détroit, nous arrivâmes à Obock, qui se trouve à 60 milles de Périm.

Obock était, à cette époque, une petite colonie française, dont le gouverneur était mon compatriote, M. Lagarde.

Cette colonie, située sur la côte des Somalis, se composait de quelques cases, sur le bord de la mer, habitées par des pêcheurs noirs et de quelques rares maisons européennes. Il y avait une faible garnison d'infanterie de marine, commandée par un lieutenant. La seule raison d'être d'Obock était le dépôt de charbon, que l'on y avait établi, pour le ravitaillement des bateaux de guerre français.

Depuis cette époque, déjà lointaine, Obock a été abandonné, en tant que siège du gouvernement et remplacé, en 1896, par Djibouti, situé plus au Sud, qui est devenu assez important, en raison de la construction de chemin de fer de l'Arrhar, qui conduit en Abyssinie et dont le point terminus est Djibouti.

Nous restâmes à Obock deux jours, pour faire le charbon

et pour décharger du matériel, destiné à cette colonie, qui avait été éprouvée quelque temps auparavant par un violent cyclone, au cours duquel un bateau de guerre français, le « Renard », disparut corps et biens entre Obock et Aden.

En quittant ce petit port, nous mîmes le cap sur Singapour.

Cette traversée de seize jours, au travers de l'Océan Indien, effectuée par une mer clémente, fut néanmoins très pénible, en raison de la chaleur, surtout pendant les trois jours que nous mîmes à traverser le détroit de Malacca.

On subit, en général, dans ce détroit des orages très violents, dûs au voisinage de l'Equateur, et l'on rencontre de nombreux îlots boisés, qui portent le nom générique de Poulo.

Le détroit, en arrivant à Singapour, se rétrécit beaucoup et on distingue souvent les deux terres, qui forment le détroit : la presqu'île de Malacca et l'île de Sumatra.

L'arrivée à Singapour est très intéressante, car on trouve, sur les nombreux îlots, qui garnissent le fond du détroit, une végétation tropicale superbe. Les Anglais, qui possèdent Singapour, comme ils possèdent tous les passages importants du globe, tels que Gibraltar, Port-Saïd, Périm, Aden, Hong-Kong, ont fait de cette ville, un centre commercial de premier ordre.

Cette place, qui commande l'entrée de l'Océan Pacifique, a une population de 200.000 âmes, composée d'une petite colonie européenne, de Chinois, de Malais, et de Malabars, habitant des quartiers différents, selon leur nationalité.

Un jardin botanique, aux environs de la ville, est très intéressant.

Le Shamrock put accoster au quai de New-Harbourg et nous eûmes la possibilité de nous rendre à Singapour, située à une petite distance, soit au moyen de voitures appelées malabars, traînées par de petits chevaux, soit en employant des pousse-pousses (Djinrickska), tirés par deux chinois, qui allaient aussi vite que les chevaux.

On ne saurait croire le sentiment de bien-être que l'on éprouve, lorsque, après avoir effectué une traversée pénible de plus de deux semaines, sous le soleil des tropiques, avec une nourriture misérable, on rencontre un bon hôtel, où l'on trouve un repas réconfortant et un lit dans une bonne chambre.

Nous trouvâmes tout cela à Singapour et naturellement l'idée ne nous vint pas de rentrer à bord, où nous aurions trouvé

Jardin de Singapour (1er Mai 1899).
Arbre des Voyageurs

le bateau envahi par la poussière du charbon et un bruit assourdissant causé par les coolies qui embarquaient le combustible.

Le Shamrock ne devait, du reste, appareiller que le lendemain à 2 heures du soir. Nous rejoignîmes le bord quelques instants avant l'appareillage, après avoir confortablement déjeuné à l'hôtel.

A l'heure dite, le Shamrock largua ses amarres et on eut beau faire observer au commandant que le pourvoyeur, qui était allé en ville pour chercher des provisions, n'était pas encore rentré à bord, il ne voulut pas retarder le départ de quelques instants. Nous fûmes donc à la ration, plus que congrue, jusqu'à notre arrivée à Saïgon, qui eut lieu trois jours après.

Quelques heures avant d'arriver au Cap Saint-Jacques, nous passâmes en vue de Paulo Condor, petite île appartenant à la France, où se trouve un pénitencier, où sont détenus les indigènes condamnés par les tribunaux de Cochinchine.

Nous arrivâmes au Cap Saint-Jacques, trop tard pour remonter la rivière de Saïgon et nous passâmes la nuit en rade. Le lendemain nous appareillâmes de très bonne heure et, à 8 heures, nous jetions l'ancre devant Saïgon.

Saïgon, capitale de la Cochinchine française, se trouve sur la rivière qui porte son nom, à 64 kilomètres du Cap Saint-Jacques.

Toute la partie européenne de la ville a été construite par les Français et on y trouve un certain nombre de monuments importants.

La ville est très animée, surtout à partir de 5 heures du soir, car il y fait généralement une chaleur humide, déprimante et, aux heures chaudes de la journée, les européens restent dans leur maison.

La partie indigène de la ville est peu importante et habitée par des Annamites.

A 5 kilomètres de Saïgon se trouve Cholon, ville de 40.000 âmes, peuplée presqu'exclusivement de Chinois.

Cette ville est un grand entrepôt de riz, destiné à l'exportation ; elle possède de grandes usines, appartenant à des Chinois, qui décortiquent et blanchissent le riz. Il se fait, dans cette ville, un commerce très important, malheureusement presque tout l'argent, provenant de ce commerce, est transporté en Chine.

Une visite à Cholon s'imposait.

Nous nous y rendîmes le soir, plusieurs camarades et moi, et nous fûmes intéressés par l'animation intense des rues de cette ville chinoise. Les rues étaient éclairées par de grosses lanternes en papier, de forme et de couleurs variées, qui existent devant toutes les boutiques chinoises. Nous eûmes la curiosité de pénétrer dans un théâtre chinois, mais nous n'y restâmes pas longtemps, car la chaleur qui régnait dans la salle, l'odeur sui generis qui y était répandue et le bruit assourdissant produit par les gongs, les cymbales et les cris perçants des acteurs, nous mirent rapidement en fuite.

Nous n'étions pas préparés à apprécier les charmes de ce genre de représentation, auquel, du reste nous ne pouvions rien comprendre. Tous les rôles, dans le théâtre chinois, sont tenus par des hommes, qui sont habilement grimés. Les acteurs portent ordinairement des masques effrayants. Leur jeu est une espèce de danse de Saint-Guy et leur débit, scandé par des coups de gong très fréquents, est fait avec une voix de tête étourdissante.

Nous restâmes à Saïgon neuf jours entiers et le dixième jour, à 10 heures du matin, nous quittâmes cette ville, où nous avions pu nous reposer et nous refaire, grâce à une nourriture abondante et saine, que nous trouvâmes dans un excellent hôtel de la ville.

Après avoir doublé le cap Saint-Jacques, nous nous dirigeâmes vers la baie de Tourane, où nous arrivâmes 48 heures après notre départ de Saïgon.

La baie de Tourane est peu profonde et les bateaux ayant un tirant d'eau un peu fort, sont obligés de mouiller assez loin de terre.

Elle est fermée à l'Est par le cap Tourane et entourée d'un amphithéâtre de montagnes.

Tourane est un point important, car c'est le port de Hué, capitale de l'Annam.

On se rendait à Hué, à cette époque, en suivant une route assez mauvaise, très montueuse, qui passait au col des Nuages.

Aujourd'hui Tourane est reliée à la capitale par un chemin de fer.

Le territoire de Tourane fut cédé à la France en 1787 par l'empereur d'Annam, à la suite d'un bombardement, mais nous n'en prîmes pas possession à cette époque. De 1858 à 1860, au moment où surgirent les difficultés, qui amenèrent l'expédition anglo-française de 1860, Tourane fut occupée par les Français.

Depuis la création du protectorat français en Annam, une commission française a été installée dans cette ville, qui est devenue assez importante et qui est appelée à un grand avenir, grâce à sa baie, qui, lorsqu'elle sera draguée, pourra devenir un port très sûr et grâce aussi au chemin de fer qui la relie à Hué.

Nous couchâmes en rade de Tourane et, le lendemain à la première heure, le Shamrock appareilla pour Thuan-An, rade foraine, à quelques kilomètres de Hué, où il débarqua les officiers et les sous-officiers, destinés à encadrer les bataillons annamites en formation en Annam.

Ce débarquement put se faire grâce à un temps splendide, mais si la mer avait été mauvaise, il n'aurait pu avoir lieu, car il existe à Thuan-An une barre, qui n'est pas toujours maniable.

Cette opération terminée, nous repartîmes immédiatement pour la baie d'Along, où nous arrivâmes 20 heures après.

La baie d'Along est une des merveilles du monde. Elle est composée d'une multitude de rochers très élevés, qui surgissent presque verticalement de la mer. Ces rochers sont, en général, boisés et recouverts d'une végétation luxuriante, dans laquelle on voit évoluer des singes.

Entre les rochers une grande quantité de chenaux permettent la navigation : plusieurs d'entre eux sont assez profonds et assez longs pour être pratiqués par les plus gros navires.

Rien n'est intéressant comme la navigation dans cette baie. Elle a lieu, naturellement, à une vitesse très réduite. Lorsqu'on se trouve dans un chenal on se demande comment on pourra en sortir, car on a toujours devant soit un rocher, qu'un léger coup de barre suffit à éviter et à mettre le bateau dans une nouvelle direction.

On est très surpris, après avoir suivi une route entièrement sinueuse, de se trouver dans un élargissement, qui pourrait être comparé à une clairière dans une forêt. On trouve de très bons mouillages dans la baie d'Along, qui constitue pour les navires, un excellent refuge et a servi souvent de lieu de réunion à la flotte française pendant l'expédition du Tonkin.

Depuis notre occupation on a construit dans sa partie septentrionale le Port Courbet, auquel le voisinage des mines de charbon de Hong-Haï donne une grande importance.

Je ne sais trop pour quelle raison on nous laissa pendant trois jours en baie d'Along.

Nous profitâmes de cette station pour faire des promenades en canot et visiter les nombreuses grottes pittoresques, que l'on trouve dans les rochers de la baie. Enfin ! le quatrième jour une canonnière, « La Lionne », vint nous chercher et nous débarquer à Haïphong, le 14 octobre.

Me voilà donc arrivé, après 56 jours d'une pénible traversée, dans ce Tonkin, que je désirais tant connaître.

Le Tonkin se trouve situé au sud de la Chine et au Nord de l'Annam. Il a accès au golfe du Tonkin, mer de Chine, par le fleuve Rouge, Song-Co, qui forme un vaste delta, contenant toute la partie fertile du Tonkin.

Il y a plusieurs ports sur la côte du golfe du Tonkin, mais le seul important est Haïphong.

Avant l'intervention française, le Tonkin formait une province de l'empire d'Annam. Cette intervention fut provoquée par les démêlés, qui avaient surgi entre les mandarins tonkinois et un négociant français Jean Dupuis, qui avait exploré le fleuve Rouge.

A la suite de ces démêlés, le lieutenant de vaisseau Francis Garnier fut chargé de toutes les négociations, qui échouèrent par suite de l'hostilité du vice-roi. Après un ultimatum, resté sans réponse, Francis Garnier s'empara de la citadelle d'Hanoï Ce fut le signal de la conquête du Tonkin.

Francis Garnier allait traiter avec les Annamites, lorsqu'il fut tué aux environs d'Hanoï, dans une embuscade des Pavillons Noirs, le 21 décembre 1873.

Les Pavillons Noirs étaient des hordes chinoises qui, d'accord avec la cour de Hué, envahirent le Tonkin, pour le défendre contre les Français. Cette lutte, au cours de laquelle le capitaine de vaisseau Rivière trouva la mort, près de l'endroit où Francis Garnier avait été tué, dura plusieurs années, jusqu'au jour où la France se décida à envoyer un corps expéditionnaire, commandé par le Général Bouet, qui finit par imposer à la Cour de Hué le protectorat du Tonkin, 25 août 1883.

La lutte n'était pas terminée, car les Pavillons Noirs et les réguliers chinois, secrètement soutenus par l'empereur d'Annam, occupèrent des places importantes. Cette lutte dégénéra

Monument élevé à la mémoire du Commandant Rivière.
au " Pont-de-Papier ", aux environs d'Hanoï.

en une véritable campagne, qui fut dirigée d'abord par le vice-amiral Courbet, puis par le général Millot, secondé par les généraux de Négrier et Brière de l'Isle.

Cette campagne fut signalée par le siège de Tuyen-Quang,

énergiquement soutenu par le commandant Dominé et par l'affaire malheureuse de Lang Son, au cours de laquelle le général de Négrier, fut blessé.

Elle fut terminée par la paix de Tien-Tsin, signée avec la Chine le 9 juin 1885.

A partir de cette date la France n'eut plus à lutter que contre des insurrections, plus ou moins importantes et s'occupa à à organiser son protectorat.

Le Tonkin est aujourd'hui une splendide colonie, pleine d'avenir. Son commerce avec l'extérieur s'est beaucoup développé et consiste surtout en exploitation de riz. Il possède des richesses minérales considérables, surtout en houille, dont les gisements sont très étendus.

Hanoï et Haïphong tendent à devenir des centres industriels considérables.

Haïphong était, à l'époque où j'y débarquai, une petite ville annamite, avec une concession française. Elle se trouve au confluent du Song tam Bach et du Cua Cam, dans le delta du Fleuve Rouge et constitue le port du Tonkin.

Malheureusement ses eaux sont peu profondes et les bateaux de fort tonnage, ne pouvant remonter jusqu'à ce port, sont obligés de mouiller en baie d'Along. On a, depuis l'occupation française, proposé l'établissement d'un grand port maritime dans les parages voisins, à Port Courbet ou à Port Wallut, dans l'île de Kébao, mais rien n'a été fait et Haïphong reste toujours le port du Tonkin. C'est d'Haïphong que part le chemin de fer qui conduit à Hanoï la capitale et qui pénètre au Yunnam.

A l'époque où j'arrivai au Tonkin, il n'était pas question de chemin de fer, il n'y avait, pour ainsi dire, pas de routes et le seul moyen de circulation était la navigation fluviale.

Nous fûmes présentés à Haïphong, au général de Négrier, commandant d'armes, qui nous indiqua nos destinations.

J'avais été désigné, en partant de France, pour le 3e régiment de Tirailleurs Tonkinois. En arrivant à Haïphong, j'appris que ma destination était changée et que j'étais affecté au 2e Régiment, en formation à Nam-Dinh.

La plupart des officiers, qui avaient fait la traversée avec moi, sur le Shamrock, reçurent la même destination et, le surlendemain de notre arrivée à Haïphong, nous fûmes embarqués sur la canonnière « la Trombe », qui nous débarqua le surlendemain matin à Nam-Dinh.

Cette canonnière, qui n'avait aucun aménagement pour les les passagers, était peu confortable. Nous nous y installâmes, vaille que vaille, sur le pont supérieur, d'où nous pûmes nous rendre compte de l'aspect qu'offre la campagne tonkinoise. Cet aspect est peu pittoresque, car le delta du Fleuve Rouge est invariablement très plat, mais cette plaine est admirablement cultivée en rizières, qui donnent l'impression d'un pays riche.

La population y est très dense et habite des villages, qui forment des îlots au milieu des rizières. Ces villages sont entourés de haies de bambous très épaisses, qui dissimulent les cases et forment une clôture infranchissable.

Nam-Dinh, chef-lieu de la province du même nom, est la ville la plus importante du Tonkin après Hanoï. Elle est située sur le Daï, près de son confluent avec le Fleuve Rouge.

Nous fûmes reçus à Nan-Dinh par le Lieutenant-Colonel Dodds, le futur vainqueur du Dahomey, qui devint général de division, grand-croix de la Légion d'Honneur, médaillé militaire, qui commandait, à ce moment, le 2ᵉ régiment de tirailleurs tonkinois.

Je fus désigné pour prendre le commandement de la 1ʳᵉ compagnie, dans le bataillon du commandant Terrillon, avec lequel j'avais fait la traversée sur le Shamrock. Le commandant Terrillon venait, comme moi, de l'armée métropolitaine ; il était avant son incorporation dans l'infanterie de marine, major au 1er régiment de zouaves à Alger.

C'était un véritable soldat, d'une énergie rare, et possédant les qualités les plus précieuses du chef : la précision dans les ordres, la fermeté et une volonté à toute épreuve.

J'ai servi sous ses ordres pendant deux ans au Tonkin, souvent dans des circonstances difficiles et j'ai conservé pour son caractère, la plus grande estime, et, pour sa personne, une affection qui ne s'est jamais démentie.

Le commandant Terrillon commanda plus tard, avec succès, la deuxième expédition du Dahomey, fut nommé colonel et repassa dans l'armée métropolitaine, où il devint général de brigade, grade avec lequel il fut placé dans la 2ᵉ section (réserve) de l'Etat-Major général.

Après un court séjour à Nam-Dinh, je reçus l'ordre de me

rendre, avec les cadres de ma compagnie à Ninh-Binh, où je devais recevoir les recrues, qui devaient former la 10e compagnie du 2e régiment de tirailleurs Tonkinois. C'est à partir de ce jour que commencèrent pour moi les difficultés, auxquelles, j'allais me heurter, sans cesse, pendant de longs mois.

J'incorporai, quelques jours après mon arrivée, 260 tirailleurs, venant de leur village et qui pour la plupart, n'avaient jamais entendu prononcer un mot de Français.

D'autre part, les cadres de la Compagnie se composaient de 3 officiers et 10 sous-officiers, qui ne comprenaient pas l'annamite.

On m'avait bien donné, comme interprète, un sergent indigène, provenant du régiment de tirailleurs annamites de Saïgon mais son bagage comme français était tout à fait rudimentaire et, en outre, il ne comprenait pas très bien et ne parlait pas correctement l'idiome tonkinois, qui diffère sensiblement de l'idiome annamite de Cochinchine.

Dans ces conditions, ma tâche et celle de mes subordonnés devenait assez difficile. Comment instruire des recrues, qui ne comprenaient pas leurs instructeurs ?

Nous nous mîmes à l'ouvrage avec entrain et nous commencions à dégrossir nos hommes, lorsque le choléra se déclara dans une compagnie voisine de la mienne. Pour éviter la contamination avec mes hommes, je reçus l'ordre de quitter Ninh-Binh immédiatement.

On embarqua ma compagnie sur des jonques indigènes et je me mis en route avec la seule indication suivante : vous remonterez l'arrayo de Ninh-Binh, puis vous vous dirigerez sur un village appelé Phu-Mé, où vous trouverez une petite pagode, dans laquelle vous vous installerez avec vos cadres. Vos tirailleurs se logeront dans les cases du village.

Cette indication était un peu vague.

Après avoir erré, avec mon escadre de jonques, pendant une journée et une nuit, sur différents arroyos, je finis par découvrir mon village de Phu-Mé.

A la grande stupéfaction et au grand déplaisir du mandarin, qui occupait la pagode et que j'expulsai, je m'y installai avec les officiers et les sous-officiers européens.

Mes tirailleurs n'avaient pas encore reçu leur armement avant le départ de Ninh-Binh : on avait embarqué les caisses contenant les fusils sur les jongues, qui nous avaient transportés. A peine installés à Phu-Mé, je repris l'instruction de mes hommes.

Cette instruction marchait du reste assez vite, car les Annamites, lorsqu'ils sont jeunes, sont très intelligents et très appliqués. Je pus organiser, dans les rizières desséchées, après la récolte, un champ de tir et en moins de deux mois, mes tirailleurs étaient assez instruits pour que je pusse, sans danger, faire avec eux une longue reconnaissance.

Les détails de mon installation et les exercices pour l'instruction de mes recrues, absorbaient heureusement tout mon temps, car si j'avais été inoccupé, le temps m'aurait paru horriblement long.

Mes deux officiers étaient très gentils et très bien élevés, mais n'avaient pas le caractère militaire et avaient un goût peu prononcé pour le travail terre à terre de l'instruction des recrues.

L'un d'eux, le lieutenant C., était un ancien étudiant en médecine qui, à la suite de déboires, s'était engagé dans l'infanterie de marine et était devenu officier, en passant par l'Ecole militaire du Camp d'Avor, qui précéda l'école de St-Maixent. Le second, le sous-lieutenant B., était un véritable artiste, dessinant admirablement et qui aurait pu, en développant ses talents, devenir quelqu'un. Je ne sais qui eut la mauvaise inspiration de le diriger vers l'Ecole Spéciale Militaire de Saint-Cyr, d'où il sortit sous-lieutenant dans l'Infanterie de marine.

Ce brave garçon eut le grand tort, dès son arrivée au Tonkin de s'adonner à l'opium. Ce défaut finit par le détraquer complètement, et au bout de quelques années, il mourut misérablement.

Avec de pareils collaborateurs, j'étais obligé de veiller à tout.

Dès les premiers jours de mon séjour à Phu-Mé, je reçus la visite d'un curé annamite, d'une mission voisine.

Ce brave homme venait se mettre à ma disposition, mais, comme je ne parlais pas l'annamite, nous nous comprenions difficilement, malgré le zèle de mon sergent interprète, qui, en dehors des expressions militaires, était incapable de traduire nos conversations.

J'eus l'heureuse idée de demander à ce curé s'il comprenait le latin. Sur sa réponse affirmative, mes deux officiers et moi, nous fîmes appel à nos souvenirs classiques et nous sortîmes un latin de cuisine, que, du reste, comprenait parfaitement le bon curé, dont le latin n'avait rien de commun avec celui de Cicéron.

A partir de ce moment il m'aborda toujours en disant : Salve Domine.

Nous échangions des politesses avec mon nouvel ami : Je lui donnais du pain, qu'il aimait beaucoup et il m'offrait des volailles en échange.

Les volailles étaient, du reste, bon marché dans cette région. J'envoyais mon cuisinier au marché avec quelques dizaines de sapèques, c'est-à-dire 5 ou 6 sous français et il me rapportait 4 ou 5 poulets ou canards.

Je trouvais également en abondance, dans le village du poisson de rivière excellent, des carpes en général. Le pain, la viande, le café, le vin, et les autres vivres de l'administration, m'étaient envoyés d'un poste français établi dans un village peu éloigné, Phu-Nho-Quan.

Nous avions donc une alimentation très abondante et peu chère.

Mes relations avec le curé indigène devinrent bientôt très intimes et il m'engagea à venir à Noël entendre la messe de minuit à sa mission, qui se trouvait à une distance de quelques kilomètres de Phu-Mé sur le bord de l'arroyo.

J'acceptai avec plaisir son invitation et, le 24 décembre au soir, je m'embarquai dans un sampan, avec le lieutenant C.

Nous fûmes reçus en grande pompe à la mission et, après la messe de minuit, on nous offrit un réveillon aussi somptueux que le permettaient les ressources de la mission. J'avais heureusement apporté deux bouteilles de champagne, qui complétèrent le repas et furent très appréciées par mes amis annamites.

Ces braves gens, qui n'avaient jamais goûté du vin de France, furent émerveillés quand ils entendirent partir les bouchons et quand ils virent s'échapper la mousse des bouteilles. Ils firent bien un peu la grimace, à la première gorgée, mais ils s'y habituèrent vite et ils trouvèrent mon vin excellent.

J'étais à Phu-Mé depuis 6 semaines environ, lorsque je reçus l'ordre de faire une reconnaissance, avec un peloton de ma compagnie, dans les montagnes situées au Nord-Est de mon poste.

Aucun pirate n'était signalé dans cette région, et c'était

plutôt une reconnaissance **topographique** que je devais faire qu'une reconnaissance ayant un but militaire.

Je pris avec moi le peloton du lieutenant C. et je partis avec une centaine d'hommes.

Les expéditions de ce genre, avec des tirailleurs tonkinois, s'organisent facilement, car il n'est nul besoin d'emporter des bagages ni des provisions. Les hommes reçoivent 800 grammes de riz pour chaque jour, avec un peu de sel et c'est tout. Ils emportent ces vivres dans une poche, appelée poche annamite, qu'ils portent en bandoulière.

Notre reconnaissance, devant durer une dizaine de jours, c'était donc 8 kilogrammes de riz que chaque homme devait emporter avec soi.

Nous prîmes quelques coolies pour porter les bagages et les vivres des officiers et des sous-officiers européens et nous nous mîmes en route.

Notre reconnaissance dura 8 jours, pendant lesquels nous parcourûmes une région extrêmement accidentée et sans chemins. Nous fûmes obligés de cheminer, des journées entières, dans des lits de ruisseaux, souvent avec de l'eau jusqu'à la ceinture.

Nous rencontrâmes, dans ces montagnes, des habitants appelés Muongs, d'une race autochtone, absolument différente de la race annamite.

Ces Muongs sont beaucoup plus grands et plus forts que les Annamites. Ce sont, comme tous les montagnards, des marcheurs infatigables.

Un peu effrayés tout d'abord par notre arrivée, ils se familiarisèrent vite avec nous et nous reçurent dans leurs cases, qui sont bâties tout autrement que les cases annamites.

Elles sont surélevées de deux mètres environ, au-dessus du sol, et complètement construites en bambous. Les animaux sont installés sous les cases et celles-ci sont entourées d'une haute palissade en bambou, qui met les animaux à l'abri de l'attaque de tigres, qui sont très nombreux dans cette région.

Nous rentrâmes le huitième jour à Phu-Mé où j'avais laissé le sous-lieutenant B. pour commander le poste en mon absence.

Pendant cette reconnaissance j'avais fait exécuter, sous ma direction, par le lieutenant C., un levé expédié de la région que nous avions parcourue. Ce travail, accompagné d'un rapport rédigé par moi, nous valut, au lieutenant C. et à moi, une lettre de félicitations du général Munier, commandant le corps d'occupation.

Dès mon retour à Phu-Mé je continuai l'instruction de mes tirailleurs, que je poussai le plus possible, car j'avais appris qu'avant peu, je devais faire partie, avec ma compagnie, d'une colonne importante, qui devait faire la reconnaissance d'une région, où nous rencontrerions des rebelles.

Quinze jours après, en effet, je reçus l'ordre de me rendre au poste de Phu-Nho-Quan, situé à une petite journée de marche de Phu-Mé, où devait se former la colonne.

J'arrivai dans ce poste le 17 février 1886 et j'y trouvai le commandant Terrillon, qui devait prendre le commandement de cette colonne, composée de ma compagnie, de la 9ᵉ compagnie, commandée par le capitaine Michaud-Larivière et d'un peloton de zouaves, commandé par un lieutenant.

Un jeune capitaine, officier d'ordonnance du général Munier, arriva pour faire partie de l'Etat-Major de la colonne. C'était le capitaine d'Amade, qui, plus tard, se distingua au Maroc et devint général de division et membre du Conseil Supérieur de la Guerre.

Au bout de six jours, la colonne complètement organisée, était prête à se mettre en route. Cette organisation avait été laborieuse, car il avait fallu recruter un grand nombre de coolies, qui devaient porter les bagages et les vivres des européens.

Une colonne, composée en partie d'européens, est toujours très lourde dans les expéditions coloniales, car on est obligé de faire porter leurs sacs, et, comme les soldats européens ne peuvent se contenter de riz, comme alimentation, on est obligé de faire porter du pain ou du biscuit, du vin, du tafia, du café, du sucre et du sel.

Il avait fallu également organiser des magasins à Phu-Nho-Quan, qui serait, au moins pendant la première partie de nos opérations, notre base de ravitaillement.

La colonne quitta donc Phu-Nho-Quan le 23 février. Elle devait tout d'abord faire la reconnaissance du massif montagneux, qui se trouve entre le Daï et la rivière Claire, et établir des postes dans cette région.

Au cours de cette reconnaissance, nous parcourûmes un pays

absolument semblable à celui que j'avais parcouru dans celle que j'avais faite au mois de janvier et habité par les mêmes Muongs, qui m'avaient fait un accueil amical.

Nous n'eûmes donc pas à faire acte d'hostilité. Le commandant Terrillon choisit l'emplacement de deux postes à Hoï-An et Thac-By, dans lesquels je laissai des détachements de ma compagnie, qui devaient construire les baraquements nécessaires pour loger, par la suite, un peloton dans chacun de ces postes.

Cette reconnaissance dura 25 jours, au cours desquels nous atteignîmes le Song-Ma et la Rivière Claire.

Pendant que nous nous trouvions à Hoï-An, le commandant Terrillon reçut l'ordre de se diriger, avec la colonne, sur Tanh Hoa, dont la citadelle venait d'être attaquée par les rebelles.

Nous nous mîmes immédiatement en route et au bout du quatrième jour, nous arrivâmes à Tanh-Hoa.

La citadelle avait été attaquée, en effet, quelques jours avant, mais la petite garnison avait pu repousser cette attaque.

Le commandant Dumas, de l'infanterie de marine, qui commandait à Tanh-Hoa, fut heureux de nous voir arriver.

Il avait, auprès de lui, comme commandant d'un bataillon annamite, qui n'était pas encore armé, le commandant Bonnal. qui acquit depuis, une grande célébrité, comme historien militaire, devint général de brigade et commandant de l'Ecole Supérieure de Guerre, puis, à la suite d'une histoire désagréable, envenimée par la politique, fut placé dans la position de retraite.

Ce fut un événement fâcheux pour l'armée, car le général Bonnal, comme professeur et commandant de l'Ecole de Guerre, fut un chef d'école et forma des élèves qui, imbus de sa doctrine, se distinguèrent pendant la guerre mondiale. Le commandant Dumas devint général de division et disparut, après son passage au cadre de réserve, d'une façon mystérieuse qui n'a jamais été expliquée.

Notre colonne arriva donc à Tanh-Hoa d'une façon très opportune.

Le commandant Dumas demanda au commandant Terrillon de vouloir bien dégager les abords de son poste et éloigner les rebelles, qui inquiétaient continuellement la citadelle.

Nous nous mîmes en route, dès le lendemain de notre arrivée et, pendant quatre jours, nous fîmes une ronde de police, au cours de laquelle nous eûmes un engagement assez sérieux.

Nous rentrâmes à Tanh-Hoa, le quatrième jour et après un repos bien mérité, nous repartîmes dans la direction du Song-Ma, où on nous avait signalé la présence de l'ancien régent de l'empire d'Annam, Than-That-Thuyet, qui, après l'attentat de Hué, avait emmené le jeune empereur Ham-Nghi et qui tenait la campagne à la tête de partisans.

Le jeune empereur Ham-Nghi fut insaisissable pendant longtemps et fut enfin pris et envoyé à Alger, où il reçut une éducation française et se maria avec la fille d'un magistrat français. Il s'y trouve encore à l'heure actuelle.

Le gouvernement français nomma, pour remplacer Ham-Nghi sur le trône d'Annam, Dong-Kaanh, neveu de l'empereur Tu-Duc.

Notre colonne poursuivit en vain les fugitifs, pendant près d'un mois, dans un pays très difficile et eut à soutenir de nombreux combats assez sérieux.

Le commandant Terrillon, jugeant que cette poursuite en présence des rebelles, connaissant le pays et se ravitaillant facilement, n'aurait aucun résultat et voyant que ses troupes étaient très fatiguées, résolut de rentrer à Phu-Nho-Qhan.

Nous prîmes donc le chemin du retour.

Il était entendu que ma compagnie devait occuper les postes nouvellement créés de Hoï-An et de Tac-By. Je laissai un peloton dans chacun de mes postes et je m'installai, de ma personne, à Hoï-An, le 29 avril.

Je restai dans ce poste jusqu'au 10 octobre et j'y fus horriblement malheureux, car j'y perdis plus de la moitié de mon effectif soit par la maladie, soit par la désertion.

La fièvre des bois régnait dans cette région et nous fûmes tous plus ou moins atteints. Les Annamites y payèrent un terrible tribut. Il en mourut beaucoup et beaucoup d'autres, effrayés par la mort de leurs camarades désertèrent.

Les européens ne furent pas indemnes et mon cadre fut renouvelé plusieurs fois. Beaucoup de mes sous-officiers allèrent mourir à l'hôpital de Phu-Nho-Quan. Moi-même je fus très malade et, si je n'avais pas eu la responsabilité du commandement de ma compagnie, je n'aurais pas hésité à me faire hospitaliser.

Le poste de Thac-By, où j'avais laissé un peloton, fut également très éprouvé; le lieutenant C. qui commandait, tint le plus longtemps possible, mais finit cependant par être évacué. Au mois d'octobre on m'envoya un lieutenant, pour prendre le commandement du poste de Hoï-An et je reçus l'ordre de me rendre à Thac-By, où j'arrivai le 10 de ce mois.

A ce moment j'avais pris le dessus et ma santé semblait s'être rétablie.

Je restai à Thac-By jusqu'au 22 novembre, date à laquelle ma compagnie fut remplacée à Hoï-An et à Thac-By par une autre compagnie.

Je reçus l'ordre de rentrer à la portion centrale du régiment à Nam-Dinh, où j'arrivai avec les débris de ma compagnie le 27 novembre.

Le lieutenant-colonel Dodds, auquel je présentai les quelques hommes qui me restaient, fut effrayé de leur état de délabrement. De cette belle compagnie de 260 hommes, qui avait quitté Phu-Mé, au mois de février précédent, il restait à peine 50 hommes, tous plus ou moins atteints.

Pendant mon séjour dans cette région malsaine de Hoï-An et Thac-By, je m'étais rendu compte que l'occupation de ce poste était complètement inutile, car le pays était absolument tranquille. J'avais fait part à mes chefs de cette manière de voir, qui ne plut pas en haut lieu.

On me répondit que je n'avais pas à apprécier les dispositions prises par l'autorité supérieure. Je me le tins pour dit et je mis un pavé sur ma langue.

Il est vrai que plus tard on eut l'air de me reprocher de n'avoir pas suffisamment insisté sur les pertes anormales, que subissait ma compagnie. Je répondis qu'il était facile de s'en rendre compte par les mutations portées sur les situations et par les comptes rendus que j'avais envoyés à mes chefs.

Je joignis, du reste, à ma lettre la réponse que j'avais reçue lorsque j'avais fait part de ma manière de voir sur l'utilité de ces postes de Hoï-An et de Thac-By. Cette lettre resta sans réponse.

Mon réacclimatement dans le delta fut très pénible et, à la fin de décembre, je fus atteint d'un fièvre hématurique bilieuse, qui me força à m'aliter. Lorsque je fus un peu mieux, le lieutenant-colonel Dodds voulut me faire rapatrier. Je le suppliai de ne pas donner suite à ce projet. Il y consentit à la condition que j'irais me soigner à l'hôpital d'Hanoï.

Je partis donc, le 30 décembre, pour la capitale du Tonkin, où je fus reçu à l'hôpital, qui était alors installé dans des conditions tout à fait défectueuses, dans d'anciens magasins à riz de la citadelle.

Je restai, dans cet établissement, jusqu'au 12 février 1886. A ma sortie, j'obtins de rester à Hanoï, comme convalescent jusqu'au 4 mars, date à laquelle je rejoignis ma compagnie à Nam-Dinh.

Hanoï était, à cette époque, une ville essentiellement indigène, construite sur la rive droite de Song-Koï ou Fleuve Rouge.

Les européens y étaient fort peu nombreux et appartenaient tous, à l'exception des missionnaires et de quelques rares commerçants, au corps d'occupation. Cette ville était très curieuse, car elle était divisée en quartiers, ayant chacun un commerce différent et fermés, à la nuit tombante, par des chaînes en fer.

Le commerce en gros était entre les mains des Chinois. Au centre de la ville se trouvait un charmant petit lac, sur un ilôt duquel, il y avait une élégante petite pagode, reliée à la terre par un pont original. Malheureusement ce petit lac se voyait mal, car les maisons annamites étaient en bordure et le cachaient.

Les quelques européens étaient groupés autour de la concession française, sur les bords du fleuve.

A l'extrémité nord de la ville se trouvait l'immense citadelle, construite sous le règne de Gia-Long par un officier français.

Dans cette citadelle on rencontrait les demeures occupées, avant notre arrivée, par des mandarins et des rizières considérables.

La mission catholique se trouvait près de la citadelle. Cette mission, comme toutes celles établies sur la rive droite du Fleuve Rouge, appartenait aux Pères des Missions étrangères. Celles de la rive gauche étaient desservies par des Pères dominicains espagnols. La mission d'Hanoï avait alors comme évêque Monseigneur Puginier, homme remarquable, qui rendit de grands services à la cause française et facilita, de tout son pouvoir, l'occupation du Tonkin par nos troupes.

Le lieutenant de vaisseau Francis Garnier enleva d'assaut la citadelle d'Hanoï (19 novembre 1873), qui fut rendue peu de temps après au vice-roi du Tonkin. Le commandant Rivière la reprit le 25 avril 1882.

Au moment où je sortis de l'hôpital, le Résident Général du Tonkin était M. Bihourd, qui fut remplacé, peu de temps après, par M. Paul Bert, qui mourut à Hanoï en 1887. Il y avait, à ce moment à Hanoï, une femme dont l'existence ne fut pas banale. Madame Debeyre était venue au Tonkin avec Jean Dupuis, dont elle était la maîtresse et dont elle partagea l'existence aventureuse, au moment où ce voyageur fit la découverte de la navigabilité du Fleuve Rouge.

Après la mort de Dupuis, Madame Debeyre se fixa à Hanoï et, au moment où je vins à l'hôpital de cette ville, elle tenait un café, où se réunissaient les officiers de la garnison.

Madame Debeyre avait fait courageusement le coup de feu, lorsque les Pavillons Noirs attaquèrent Hanoï. Cette brave femme était la providence des malades à l'hôpital, auxquels elle apportait des douceurs, et était très populaire.

Madame Debeyre était, sur la fin de sa vie, devenue très pieuse et fréquentait beaucoup la mission, où Monseigneur Puginier la recevait toujours, avec beaucoup d'affectueuse sympathie.

Lorsque je rejoignis ma compagnie à Nam-Dinh, j'appris que la plus grande partie des hommes valides étaient partis, pour escorter un convoi destiné aux troupes, qui participaient au siège de Ba Dinh, que dirigeait le colonel Brissot. Ce détachement fut retenu à Ba-Dinh et prit part à cette opération.

Sur ces entrefaites le lieutenant colonel Dodds, ayant appris que le poste de Quinh-Coï, près du canal de Bambous, commandé par le sergent Delaforge, avait été attaqué, en plein jour, par des pirates, me désigna pour aller prendre le commandement de ce poste et rétablir l'ordre dans cette région. Mon état de santé n'était pas encore parfait et le lieutenant-colonel Dodds avait voulu m'éloigner de Nam-Dinh, où des cas de choléra faisaient leur apparition de temps en temps.

D'autre part, ma compagnie était éparpillée et ma présence à sa tête n'était pas indispensable. Je partis le dix mars pour Quinh-Coï, où mon arrivée fut signalée par un incident tragique.

Le lieutenant de Pignier, qui avait remplacé le sergent Delaforge dans le commandement du poste, ayant envoyé un caporal de tirailleurs, auprès du chef du village, pour lui demander des coolies pour porter mes bagages, celui-ci se mit à déblatérer contre les Français, se précipita sur le caporal, un coupe-coupe à la main et lui asséna, sur la tête, un coup de cette arme, qui coupa le lobe de l'oreille droite de ce malheureux.

Celui-ci étant revenu en toute hâte au poste, me rendre compte de l'incident, j'envoyai immédiatement un sergent français et dix tirailleurs, avec ordre de ramener le chef du village, que je fis fusiller séance tenante.

Cet exemple ramena le calme immédiatement et, à partir de ce jour, je n'eus qu'à me louer des procédés de la population. Je m'empressai de rendre compte au lieutenant-colonel Dodds de cette exécution.

Je n'en reçus aucune réponse, mais j'appris que le résident de Nam-Dinh en avait été très ému et avait prescrit une enquête, que vint faire sur place un de ses subordonnés.

Ce résident était un ancien officier d'infanterie de marine qui, comme tous les défroqués et tous les transfuges, avait horreur de ses anciens camarades. Il envenima si bien les choses que le général commandant en chef m'envoya un blâme assez anodin d'ailleurs. Après un séjour d'un peu plus d'un mois, je fus rappelé à Nam-Dinh, où ma compagnie devait se reformer. Le jour-même de mon arrivée le lieutenant-colonel Dodds me communiqua le blâme qui m'était infligé, et, pour bien marquer le peu d'importance qu'il attachait à cette sanction, il m'invita à dîner le soir même.

Dès ma rentrée à Nam-Dinh, je m'occupai activement de la reconstitution de ma compagnie, et le 3 mai, je reçus l'ordre de me rendre, par étapes, à Phu-Nho-Quan, où je devais me placer sous le commandement de mon chef de bataillon, le commandant Terrillon.

A partir de ce moment, et jusqu'à la date de mon rapatriement, je menai à Phu-Nho-Quan une existence très calme.

La garnison de ce poste se composait de deux compagnies de tirailleurs Tonkinois et d'une section de zouaves. Pendant cette période, je n'ai aucun incident à signaler. Je ne m'absentai du poste que pour commander un convoi de ravitaillement, que je fus chargé de conduire dans la région, où j'avais si cruellement souffert, l'année précédente, à Hoï-An et à Thac-By.

Quelque temps avant mon arrivée à Phu-Nho-Qan, il s'était produit un fait très grave.

Un sous-lieutenant de la 9e compagnie, M. Fougères, qui tenait garnison dans ce poste, avait été envoyé en reconnaissance, avec un sergent européen et une trentaine de tirailleurs, dans une direction où des pirates étaient signalés.

Ce détachement était arrivé à une vingtaine de kilomètres du poste et traversait un arroyo sur des sampans en bambous, lorsqu'au moment, où les sampans étaient près d'arriver sur la rive opposée, une fusillade énergique fut dirigée sur ces embarcations. Dès les premières balles le sous-lieutenant Fougères et le sergent européen furent atteints.

Les pirates se précipitèrent sur eux, au moment où les embarcations abordaient et les achevèrent à coups de coupe-coupe.

Ils s'emparèrent des tirailleurs, dont quelques-uns étaient blessés et leur coupèrent à tous le bras droit à hauteur du poignet et s'éloignèrent ensuite. Un des tirailleurs, cependant, put s'échapper et vint donner l'alarme au poste de Phu-Nho-Quan. Le commandant du poste envoya immédiatement un détachement à la poursuite des pirates, mais lorsque ce détachement arriva sur le lieu du combat, il ne trouva que les pauvres tirailleurs blessés, qui, pour éviter une hémorragie, avaient mis leur moignon dans des trous en terre. Ces malheureux furent ramenés à Phu Nho Quan et envoyés à l'hôpital d'Hanoï, où on régularisa leur amputation.

Cet incident eut une sanction bien inattendue deux mois après.

Un curé annamite vint, un soir, au poste de Phu-Nho-Quan et dit au commandant Terrillon qu'il avait appris que le chef pirate, qui avait attaqué le détachement Fougères, devait coucher dans un village, dont il donna le nom et s'offrit pour diriger, de suite, un détachement si on voulait s'en emparer.

Ce brave homme nous raconta, qu'après l'attaque du détachement, le chef pirate avait fait couper la tête du sous-lieutenant Fougères et du sergent européen, qu'il avait fait promener ces trophées dans les villages environnants et qu'il avait fait vendre le cœur de ces malheureux sur les marchés.

Le commandant Terrillon désigna, pour faire partie de cette expédition nocturne, un détachement composé de quelques européens et d'une centaine de tirailleurs.

Je demandai à faire partie de l'expédition, ce qui me fut accordé.

Nous partîmes à minuit de Phu-Nho-Quan et arrivâmes, vers trois heures du matin, près du village qui avait été signalé par le curé annamite.

Le commandant Terrillon donna immédiatement des ordres, pour cerner le village, ce qui ne fut pas facile, car il était entouré de rizières. Nous fûmes obligés de nous mettre à l'eau.

Quand le commandant se fut bien assuré que personne ne pouvait sortir du village, sans être aperçu, nous nous dirigeâmes, guidés par le curé annamite, vers la case, où devait être couché le chef pirate.

Nous envahîmes brusquement cette case et nous nous trouvâmes en face de 5 ou 6 hommes armés de coupe-coupe, qui essayèrent de se mettre sur la défensive. Les zouaves, qui nous accompagnaient, ne leur en donnèrent pas le temps et se précipitèrent sur les bandits, qu'ils ligottèrent solidement. Nous les conduisîmes à Phu-Nho-Quan et le jour même ils furent passés par les armes.

Le chef de ces pirates ne fit d'ailleurs aucune difficulté pour avouer que c'était lui qui avait dirigé l'expédition, dans laquelle le sous-lieutenant Fougères et le sergent européen avaient été tués. Ils moururent du reste très crânement.

Quelques jours après le 14 juillet, j'eus la grande joie d'apprendre que j'étais fait chevalier de la Légion d'Honneur.

J'étais loin de m'attendre à cette bonne aubaine, car le commandant Terrillon, pour me ménager la surprise, ne m'avait pas dit qu'il m'avait proposé, à la suite de la colonne que nous avions faite ensemble, l'année précédente.

Mon bonheur fut complet quand je pus lire à l'Officiel, du 7 juillet, le motif qui accompagnait ma nomination :

« de Pélacot, Charles Balthazar, capitaine d'infanterie de marine, 16 ans 6 mois de service, 6 campagnes, dont deux de guerre, s'est distingué au Tonkin par son entrain au feu ».

J'étais bien récompensé de mes peines et j'eus, en outre, la grande satisfaction d'être reçu, dans la Légion d'Honneur, devant la compagnie que j'avais conduite au feu, par mon chef direct le commandant Terrillon, pour lequel j'avais une très profonde estime et une grande affection. La date de mon rapatriement approchait et je reçus l'ordre de rentrer à la portion centrale du régiment, après avoir passé le commandement de ma compagnie à un capitaine arrivé pour me remplacer.

Le commandant Terrillon était également rapatriable et nous partîmes ensemble pour Nam-Dinh, où nous trouvâmes le colonel Voyron, qui, depuis quelques mois, avait remplacé le lieutenant-colonel Dodds, dans le commandement du régiment.

Le général Voyron est devenu général de division, grand croix de la Légion d'Honneur, médaillé militaire.

J'ai été à plusieurs reprises depuis cette époque, soit à Cherbourg, soit en Chine, soit à Paris, sous ses ordres et je n'ai toujours eu qu'à me louer de sa bienveillance à mon égard.

Le général Voyron a commandé en chef l'expédition de Chine en 1900, lorsqu'après la prise de Pékin le Gouvernement envoya des renforts importants, qui arrivèrent d'ailleurs en Chine, lorsque les opérations militaires sérieuses étaient terminées.

A la suite de ce commandement, que le général Voyron avait obtenu, grâce à son amitié avec Monsieur Emile Loubet, Président de la République, il fut maintenu, sans limite d'âge, dans la première section du cadre de l'Etat-Major Général.

Nous devions rester à Nam-Dinh, le commandant Terrillon et moi, jusqu'au départ du transport qui devait nous ramener en France.

La date du départ n'étant pas encore fixée, nous demandâmes la permission de nous rendre à Hanoï.

Pendant mon séjour dans cette ville, je fus invité à prendre mes repas à la table de l'Etat-Major, où je fis la connaissance de plusieurs officiers, qui ont joué un rôle important dans la guerre 1914-1918.

Le capitaine Joffre, le futur vainqueur de la Marne, le futur Maréchal de France, était à ce moment, à l'Etat-Major du Génie du corps d'occupation ; le Capitaine Franchet d'Espérey, qui devait, pendant la guerre mondiale, être mon commandant d'armée, lorsque je commandais moi-même le secteur de Reims et devenir le commandant en chef de l'armée d'Orient. Ce fut lui, qui, par sa victoire sur l'armée bulgare, déclancha la dislocation de la quadruple alliance, qui obligea, quelque temps après, les Allemands à signer l'armistice du 11 novembre 1918, qui mit fin à la guerre. Il appartenait à l'Etat-Major du corps d'occupation, de même que le capitaine Putz, qui devait devenir commandant d'armée pendant la guerre 1914-1918.

Je retrouvai également à cet état-major, le capitaine Hugot d'Herville, que j'avais connu à la colonne de Tébessa, lors de l'expédition de Tunisie. Cet officier fut victime du régime des fiches, sous le ministère du général André, prit sa retraite comme colonel et devint député du département du Nord.

Le colonel Hugot d'Herville reprit du service à la déclaration de guerre en 1914, et fut placé sous mes ordres dans le secteur de Reims.

Nous avions conservé un tel mauvais souvenir, le commandant Terrillon et moi, de la traversée que nous avions faite sur le Shamrock, que nous demandâmes au Général Commandant en chef, l'autorisation de prendre, à nos frais, le paquebot des Messageries Maritimes et d'aller au devant de ce paquebot à Hong-Kong.

Cette autorisation nous ayant été accordée, nous quittâmes Hanoï, le 30 octobre, pour aller nous embarquer à Haïphong.

Dans cette ville, nous trouvâmes à l'Etat-Major du général Nimes, le capitaine Picquart, qui joua un rôle si louche dans l'affaire Dreyfus et fut, à ce moment, mis dans la position de réforme comme lieutenant-colonel, à la suite de sa comparution devant le Conseil d'enquête.

On se rappelle que, lors de son premier ministère, M. Clemenceau fit annuler, par une loi votée spécialement dans ce but, la décision qui avait été prise contre le lieutenant-colonel Picquart, nomma successivement cet officier supérieur, général de brigade, général de division et, sans souci de l'humiliation qu'il allait infliger à l'armée française, le lui imposa comme Ministre de la Guerre.

Dans cette circonstance, comme dans la période précédente, où sous le misérable ministère André, le régime des fiches avait fait de si nombreuses victimes, la Grande Muette se tut, rongea son frein et continua à travailler pour préparer la Défense Nationale.

Nous nous embarquâmes, le commandant Terrillon et moi, le 5 novembre, à Haïphong sur « la Marie », paquebot allemand affrété par la maison Roques, et, après 48 heures d'une affreuse traversée, surtout au passage du détroit d'Haï-Nan, nous arrivâmes à Hong-Kong.

L'île de Hong-Kong, colonie anglaise, comme tous les points importants du globe, est sur la côte méridionale de la Chine et commande la baie de Canton.

Elle a été cédée à l'Angleterre, par le traité de Canton en 1841. La ville Hong-Kong, proprement dénommée Victoria, bâtie au milieu du XIXe siècle, est une ville anglaise, avec une forte colonie chinoise.

C'est le grand entrepôt du trafic anglais avec la Chine. On y rencontrait, à cette époque, de nombreuses maisons de commerce allemandes, qui faisaient une rude concurrence au commerce anglais.

Les européens n'habitent généralement pas la ville elle-même où il fait une chaleur étouffante ; ils préfèrent, lorsqu'ils ont terminé leurs affaires, regagner les villas confortables, construites sur les flancs de la montagne, jusqu'au sommet de Victoria-Pic, à une altitude voisine de 500 mètres, où se trouve un hôtel très confortable et où la brise de mer permet à leurs poumons de respirer un air vivifiant.

A l'époque où je vins à Hong-Kong, pour la première fois, le chemin de fer funiculaire n'existait pas encore et on faisait l'ascension du pic, en chaise à porteurs, portée par des Chinois, au jarret d'acier, qui gravissaient ces pentes, extrêmement raides, sans manifester de la fatigue et qui les descendaient à une allure effrayante.

La rade de Hong-Kong est fermée au Nord par la presqu'île chinoise de Kaouloun, que les Anglais ont annexée en 1900 et sur laquelle ils ont construit des docks très importants.

En face de Hong-Kong, sur la côte de la province chinoise de Kouang-Toung, et au bord de l'entrée de l'estuaire du Sikiani, se trouve la colonie portugaise de Macao, dont la capitale Macao est bâtie à l'extrémité d'une presqu'île, qu'un isthme sablonneux rattache à l'extrémité sud de l'île chinoise de Hiang-Chau.

La colonie de Macao, qui appartient au Portugal depuis le XVIe siècle, a eu autrefois une grande importance, au point de vue commercial. Elle est maintenant complètement déchue, surtout depuis la prise de possession de Hong-Kong par les Anglais. La ville de Macao, conserve de son ancienne splendeur, de belles constructions, de nombreuses églises et surtout un très bon quai.

C'est dans l'île de Sanciou, près de Macao, que mourut St François-Xavier, le 2 décembre 1552 ; il venait de la Malacca, où il s'était fixé à son retour du Japon. Au moment de sa mort, il se disposait à se rendre en Chine, où il avait l'intention d'évangéliser les habitants.

Pendant notre séjour à Hong-Kong, nous assistâmes, le commandant Terrillon et moi, aux splendides fêtes données en l'honneur du jubilé de la reine Victoria, auxquelles prirent part les Chinois de la colonie, en organisant des processions très originales.

Avant notre départ pour la France, nous voulûmes aller visiter la ville chinoise de Canton, capitale de la province de Kouang-Toung.

Nous nous y rendîmes, sur un confortable bateau de rivière, qui nous y transporta dans une nuit.

Canton est une très grande ville, de près d'un million d'habitants. Elle est située sur le bras oriental du delta du Sikiang ou rivière de Canton.

Une partie de sa population vit sur des sampans, dont l'agglomération formé une véritable ville. Elle a une importance commerciale considérable, quoique bien diminuée, depuis que les Anglais se sont installés à Hong-Kong et ont fait de cette ville un grand port, qui accapare la plus grande partie du trafic.

Canton exporte surtout de la soie grège, du thé, du sucre, des nattes et importe de l'opium et des tissus de coton.

Les européens n'habitent généralement pas la ville chinoise et sont installés dans la petite île de Chamiu, qui est reliée à la ville, par un pont, gardé par des soldats chinois.

Canton fut, au cours du XIX° siècle, occupé à deux reprises par des armées européennes : par les Anglais qui la bombardèrent le 21 mai 1841 (guerre de l'opium), par les Anglais et les Français, le 29 décembre 1857.

Le commandant Terrillon et moi, nous fîmes, en chaise à porteurs, une excursion dans l'intérieur de la ville chinoisé, au cours de laquelle nous visitâmes, avec le plus grand intérêt, plusieurs monuments.

C'était la première fois que je voyais une ville purement

chinoise ; je fus émerveillé de l'activité qui régnait dans ces rues étroites et très commerçantes.

Je dois dire que les Chinois semblaient nous regarder sans aucune sympathie.

A plusieurs endroits des enfants suivirent nos chaises en criant : « Français couper la tête ». Ils faisaient en même temps un geste très significatif, en passant leur doigt sur le cou.

Guidés par un commerçant français, nous fîmes l'acquisition de quelques bibelots, puis nous repartîmes le soir même pour Hong-Kong.

Nous apprîmes, en arrivant dans cette ville, que le paquebot des Messageries Maritimes sur lequel nous devions nous embarquer, arriverait en rade le surlendemain venant du Japon.

C'est, en effet, le surlendemain 15 novembre, que le commandant Terrillon et moi, nous prîmes passage sur ce paquebot.

Nous avions eu le plaisir de rencontrer à l'hôtel le Commandant de Trentinian et sa femme, qui devaient faire la traversée avec nous.

Le Commandant de Trentinian venait comme nous, du Tonkin, où il avait servi au 3° régiment de tirailleurs tonkinois.

C'est sur l'Irraouady, que nos relations, qui depuis, ne se sont jamais interrompues et qui furent toujours très affectueuses prirent naissance.

Le Commandant de Trentinian est devenu général de division et Grand Croix de la Légion d'Honneur ; j'ai été, à plusieurs reprises, sous ses ordres et, à la suite de circonstances imprévues, il fut, pendant quelque temps, à la fin de 1914, sous les miens, pendant que je commandais le secteur de Reims.

Nous trouvâmes aussi à bord, le capitaine de Villaret qui revenait du Japon, où il faisait partie de la mission française.

Le capitaine de Villaret est devenu également général de division et commandant d'armée, pendant la guerre 1914-1918. Eu 1915, il fut grièvement blessé, dans une tranchée, en même temps que le général Maunoury, qui, lui-même reçut une blessure, à la suite de laquelle il devint aveugle.

L'Irraouady était un bon paquebot, sur lequel nous fûmes bien installés dans une cabine confortable et nous trouvâmes une excellente table.

A Saïgon, où nous arrivâmes trois jours après notre départ de Hong-Kong, nous embarquâmes plusieurs camarades du Tonkin, dont le capitaine Putz, dont j'ai parlé plus haut.

Notre bateau, après avoir séjourné 2 jours à Saïgon, et fait une escale de quelques heures à Singapour, arriva à Colombo le 27 novembre.

Colombo est la ville la plus importante de l'île Ceylan, possession anglaise, située au sud de l'Hindoustan. Elle a une population de plus de 100.000 âmes en majeure partie indigène.

Le port de Colombo où la plupart des paquebots, qui naviguent dans le nord de l'Océan Indien, viennent faire leur charbon, est le port d'importation de l'île de Ceylan.

La pêche des perles fines a lieu sur les côtes de l'île. La ville européenne est bien construite, mais, comme dans toutes les villes coloniales anglaises, elle ne comprend que les bâtiments de l'administration : les hôtels et les magasins.

Les européens habitent des bengalows, bâtiments très bas, qui sont installés parmi de vastes et beaux jardins.

Il fait, à Colombo, une chaleur torride : les pluies y sont très fréquentes et très abondantes.

C'est grâce à cette chaleur et à ces pluies qu'on trouve, dans l'île de Ceylan, une végétation splendide. On y trouve aussi, malheureusement, beaucoup de serpents dangereux et parmi eux, le terrible naja, serpent à lunettes.

A quelques heures de chemin de fer de Colombo se trouve Kandy, ancienne capitale de l'île de Ceylan. Cette ville est située sur les premières assises du plateau central, à une altitude de 600 mètres, qui lui donne une température agréable. Kandy est pour les européens de Colombo, un sanatorium très apprécié.

On trouve à Kandy des temples nombreux dans l'un desquels on montre une dent de Boudha et aux environs très proches, les splendides jardins de Parendinha.

Il est rare que les paquebots s'arrêtent assez longtemps à Colombo, pour que les passagers puissent faire l'excursion de Kandy.

Nous eûmes cette bonne fortune et nous en fûmes très heureux. Le trajet en chemin de fer, est très intéressant, car l'on traverse, au début, de belles forêts de cocotiers et, en s'élevant, on peut voir de nombreuses plantations de thé.

En quittant Colombo, l'Irraouady mit le cap sur Aden, où

nous arrivâmes, après une traversée excellente, mais très chaude de 7 jours.

Aden est encore une possession anglaise; c'est une forteresse commandant avec Périm, la sortie du détroit de Bab-el-Mandeb.

La ville est construite sur une presqu'île d'origine volcanique, sur le territoire de la tribu arabe Abdali. Elle comprend deux parties : la ville maritime ou Steamer-Point et la ville arabe, située à 2 kilomètres environ, entourée de sommets, couronnés par des forts.

Il ne pleut presque jamais à Aden et son territoire ne possède aucune source.

Les rares eaux de pluies sont recueillies dans des citernes, qui datent de la plus haute antiquité.

Les européens, qui habitent Seamer-Point, boivent de l'eau de mer distillée.

Il n'y a à Aden, aucune végétation et la chaleur épouvantable qui y règne en permanence, en rend le séjour très pénible.

On trouve à Aden un dépôt de charbon important où presque tous les navires viennent se ravitailler, soit à leur entrée dans la mer Rouge, soit à leur sortie.

Nous restâmes à Aden juste le temps suffisant pour faire le charbon, opération assez laborieuse, car les gros bâtiments sont obligés de mouiller assez loin en rade, à cause du peu de profondeur de cette rade.

Nous pûmes cependant débarquer, grâce à des embarcations indigènes et faire une promenade rapide jusqu'aux citernes.

Nous admirâmes beaucoup l'art avec lequel, des conduites ménagées sur les pentes des rochers, peuvent recueillir la moindre goutte d'eau qui tombe sur ces rochers. Dès notre retour à bord l'Irraouady leva l'ancre et se dirigea vers l'entrée du canal de Suez, où nous arrivâmes le cinquième jour.

La traversée de la mer Rouge fut beaucoup moins pénible que celle que j'avais faite, au mois d'août 1885, avec le Shamrock.

Il fit certainement très chaud jusqu'à Djebel Tor, mais, à partir de ce point, la température devint moins pénible et nous ressentîmes un léger vent du nord, qui nous réconforta.

Le voyage, dans le canal de Suez, fut cette fois, plus rapide, car, grâce à l'installation d'un réflecteur à l'avant du navire, nous pûmes marcher pendant la nuit. Après avoir fait du charbon à Port Saïd, nous nous dirigeâmes vers Alexandrie, où nous fîmes une escale de quelques heures.

Dès le départ de Port Saïd on éprouve une sensation inexprimable. L'air que l'on respire n'est plus le même. La Méditerranée et cependant, pas toujours clémente, et avant l'arrivée à Marseille, il n'est pas rare que l'on paye un tribut fort désagréable au mal de mer.

Pendant l'escale à Alexandrie, nous pûmes descendre à terre et visiter cette ville, qui est très importante au point de vue commercial et qui est peuplée par plus de 200.000 habitants.

Elle est l'entrepôt du commerce égyptien et d'une grande partie de celui de l'Arabie et de la Nubie.

Alexandrie a deux ports : le port neuf et le vieux port. Ce dernier a un mouillage très sûr.

Cette ville a beaucoup souffert du bombardement, que lui infligea l'escadre anglaise le 11 juillet 1882 et du pillage qui suivit, dont les soldats égyptiens furent les auteurs.

A notre passage en décembre 1887, on voyait encore les traces de ce bombardement.

Alexandrie était notre dernière escale et, le cinquième jour après l'avoir quittée, nous arrivions à Marseille le 17 décembre.

Il est difficile de se faire une idée, si on ne l'a pas éprouvé soi-même, de l'émotion qui vous saisit, lorsque 2 ou 3 heures avant d'arriver à Marseille, on aperçoit la terre de France et Notre-Dame de la Garde, qui domine cette grande ville.

On ne peut s'empêcher, lorsqu'on vient de faire une campagne pénible et dangereuse, de plus de deux années, de penser aux dangers que l'on a courus, aux camarades que l'on a laissés en route et de remercier la Bonne Mère de la protection dont elle vous a entouré.

J'ai toujours éprouvé, pour ma part, cette sensation, chaque fois que je suis arrivé à Marseille, après mes nombreuses campagnes coloniales.

CHAPITRE IV

Séjour en France (1887-1889)

En débarquant à Marseille, j'obtins un congé de fin de campagne de quatre mois et j'appris que j'étais affecté au 2e régiment d'infanterie de marine, en garnison à Brest. Je voyageai beaucoup, pendant mon congé, partageant mon temps entre Clermont-Ferrand, où habitait ma famille et surtout Paris.

Au cours de ce congé, j'eus la satisfaction d'apprendre que j'étais inscrit au tableau d'avancement, pour le grade de chef de bataillon.

J'avais été proposé pour ce grade, au Tonkin, mais je ne comptais pas trop sur mon inscription au tableau, car je n'avais que cinq ans de grade de capitaine.

Quoique mon numéro d'inscription ne me permette pas d'espérer le grade de chef de bataillon, avant les premiers mois de l'année suivante, je m'estimai très heureux.

Ma campagne du Tonkin m'avait été profitable : j'avais été nommé chevalier de la Légion d'honneur, j'étais proposé pour chef de bataillon, j'avais été nommé chevalier du Dragon de l'Annam et j'avais reçu la médaille commémorative du Tonkin.

En arrivant à Brest, je me retrouvai sous les ordres du colonel F., qui commandait le 2e régiment. Je reçus de lui le meilleur accueil, et, pendant près d'une année, que je servis avec lui, je n'eus qu'à me louer de son amabilité et des attentions qu'il eut pour moi.

Le colonel F. aimait beaucoup les manœuvres, surtout à l'extérieur et il me chargeait ordinairement de préparer ces manœuvres, en m'envoyant à l'avance étudier le terrain, sur lequel elles devaient avoir lieu.

Lorsque je fus nommé chef de bataillon, le 28 mars 1889, le colonel F. était parti depuis quelque temps pour le Tonkin et c'était le colonel Chevalier, qui avait pris le commandement du régiment.

Ce chef de corps, qui devint général de division, était un homme excellent, doux et bienveillant.

Il me prit en affection et, dès ma promotion, m'envoya prendre le commandement important du détachement de Pontanézen, à 3 kilomètres de Brest.

C'est à Pontanézen que se trouvait la compagnie d'instruction du régiment, dont j'allais avoir la responsabilité.

Je conservai le commandement jusqu'au 31 août, date à laquelle je fus désigné pour aller servir à l'État-Major du général commandant en chef les troupes de l'Indo-Chine.

Pendant le séjour, que je venais de faire en France, je me ressentis des fièvres, que j'avais contractées pendant mon premier séjour au Tonkin.

Sur les conseils de mon médecin, je crus prudent d'aller faire une saison à Vichy, avant mon embarquement, qui devait avoir lieu à Marseille le 6 octobre.

Cette saison à Vichy me fit d'ailleurs le plus grand bien, car je n'eus plus d'accès de fièvre, même pendant les deux années que je passai au Tonkin.

Deuxième Campagne au Tonkin
(1889-1891)

Après avoir fait mes adieux à ma famille, je partis pour Marseille, où je m'embarquai sur le paquebot « Le Congo » des Messageries Maritimes.

J'eus le grand plaisir de retrouver sur ce bateau le capitaine d'Amade, qui, on se le rappelle, avait pris part à la première partie de la colonne, que nous avions faite en 1886 au Than-Hoa, sous le commandement du chef de bataillon Terrillon.

Le capitaine d'Amade se rendait en Chine, où il était attaché militaire, depuis qu'il avait quitté le Tonkin. Il rentrait à son poste, à l'expiration d'un congé, qu'il venait de passer en France.

J'étais charmé de faire la traversée avec ce charmant camarade, dont j'avais conservé le meilleur souvenir.

Le « Congo » largua les amarres le 6 octobre.

Après une traversée de cinq jours sans incidents, au cours de laquelle nous traversâmes les bouches de Bonifacio et le détroit de Messine, nous arrivâmes à Alexandrie, où le bateau devait faire escale.

J'avais le plus grand désir de voir Le Caire. Je demandai au commandant, qui était un homme fort aimable, s'il croyait la chose possible. Il me répondit, après avoir consulté l'horaire du chemin de fer : « Vous pouvez aller passer l'après-midi d'aujourd'hui et la matinée de demain au Caire. Si vous prenez le train de 11 h. 30, demain matin, vous arriverez à Suez le soir à 6 heures, où vous pourrez attendre l'arrivée du « Congo. »

Cela faisait un voyage bien précipité, mais c'était une occasion de voir Le Caire et les Pyramides et je ne voulus pas la laisser échapper.

Le capitaine d'Amade et un jeune attaché à la légation de Chine, qui faisait la traversée avec nous, se joignirent à moi et nous partîmes à 9 heures pour Le Caire, où nous arrivâmes à une heure du soir.

Nous eûmes tout l'après-midi pour visiter, d'une façon hélas ! bien sommaire, cette ville si intéressante, qui était remplie encore, à cette époque, de souvenirs français et où la langue française était très répandue. Depuis l'occupation anglaise les souvenirs tendent à disparaître et, lorsque je revins dans cette ville en 1894, je pus constater que la langue anglaise avait pris le dessus.

Le Caire est une ville de près de 600.000 habitants. Un canal, dérivé du Nil, traverse la ville dans toute sa longueur, tandis qu'une branche de ce canal l'enveloppe à l'ouest.

La ville européenne, qui est devenue depuis l'occupation anglaise, une station hivernale très renommée, était à l'époque dont je parle, assez réduite. Au centre de ce quartier se trouve la belle promenade de l'Esbekyeh, qui est le principal lieu de réunion.

A son extrémité méridionale commence une grande et belle rue Le Mousky, qui est bordée de boutiques. Autour de cette rue se trouvent les bazars, dans lesquels est concentré le commerce indigène.

Parmi les monuments du Caire, il faut signaler la citadelle, située au sommet d'un mamelon, qui domine la ville au Sud-Est. Dans la citadelle on remarque le palais du Vice-Roi et la mosquée de Mehemet-Ali, qui renferme le puits de Joseph.

On y rencontre aussi de nombreuses mosquées et, parmi les constructions modernes, le palais d'Ibrahim pacha, entre Boulacq et le Vieux Caire, ainsi que la résidence de Chaubra, au Nord de la Ville.

Le Caire est un centre de commerce de premier ordre entre Alexandrie, la Haute Egypte et l'Arabie.

Nous ne pouvions pas quitter Le Caire sans voir les Pyramides.

Le lendemain, dès 6 heures du matin, nous nous mettions en route, dans une voiture que nous avions retenue et, une heure après, nous arrivions auprès du groupe de pyramides de Gizeh, composé de 9 pyramides, parmi lesquelles se trouvent les plus célèbres : la Pyramide de Chéops, haute de 227 mètres et celle de Chéphron, et de Micérinos.

La pyramide de Chéops est formée d'énormes blocs, en retrait les uns sur les autres, ce qui permet de grimper jusqu'au sommet, mais, comme chacun de ces blocs a plus d'un mètre de hauteur, on ne peut faire cette ascension, qu'à l'aide des Arabes.

Au centre de la pyramide se trouve un caveau, auquel on peut accéder au moyen d'un plan incliné.

Ce caveau a servi de sépulture au roi Chéops, de la quatrième dynastie, qui construisit cette pyramide.

Tout à côté de la pyramide de Chéops se trouve le plus grand sphynx de l'Egypte, qui a 17 mètres de hauteur. On a essayé en vain, à plusieurs reprises, de le dégager des sables, qui l'envahissent sans cesse. C'est un travail qu'il faut recommencer très fréquemment. Nous n'eûmes pas beaucoup de temps à consacrer à cette excursion, car nous devions prendre le train à 11 h. 30 du matin pour nous rendre à Suez, où nous devions retrouver notre bateau.

Le chemin de fer du Caire à Suez a été construit, comme la ligne d'Alexandrie, par une compagnie française et toutes les inscriptions étaient faites, à cette époque, en français.

La localité la plus importante que l'on rencontre pendant le trajet est Ismaïlia, ville fondée en 1863, pendant le percement de l'Isthme de Suez, sur la rive septentrionale du lac Timsah.

Son port, situé au milieu du canal, sert de port de transit et de garage.

Avant d'arriver à Port Tewfik, nous passâmes à Suez.. Cette

ville se trouve à un kilomètre environ de l'ouverture dans la mer Rouge du canal de Suez, qui a lieu à Port-Tewfik. La rade est vaste, profonde et sûre, protégée par deux grandes jetées.

Suez est le grand entrepôt du commerce de la mer Rouge. Un aimable fonctionnaire du canal nous offrit l'hospitalité à Port-Tewfik et nous attendîmes patiemment l'arrivée de notre bateau, qui eut lieu au lever du jour. Nous nous fîmes conduire à bord, dès qu'il eut mouillé et, à 6 heures du matin, nous nous mîmes en route.

La traversée de la mer Rouge fut beaucoup moins pénible que celle que j'avais faite en août 1885, sur le « Shamrock. »

La saison étant plus avancée, la chaleur fut beaucoup moins forte et mon installation à bord, étant plus confortable, j'en souffris infiniment moins.

Nous arrivâmes le cinquième jour à Aden, où, malgré les ennuis du chargement de charbon, je n'eus pas le courage de refaire la promenade des citernes.

Je restai à bord et j'occupai mon temps à voir les petits négrillons qui, dans leurs pirogues entouraient le bateau et plongeaient pour aller chercher, au fond de la mer, les sous que leur jetaient les passagers.

Après une escale d'une dizaine d'heures, nous mîmes le cap sur Colombo, où nous arrivâmes après huit jours d'une traversée excellente, mais très chaude. Nous ne devions repartir que le lendemain; j'en profitai pour aller passer une nuit tranquille à terre dans un excellent hôtel.

A Colombo nous reçûmes à bord le général Godin, avec son officier d'ordonnance.

Le général revenait de la Nouvelle Calédonie, où il avait passé l'inspection générale et se rendait au Tonkin, où il devait prendre le commandement d'une brigade. Nous repartîmes le lendemain pour Saïgon, où nous arrivâmes le 2 novembre, après une escale de 12 heures à Singapour.

A Saïgon je débarquai du « Congo » et je fis mes adieux à mon ami le capitaine d'Amade, qui devait continuer son voyage sur le « Congo » jusqu'à Shangaï.

Pendant mon séjour à Saïgon, qui dura 4 jours, je vis arriver le paquebot « Natal » des Messageries Maritimes qui venait d'essuyer un cyclone dans les mers de Chine et qui, après avoir été en perdition, arrivait à Saïgon complètement désemparé. Il avait un mât cassé, ses embarcations avaient été enlevées par la mer et son aménagement intérieur lui-même avait été complètement bouleversé.

Le second du bateau, ainsi que plusieurs matelots, avaient été sérieusement blessés pendant la tempête et les malheureux passagers étaient encore sous l'impression de la terreur qu'ils avaient ressentie, pendant les heures tragiques qu'ils venaient de vivre.

Le général Godin et moi nous prîmes passage, pour nous rendre au Tonkin, sur un affreux petit bateau des Messageries Maritimes. « l'Aréthuse », qui servait d'annexe au grand paquebot.

A peine avions-nous doublé le cap Saint-Jacques que nous trouvâmes une mer démontée, contre laquelle l' « Aréthuse », ballotée comme un bouchon, luttait difficilement. C'était évidemment la queue du typhon qui avait assailli le « Natal ».

Le commandant de notre bateau, après avoir lutté pendant quelques heures, jugea prudent de se réfugier dans le petit port de Nhatran, sur la côte de l'Annam.

Il en ressortit, deux heures après, mais le mauvais temps, le força à revenir au mouillage de Nhatran, d'où nous ne repartîmes qu'à dix heures du soir. Nos tribulations n'étaient pas finies, car nous trouvâmes au large une mer affreuse, qui nous obligea encore, avant d'arriver à Tourane, où nous devions faire normalement escale, à chercher un abri de quelques heures dans la baie de Vong-Lo et dans le port de Quinone.

En quittant Tourane nous piquâmes dans le golfe du Tonkin, où nous fûmes encore extrêmement secoués.

Nous arrivâmes enfin le 10 novembre, à 8 heures du soir, à l'entrée de la rivière d'Haïphong, où nous passâmes la nuit.

Les bateaux, d'un jaugeage moyen, ne sont pas obligés de mouiller en baie d'Along, et peuvent remonter la rivière jusqu'à Haïphong. C'est ce que nous fîmes le lendemain matin.

J'avoue que je n'étais pas fâché de me retrouver sur la terre ferme.

Cette navigation, entre Saïgon et Haïphong, pendant laquelle je n'avais cessé d'avoir le mal de mer, m'avait beaucoup fatigué.

Après une nuit réparatrice à Haïphong, je repartis sur un bateau des Messageries fluviales qui, après un voyage de 15 heures, me débarqua à Hanoï, qui devait être ma résidence pendant deux ans.

Hanoï avait beaucoup changé depuis le séjour que j'y avais fait en 1887.

Le quartier européen commençait à prendre tournure. On avait tracé de larges avenues, sur lesquelles on commençait à construire des maisons confortables. Le petit lac était déjà dégagé, sur une partie de sa périphérie. Une belle cathédrale avait été terminée, à côté de la Mission et dominait le petit lac. La citadelle existait toujours, mais on avait élevé, dans son enceinte beaucoup de bâtiments militaires.

Le Tonkin était, à cette époque, gouverné par M. Piquet, comme Résident général, que devait bientôt remplacer M. de Lanessan. Les troupes de l'Indo-Chine étaient alors commandées par le général de brigade Bichot, qui devait devenir général de division et Inspecteur Général des troupes de la marine.

C'était un chef très bienveillant et un père de famille parfait.

Je lui fus présenté, le jour même de mon arrivée, par le lieutenant-colonel S., qui était son chef d'Etat-Major. Ce dernier, qui appartenait à l'armée du génie, était un homme bizarre. D'une intelligence remarquable, il était assez mal équilibré.

Il avait une ambition démesurée et nous disait, sans cesse, qu'il serait un jour député et Ministre de la Guerre.

Cette prédiction se réalisa en partie, car ayant pris sa retraite, quelque temps après son retour en France, il se fit nommer député du Nord et il fut même question de lui, pour prendre le département de la Guerre, lors de la formation d'un cabinet. Cette combinaison n'aboutit pas et le colonel S., n'ayant pas été réélu à la législature suivante, se trouva sans situation et vécut, je ne sais trop comment, jusqu'à la guerre de 1914. A ce moment il reprit du service, fut nommé commandeur de la Légion d'honneur et mourut en 1917.

Je fus placé à la tête du premier bureau de l'Etat-Major, situation que je conservai pendant les deux années que je passai au Tonkin.

Je conserve un mauvais souvenir de ces deux années, qui furent pour moi d'une monotonie désespérante. Le séjour à Hanoï n'était cependant pas désagréable, car, à ce moment, les officiers occupant des emplois sédentaires, pouvaient se faire accompagner de leur famille. Nous menions, dans cette ville, une existence de garnison.

Confortablement logé, dans un bâtiment voisin des bureaux de l'Etat-Major, je trouvai atrocement pénible le travail de bureau, que j'avais à effectuer, pendant huit heures par jour, souvent avec une chaleur accablante.

Cette existence, à laquelle je n'étais pas habitué, me rendit malade et, au cours de ma deuxième année de séjour, je dus subir une petite opération, à la suite de laquelle je fus très affaibli.

Au mois de février 1891, à ma sortie de l'hôpital, j'obtins une permission, qui me permit d'aller visiter Hué, la capitale de l'Annam.

Je partis d'Haïphong sur le paquebot « Le Saïgon », qui me déposa à Tourane, où je rencontrai le colonel Dominé, le héros du siège de Tuyen-Quang en 1885.

Le colonel Dominé était, à ce moment, commandant des troupes en Annam et était venu passer l'inspection du détachement d'infanterie de Marine de Tourane.

C'était un homme mystique, d'un caractère rare à notre époque, un véritable chevalier, égaré dans notre siècle réaliste et brutal. Ecœuré des injustices qu'il voyait commettre autour de lui, il prit prématurément sa retraite, malgré le bel avenir qui lui était promis et on n'entendit plus parler de lui.

Nous partîmes ensemble pour Hué et nous fîmes le trajet partie à cheval, partie en palanquin, partie en sampan en passant par le pittoresque col des Nuages.

Hué, capitale de l'Annam, se trouve à une quinzaine de kilomètres de la mer, au pied de la chaîne côtière, parallèle à la côte. Le port de Hué, sur la mer, est Thuan-An, mais la barre qui se trouve à l'entrée du Truang-Tien, rivière de Hué, est difficile à franchir et impraticable pendant toute la saison de la Moussou du Nord-Est.

Dans ces dernières années on a construit un chemin de fer, qui relie Tourane à la capitale. La route si difficile passant par le col des Nuages est, par suite, heureusement abandonnée.

Hué possède une citadelle, qui a été construite en 1801, par le colonel français Olivier, par ordre de l'empereur Gia-Long.

Cette citadelle renferme les palais et les jardins royaux, qui sont assez intéressants, les ministères, les arsenaux et les casernes.

Je passai très agréablement quelques jours à Hué, au cours desquels je visitai la pagode de Confucius, qui est assez originale et les tombeaux des empereurs Thieu-Tri, Minh-Mang et Tu-Duc. Ces tombeaux ne sont pas, comme les tombeaux européens, de simples monuments.

Ils se composent d'un ensemble de constructions élevées dans des sites pittoresques, qui ressemblent à des pagodes et dans lesquelles on a rassemblé tous les objets, ayant servi aux empereurs défunts. Les femmes et les serviteurs de ceux-ci s'y retirent, dès la mort de leur maître; ils y terminent leur existence.

J'eus le grand plaisir de voir à Hué, mon ami le lieutenant-colonel de Trentinian qui, apprenant ma présence, était venu me faire une visite.

Il commandait, à ce moment, à Thuan-An et y était installé avec sa jeune femme, qui y mourut quelque temps après.

Au lieu de revenir à Tourane, par la route du col des Nuages, je préférai m'y rendre par mer. Je m'embarquai sur une chaloupe de la douane, dont le faible tirant d'eau lui permettait de traverser la barre et qui me reconduisit à Tourane en quelques heures.

Je restai dans ce centre quelques jours, pendant lesquels je fis quelques excursions intéressantes et entre autres celle de la Montagne de marbre et de la ville chinoise de Faï-Fo, ville habitée par des pêcheurs.

Je pris passage pour retourner au Tonkin, sur le « Saïgon » à son retour de Cochinchine.

Je rentrai à Hanoï le premier mars et je repris mon service jusqu'au 13, date à laquelle je fus obligé de rentrer à nouveau à l'hôpital, où je restai jusqu'au 30 avril. A partir de ce moment, je fus presque constamment malade, jusqu'à mon départ du Tonkin, qui eut lieu le 8 novembre.

Pendant les deux ans que je passai à l'Etat-Major des troupes de l'Indo-Chine, je servis sous les ordres des généraux Bichot, Godin et Reste.

Ce dernier était un homme à l'esprit borné et voulait que tout se passât au Tonkin, comme en Nouvelle-Calédonie, où il avait été commandant militaire, quelques années auparavant.

Il ne se rendait pas compte de la différence, qui existait entre une grande colonie comme l'Indo-Chine et une possession insignifiante comme la Nouvelle-Calédonie.

Je le retrouvai en 1897 à Cherbourg où il finissait son existence dans un doux gâtisme, provoqué, paraît-il, par une chûte de cheval malencontreuse.

J'eus également à Hanoï deux chefs d'Etat-Major : le lieutenant-colonel S., dont j'ai déjà parlé, qui fut remplacé par le lieutenant-colonel de L., de l'infanterie de marine, qui avait été mon camarade de promotion à l'Ecole de Guerre. C'était un homme intelligent, mais plein de fatuité et d'intrigue. Sa personnalité devait tout primer et lorsqu'il avait dit *Moa*, tout était dit.

Le lieutenant-colonel de L. mourut quelques mois après sa rentrée en France.

J'eus comme camarade, à l'Etat-Major, le commandant de Beylié, esprit original et plus artiste que militaire, qui arriva général de brigade et mourut en Cochinchine le 14 juillet 1910, dans un accident. Il fut noyé au passage d'un rapide sur le Mékong.

Parmi les officiers qui se trouvaient, en même temps que moi à l'Etat-Major, il y a lieu de signaler le capitaine d'artillerie de marine Teillard d'Eyry, mon compatriote, qui a fait une très belle carrière car il se trouve, à l'heure actuelle, ingénieur général de l'artillerie navale, avec rang de vice-amiral. Il y avait également le capitaine Leblois, qui est arrivé général de division, a commandé, pendant la guerre 1914-1918, une division sur le front français et à l'armée d'Orient. Il a été commandant supérieur des troupes de l'Indo-Chine.

Comme je l'ai dit plus haut, la date de mon embarquement était le 8 novembre et, pour comble de malheur, le bateau qui devait me ramener en France, étant le même « Shamrock, » sur lequel j'avais fait en 1885 une si pénible traversée.

Hélas ! celle que j'allais faire devait être encore plus désagréable.

Je fus cependant beaucoup mieux installé; grâce à mon grade de chef de bataillon, j'eus pour moi seul, une grande cabine très confortable et je pris mes repas à la table des officiers supérieurs.

Je dois à la vérité de dire que notre nourriture fut convenable pendant cette traversée

Il est vrai que le pourvoyeur devait se rattraper sur les passagers de la deuxième table, car j'entendis les officiers subalternes se plaindre amèrement de leur alimentation. J'eus à la table des officiers supérieurs, trois camarades que je connaissais depuis longtemps et dont le commerce, pendant les soixante-trois jours que dura la traversée, fut pour moi très agréable.

Nous embarquâmes dans la baie d'Along, une quantité de militaires évacués des ambulances du Tonkin, militaires pour la plupart très malades et que les médecins avaient embarqués, pour leur donner la satisfaction de croire qu'ils allaient revoir la Patrie.

Pour beaucoup d'entre eux cette espérance ne se réalisa pas et dès le lendemain de notre départ de la baie d'Along. deux décès survinrent à bord.

Le médecin, chef du service médical du « Shamrock », dans l'espoir évident de se faire valoir, déclara ces décès suspects et de nature cholériforme.

Il s'en suivit que nous fûmes mis en quarantaine avant d'arriver à Saïgon.

Je suis persuadé, pour ma part, que ces décès et ceux qui suivirent, devaient être imputés à l'état désespéré dans lequel on avait embarqué beaucoup de passagers. Le lieu qui nous fut assigné, pour purger notre quarantaine, fut le Nha-Bé, dans la rivière de Saïgon.

Nous restâmes onze jours dans ce lieu épouvantable, au milieu des palétuviers, où nous avions une chaleur intolérable et où nous étions dévorés par les moustiques.

Cette situation n'était pas de nature à améliorer l'état sanitaire du bord, aussi se produisit-il plusieurs décès et, comme nous n'avions pas la ressource d'immerger les corps, on fut obligé d'aller les enterrer sur une des rives de la rivière de Saïgon.

Je n'ai jamais compris pour quelle raison on nous infligea ce suplice de rester onze jours dans une situation aussi pénible.

Enfin ! le douzième jour l'ordre arriva d'appareiller et nous

nous dirigeâmes, après avoir brûlé l'escale de Singapour, sur Colombo, où nous arrivâmes dix jours après.

Pendant cette traversée nous eûmes encore deux décès. Nous nous attendions à être mis en quarantaine à Colombo. Il n'en fut rien heureusement et nous eûmes la libre pratique, ce qui nous permit d'aller, pendant quelques heures, nous refaire un peu à terre.

En quittant Colombo nous nous dirigeâmes sur Obock et, quoique nous ayons eu encore trois décès, pendant les sept jours que dura le trajet, nous fûmes autorisés à descendre à terre.

J'en profitai pour aller faire une visite au gouverneur, M. Lagarde, mon compatriote, qui m'invita à déjeuner et qui me fit faire, dans l'après-midi, une promenade à dos de chameau.

Pour donner une idée de la végétation, qui existe à Obock, je dirai, qu'avant déjeuner, M. Lagarde me conduisit dans un jardin, où il me fit admirer quelques radis, qu'il avait réussi à faire pousser. Il était heureux de ce résultat inespéré.

Après s'être ravitaillé en charbon le « Shamrock » quitta Obock et pénétra dans la mer Rouge où nous trouvâmes une température supportable.

Nous étions tout heureux à la pensée que, dans quelques jours, nous allions revoir enfin la mère Patrie. Nous avions, hélas ! compté sans les réglements très sévères de la Commission sanitaire du Canal de Suez. Cette commission, après avoir consulté les livres de bord, décida que, avant d'entrer dans le canal, nous devions aller faire une quarantaine de huit jours dans la rade de Tôr.

Après avoir reçu un garde sanitaire, qui s'installa à bord, nous fûmes obligés de faire demi-tour et, après dix heures de route, nous arrivâmes sur rade. Tôr est un petit village, qui se trouve au pied du mont Sinaï, sur une baie abritée par le Ras Tôr et la rive orientale du golfe de Suez.

C'est une station, où les pèlerins de la Mecque viennent purger leur quarantaine.

Il existe près de ce village un grand couvent, qui dépend du couvent du Mont Sinaï.

Dès notre arrivée à Tôr, le chef de la garde sanitaire exigea que tout le personnel du bateau soit mis à terre. On dressa de grandes tentes et tous les malades furent débarqués.

Par faveur spéciale les passagers des première et deuxième classes furent autorisés à rester à bord. On procéda ensuite à la désinfection du bateau. Cette opération, pure plaisanterie, fut faite par un des gardes sanitaires, qui se promena dans la batterie et dans l'hôpital, en arrosant le sol avec un liquide désinfectant.

Dès qu'elle fut terminée on rembarqua le lendemain, tout le personnel, qui avait campé la nuit précédente et ce fut tout.

Il est inutile de dire que, pendant les huit jours que nous restâmes à Tôr, nous rongeâmes notre frein. Nous n'avions d'autres distractions que quelques promenades sur cette terre désolée.

Enfin ! le terme de notre exil arriva et nous fûmes admis à traverser le canal, après avoir débarqué à l'hôpital de Suez, quelques hommes dont l'état était très grave.

Nous arrivâmes le lendemain à Port-Saïd d'où, après avoir fait notre charbon, nous partîmes pour Alger, où nous devions débarquer un certain nombre de militaires des troupes d'Algérie.

Nous arrivâmes dans ce port le 2 janvier 1892. Pendant la courte escale que nous y fîmes, je pus aller faire des visites à plusieurs amis.

Notre interminable traversée touchait à sa fin et, le 4 janvier, nous débarquâmes enfin à Toulon, après soixante-trois jours passés à bord du « Shamrock ».

A titre de curiosité, je dois ajouter que, quelque temps après, j'appris que le médecin, qui avait diagnostiqué le choléra à bord, recevait la croix de chevalier de la Légion d'honneur.

Tout est bien qui finit bien ! ! !

CHAPITRE V

Séjour en France (1891-1894)

Après une aussi terrible traversée, j'avais besoin de me reposer. J'allai donc passer quelques jours dans ma famille, puis je m'installai à Paris, où je comptais passer mon congé de fin de campagne.

Dès mon arrivée en France mes parents se mirent dans la tête de me marier.

Jusque là j'avais été assez rebelle à l'idée du mariage, surtout depuis le moment où j'avais quitté l'armée métropolitaine pour devenir officier colonial.

Il me semblait difficile d'admettre qu'une jeune personne puisse se décider à la perspective de passer son existence à courir le monde.

Je trouvai cependant, dans nos montagnes d'Auvergne, une femme assez courageuse pour accepter cette perspective. Elle avait, du reste, de qui tenir, car un de ses oncles, le général de division de Brives, du cadre de réserve, avait eu une carrière assez mouvementée, puisqu'il avait pris part aux campagnes de Crimée, d'Italie, de Chine (1860) et à la guerre de 1870.

Je l'épousai le 10 mai 1912 et nous nous installâmes, quelque temps après, à Toulon, où je venais d'être nommé aide de camp du vice- amiral de Boissoudy, préfet maritime du Ve arrondissement maritime.

Je passai 26 mois dans ces fonctions très intéressantes puisque, en même temps qu'aide de camp, j'étais chargé de la préparation du plan de mobliisation et de défense de notre grande place maritime.

A ce moment, mon rôle était d'autant plus délicat que nos relations étaient très tendues avec l'Italie et que Toulon était rempli d'espions.

Pendant ces vingt-six mois, je servis sous les ordres de trois préfets maritimes, les vice-amiraux de Boissoudy, Browen de Colstoun et Vignes, qui se montrèrent tous les trois très aimables pour moi.

Cette situation d'aide de camp de Préfet maritime était le rêve pour un officier d'infanterie de marine, car elle lui donnait une complète indépendance.

Je n'avais aucune relation avec l'arme à laquelle j'appartenais.

J'étais cependant inspecté, chaque année, par l'Inspecteur général des troupes de la marine, qui était, à ce moment, le général Bichot, mon ancien général en chef au Tonkin et qui, dès la première année, me proposa pour lieutenant-colonel et pour officier de la Légion d'honneur.

Pendant mon séjour à la Préfecture maritime, je fus désigné par le Ministre, pour le représenter, à l'arrivée à Marseille du général Dodds, à son retour du Dahomey.

Cette réception fut splendide et les Parisiens se préparaient également à recevoir dignement le vainqueur de Béhanzin, lorsque le gouvernement persuada au général que son arrivée dans la capitale était indésirable. Le gouvernement, comme tous les gouvernements démocratiques, avait peur d'un général victorieux ! ! !

Il n'avait pas oublié l'équipée du général Boulanger, qui avait donné la chair de poule à nos courageux gouvernants.

J'assistai, la même année, à l'arrivée à Toulon de l'amiral Avelane, qui venait en France avec une escadre, pour sceller l'alliance franco-russe. Le Président de la République, M. Sadi-Carnot vint lui-même à Toulon pour recevoir l'amiral.

En ma qualité d'aide de camp de l'amiral Vignes, alors préfet maritime, j'assistai à toutes les belles fêtes qui furent données à Toulon et sur les escadres française et russe.

On se rappelle la réception enthousiaste, qui fut faite par Paris, à l'amiral Avelane et aux officiers de son escadre, qui vinrent, pour quelques jours dans la capitale.

A la suite de cette visite, je reçus la décoration de Sainte Anne de Russie (3e classe).

Ainsi que je l'ai dit plus haut j'avais été proposé, à l'Inspection générale de 1893, pour le grade de lieutenant-colonel. J'obtins ce grade le 14 juillet 1894 et, quelque temps après, je fus désigné pour aller prendre le commandement du 12e régiment d'infanterie de marine, en Nouvelle-Calédonie.

Je ne fus pas enchanté de cette désignation, car j'avais fait une demande pour prendre part à l'expédition de Madagascar. que l'on préparait à cette époque.

J'appris plus tard que, dans cette cette circonstance, j'avais été victime de l'intrigue d'un de mes camarades. Ce camarade, qui était en service à Paris, ayant appris que son tour de départ le désignait pour la Nouvelle-Calédonie, obtint, à force de démarches, que sa désignation ne soit pas faite avant la promotion du 14 juillet. Il avait calculé que je devais faire partie de cette promotion et que, par suite de mon ancienneté de séjour en France, je prendrais, dès ma promotion, la tête de la liste de départ et que, par suite, c'est moi qui serais envoyé en Nouvelle Calédonie. Cette roublardise ne porta pas bonheur à ce camarade, car il fut désigné, quelque temps après, pour le commandement du groupe des Antilles et il mourut pendant son séjour à la Martinique.

J'avais reçu l'ordre de m'embarquer à Marseille le 3 octobre et obtenu l'autorisation d'emmener ma femme. Nous prîmes passage sur le paquebot l'Armand-Béhic, des Messageries Maritimes.

A cette époque cette compagnie avait placé ses quatre plus beaux bateaux sur la ligne d'Australie, qui desservait la Nouvelle Calédonie. C'était, pour elle, la ligne la plus importante et elle avait réussi à attirer une clientèle de choix, parmi les riches australiens et les acheteurs de laine français du département du Nord.

Ces quatre paquebots, l'Armand Béhic, la ville de la Ciotat. l'Australien et le Polynésien, étaient de splendides bateaux, aménagés avec un grand luxe et sur lesquels la nourriture était des plus soignées. La Compagnie des Messageries Maritimes avait, du reste, une renommée universelle pour l'excellence de la table, et, sur toutes les lignes, Il avait presque le monopole de la clientèle riche de toutes les nationalités.

Depuis, cette compagnie mal inspirée, dans le but de faire des économies, a fait des restrictions maladroites sur la nourriture, n'a plus apporté un choix, aussi sévère, dans le recrutement de ses chefs de cuisine, et elle a perdu la plus grande partie de la clientèle étrangère, qui était attirée vers elle par le confortable de l'installation de ses bateaux et surtout par la nourriture, qui était véritablement excellente.

Nous trouvâmes, sur l'Armand Béhic, un accueil charmant

de la part de son commandant, officier de la marine militaire, gentleman parfait, musicien convaincu et qui, pendant la traversée, ne sut que faire pour nous être agréable.

Nous conservâmes, du reste, ma femme et moi, un si bon souvenir de l'Armand Béhic, que nous voulûmes revenir de la Nouvelle Calédonie sur ce bateau, qui avait toujours le même commandant.

Le hasard fit, du reste, que, à notre retour du Tonkin en 1900, nous fîmes la traversée, sur un autre paquebot, commandé par le même commandant Poydenot.

Notre traversée, pour nous rendre en Nouvelle Calédonie, s'effectua sans incident, jusqu'au lac Timsah, dans le canal de Suez.

En traversant ce lac un coup de barre malheureux jeta le bateau, en dehors du chenal et nous nous échouâmes.

Nous fîmes, pendant 24 heures, des efforts infructueux pour nous déséchouer, mais il fallut en venir à débarquer, sur des chalands, la plus grande partie du chargement, et comme ce chargement se composait de caisses de raisins secs, destinés à l'Australie, pour la Christmas, l'opération fut assez délicate.

Voyant qu'elle serait assez longue, je demandai au commandant s'il ne voyait pas d'inconvénient à ce que nous allions, ma femme et moi, faire une petite excursion au Caire. Le commandant nous autorisa à partir et me promit de me télégraphier, à l'hôtel Continental, dès que le bateau flotterait.

Plusieurs passagers se joignirent à nous et nous prîmes le train à Ismaïla.

Nous pûmes ainsi passer deux jours au Caire, pendant lesquels nous visitâmes cette ville plus en détail, que je n'avais pu le faire, pendant le court séjour que j'y avais fait en 1889.

Nous fîmes également l'excursion des Pyramides, et en revenant, nous pûmes visiter le très intéressant musée de Boulak.

A notre retour à l'hôtel, nous eûmes l'agréable surprise de trouver le commandant Poydenot, qui nous apprit que l'Armand Béhic, était enfin déséchoué, que l'on procédait au réembarquement du chargement et qu'il espérait que nous pourrions repartir le lendemain matin. Nous rentrâmes à bord le soir même et le lendemain matin, en effet, notre bateau se remettait en route.

La traversée de la mer Rouge fut très fatigante, en raison de la chaleur et nous refîmes l'escale d'Aden.

En quittant ce port, nous nous dirigeâmes sur Mahé, île principale de l'archipel anglais des Seychelles, dans l'Océan Indien.

Mahé est une ancienne possession française, qui fut prise par Mahé de la Bourdonnais, qui ajouta le nom de l'île au sien.

Cette île appartient aujourd'hui à l'Angleterre. Les indigènes parlent encore le français, mais un français très corrompu.

On trouve dans l'archipel de Seychelles des tortues de mer énormes.

En quittant Mahé, nous nous dirigeâmes sur l'Australie en faisant la traversée de l'Océan Indien, dans la plus grande largeur.

Cette longue traversée, au cours de laquelle on passe l'Equateur, est assez maussade, car on fait une route très peu fréquentée par les navires.

On y rencontre généralement une houle très forte qui, quoique ne donnant pas le mal de mer, est fort désagréable parce qu'on ne se trouve jamais en équilibre.

Le douzième jour, nous aperçûmes les côtes de l'Australie. Le premier port, dans lequel nous fîmes escale, est Albany, petite ville en formation à cette époque, et dépendant de l'Australie occidentale.

Nous descendîmes à terre, ma femme et moi, et nous entendîmes la messe, dans une chapelle nouvellement bâtie, à côté de laquelle nous eûmes l'agréable surprise de trouver une école, dirigée par des religieuses françaises. Chose surprenante, cette école, qui était l'école officielle, dans un pays protestant, était tenue par des religieuses catholiques françaises.

Voilà une preuve de tolérance religieuse, que nos dirigeants sectaires feraient bien de méditer !

L'Australie est une île immense, située entre l'Océan Pacifique et l'Océan Indien.

Cette grande île se trouve sous les tropiques. Son climat est très variable. Sur les côtes la chaleur est tempérée par l'Alizé, qui règne une grande partie de l'année, mais l'intérieur a le climat saharien.

Les indigènes d'Australie appartiennent au type canaque. Ils vivent à l'état sauvage et habitent, pour la plupart, le nord et le centre de l'île. On en rencontre fort peu dans les villes européennes. La race australienne s'éteint, du reste, au contact de la civilisation.

L'Australie est une colonie anglaise, de Self-Gouvernement. Elle a formé, pendant longtemps, sept groupes ou colonies s'administrant séparément : La Nouvelle Galles du Sud, capitale Sydney, le Queensland, capitale Brisbane, la colonie de Victoria, capitale Melbourne, l'Australie du Sud, capitale Adélaïde, l'Australie occidentale, capital Perth, l'Australie du Nord, capitale Palmerston et la Tasmanie, île située à l'extrémité sud, capitale Barthust.

Jusqu'en 1901, ces sept colonies étaient restées isolées politiquement. Depuis le premier janvier de cette année 1901, elles se sont groupées et leur union a été réalisée par l'inauguration à Sydney d'un Commonweath ou fédération australienne.

Le pouvoir fédéral est constitué par un ministère australien et un parlement élus, superposés aux administrations des états fédérés.

La métropole est représentée, en Australie, par un Gouverneur général anglais, ou vice-roi, dont le rôle est surtout un rôle représentatif.

Le Commerce de l'Australie avec l'extérieur est important et consiste surtout en laine, peaux, suifs et viande congelée.

Le troisième jour après notre départ d'Albany, nous arrivâmes à Adélaïde, ville importante et commerçante, où l'on rencontre beaucoup de commerçants allemands.

Melbourne, où nous arrivâmes, le lendemain, est une ville considérable, tracée comme les villes du Nouveau Monde. Les rues sont droites, larges, longues et encadrent des îlots de constructions rectangulaires.

Il existe à Melbourne de nombreux jardins, squares et parcs. Les monuments sont nombreux et somptueux.

Sydney fut notre dernière escale en Australie.

Elle est distante de deux jours de traversée de Melbourne. C'est une très grande ville, qui se trouve à l'extrémité d'une rade profonde et très vaste, entourée de collines couvertes de grands arbres, pour la plupart des eucalyptus. Cette rade forme un des ports les plus sûrs et les plus profonds du monde.

La ville fut, à l'origine de sa fondation, une colonie de convicts. Elle est devenue, à notre époque, une ville très importante, qui s'est développée très vite, et qui ressemble, par plus d'un côté, aux grandes villes américaines.

Elle concentre presque tout le commerce de la Nouvelle Galles du Sud.

L'industrie et le commerce de cette ville, relativement récente, présentent une extraordinaire intensité. Elle possède des chantiers de construction navals très importants. Ses monuments sont nombreux et, plusieurs d'entre eux, sont remarquables, parmi lesquels la cathédrale de Saint-André.

Nous mîmes quatre jours pour faire la traversée de Sydney à Nouméa et nous eûmes à lutter contre une tempête terrible.

Nous éprouvâmes, ma femme et moi, une grande satisfaction en arrivant à destination après une traversée, somme toute assez pénible, de 42 jours, mais quelle triste impression nous eûmes en arrivant à Nouméa !

Quelle humiliation, lorsqu'on vient de visiter les villes australiennes, si vivantes et si splendidement installées, de trouver une misérable petite ville française, dont la plupart des maisons sont construites en planches et offrent un aspect peu réjouissant !

Le site de Nouméa est cependant agréable et, lorsqu'on approche de cette ville, après avoir traversé la ceinture de coraux, on commence par apercevoir sa belle cathédrale, qui, située sur une éminence, domine la ville. La végétation est luxuriante et les maisons y sont, pour la plupart, entourées de jolis jardins, mais lorsqu'on pénètre dans la ville, quelle déception !

En quittant le quai on traverse la place des Cocotiers, qui est quelconque, mais qui est entourée de terrains vagues avec de nombreuses fondrières.

Je fus reçu, à l'arrivée du bateau, par un chef d'escadron d'artillerie de marine qui, depuis le récent départ du commandant militaire, le colonel Pujol, exerçait le commandement supérieur de la colonie.

Il me conduisit à l'hôtel du commandant militaire, que je devais habiter provisoirement, puisqu'en l'absence du titulaire, le commandement me revenait. Je pris en outre, le commandement du 12e régiment d'Infanterie de marine, que je devais exercer pendant toute la durée de mon séjour en Nouvelle Calédonie.

Je crois le moment venu de faire l'historique sommaire de cette colonie située aux antipodes.

La Nouvelle Calédonie a 18.000 milles carrés de superficie. Elle a la forme d'un long fuseau, orienté N. O.-S. E., ayant 400 kilomètres de longueur et 40 à 50 kilomètres de largeur.

Son arête centrale est formée par une ligne de montagnes très élevées, qui atteignent jusqu'à 1650 mètres d'altitude. Le littoral est entouré d'une barrière de récifs, formés de roches coralliennes.

Cette barrière est percée d'un certain nombre de chenaux, qui permettent l'accès de la grande terre.

Entre les récifs et la côte, se trouve une mer intérieure généralement navigable.

A 80 kilomètres de la côte, dans l'Est, on remarque le groupe des Iles Loyalty, composé de trois îles, Ouvéa, Lifou et Maré, qui forment une rangée insulaire, parallèle à la Nouvelle Calédonie.

Ces îles sont formées de plateaux coralliens.

Le climat de la Nouvelle Calédonie est très sain et relativement tempéré. Les européens peuvent y travailler. Cette colonie est donc une colonie de peuplement. Elle est très riche en mines, surtout en mines de nickel. On y trouve également, du chrôme, du cobalt et même de l'or et du cuivre.

La principale culture est celle du café, qui est excellent. La Nouvelle Calédonie, découverte par Cook en 1774, fut annexée à la France en 1853, par le contre-amiral Febvrier des Pointes.

Cook débarqua, sur cette terre, à Balade, dans la partie septentrionale de l'île.

C'est également à Balade que les Pères de la Société de Marie, conduits par Monseigneur Douarre, évêque d'Amata, installèrent la première mission catholique, dix ans avant la prise de possession par les Français en 1843.

Les missionnaires éprouvèrent de grandes difficultés pour cette installation, au milieu de peuplades complètement sauvages et adonnées au cannibalisme. Ils coururent, pendant longtemps, d'immenses dangers.

Le Bucéphale, bateau qui avait débarqué les missionnaires sur la grande île, mit à leur disposition tout le matériel et les vivres, dont ils pouvaient avoir besoin, dans les commencements et leur remit la garde du drapeau français, mais ce n'est que le 24 septembre 1853, que le contre-amiral Febvrier des Pointes vint prendre officiellement possession de la Nouvelle Calédonie, au nom de la France.

Il avait arboré son pavillon sur le Phoque, aviso de la station de Taïti.

Le lendemain de cette cérémonie l'amiral se dirigea sur l'Ile des Pins, dont il voulait également prendre possession. mais, en arrivant en vue de cette île. il fut grandement surpris d'apercevoir un bateau anglais, le Hérald, qui semblait se livrer à des travaux d'hydrographie.

Dès que le Phoque eut pris son mouillage, l'amiral envoya un officier à terre, pour s'aboucher avec les missionnaires et se renseigner sur le but de la présence de ce bateau anglais.

Il apprit ainsi que le commandant du Hérald était en pourparlers avec le roi de l'île, pour acheter son royaume. Cette majesté ayant eu à se plaindre des Anglais, résistait aux offres séduisantes qui lui étaient faites.

Sur la demande de l'amiral Febvrier des Pointes, un missionnaire se rendit auprès du roi et obtint de lui la donation de l'Ile des Pins à la France. moyennant une pension de 125 francs par mois.

A la suite de cet arrangement, l'amiral descendit à terre, avec son Etat-Major, et prit solennellement possession de l'ile. le 29 septembre 1853.

Les Anglais n'eurent connaissance de cette prise de possession, que le lendemain du départ du Phoque. par le roi canaque qu'ils avaient fait conduire à bord du Hérald, et qui. devant leur insistance, pour obtenir la vente de son royaume. avoua qu'il était trop tard et qu'il l'avait abandonné aux Français.

Le commandant du Hérald, en apprenant cette nouvelle. entra dans une grande fureur et débarqua le souverain sans palan. c'est-à-dire le fit jeter à la mer.

Le contre-amiral Febvrier des Pointes fut d'autant plus heureux de la réussite de son entreprise. sous les yeux et à l'insu du commandant anglais. qu'il considérait que c'était une revanche pour l'affront fait à la France par l'Angleterre, lors de l'occupation de la Nouvelle-Zélande.

Douze ans auparavant un capitaine anglais avait réussi à

jouer un capitaine de frégate français et avait enlevé à la France cette île, si riche et si belle.

Les Pères de la Société de Marie sont donc les premiers colons français de la Nouvelle Calédonie et de l'Ile des Pins.

Au moment où j'arrivais dans la colonie, les pères Rougeyron et Montrousier, qui avaient assisté à la prise de possession de l'île, vivaient encore, ainsi que le Père Vigouroux, qui arriva peu de temps après et qui fut le grand architecte de toutes les églises construites par la Mission.

Celle-ci était, à cette époque, et est encore des plus florissante; elle possède de très beaux établissements, dont le plus important est Saint-Louis, situé à une vingtaine de kilomètres de Nouméa et qui est un centre de culture très prospère. C'est également à la Mission que l'on doit la belle cathédrale, que l'on aperçoit du large, lorsqu'on arrive en Nouvelle Calédonie.

Par suite d'une aberration inexplicable, on a installé dans cette colonie, qui est notre seule colonie de peuplement, un centre de déportation, qui en a écarté, pendant longtemps les colons libres.

A l'époque où je débarquai en Nouvelle Calédonie, l'administration pénitentiaire, avec son budget de plusieurs millions, était toute puissante et tenait facilement tête au gouverneur.

Depuis quelques années la transportation, dans cette colonie, a été heureusement supprimée, mais elle a laissé, dans l'île, des éléments peu recommandables, qui gêneront encore, pendant longtemps, la colonisation.

Le bagne était installé à l'Ile Nou, qui ferme, au sud la rade de Nouméa, à la presqu'île Ducos et à l'Ile des Pins, affectée spécialement aux relégués.

Les indigènes de la Nouvelle Calédonie, appelés canaques, se rattachent à la race noire dite mélanésienne.

Depuis l'occupation française le cannibalisme a presque disparu. Du reste, on sait peu ce qui se passe chez les canaques, car ils ont été refoulés dans les montagnes de la chaîne centrale où les européens ne pénètrent que rarement et diffi cilement.

Comme les indigènes d'Australie, ils disparaissent peu à peu, au contact de la civilisation.

Au moment de mon arrivée, le gouverneur était M. Paul Feillet, homme intelligent et animé des meilleures intentions, mais qui, mal conseillé, eut le tort de se brouiller avec les missionnaires, qui ont une **grande influence**.

La mission avait, à cette époque à sa tête, Monseigneur Fraisse, homme remarquable par son intelligence et par son énergie.

Si le Gouverneur avait su résister à ses conseillers et s'entendre avec l'évêque, ces deux hommes auraient certainement donné une heureuse impulsion à la colonisation et l'auraient peut-être sortie de l'ornière, où elle végétait depuis longtemps.

M. Paul Feillet fit de louables efforts pour arriver à ce résultat ; grâce à une forte réclame et à des avantages sérieux, qu'il offrait aux nouveaux arrivants, il réussit même à attirer, dans la colonie, un certain nombre de colons, mais ceux-ci étaient pour la plupart, des artisans ou des déclassés, qui s'attendaient à voir les cailles toutes rôties leur tomber dans la bouche, dès leur arrivée ; ils ne connaissaient rien aux choses de la campagne et fort peu d'entre eux réussirent. Le plus grand nombre dut être rapatrié peu de temps après leur arrivée.

M. Paul Feillet, quoique jeune, fut atteint d'une terrible maladie qui l'obligea à rentrer en France.

Il revint en Nouvelle Calédonie, après un long congé, mais sa santé ne se rétablit pas et il fut obligé de rentrer en France, au bout de peu de temps, et y mourut.

Pendant les vingt-sept mois que je restai dans cette colonie, j'exerçai le commandement du 12e régiment d'infanterie de marine.

J'ai déjà dit, qu'à mon arrivée, le commandement militaire était vacant. J'exerçai ce commandement, par intérim, pendant cinq mois, jusqu'à l'arrivée du colonel P., qui en était titulaire. J'avais eu, avec lui, jusqu'à ce jour, les meilleures relations. Il est vrai que je n'avais jamais servi sous ses ordres.

Il avait été mon professeur adjoint de topographie à l'Ecole spéciale de Saint-Cyr et, depuis, je l'avais souvent rencontré dans le monde.

J'étais donc admirablement disposé à le seconder dans son commandement, mais dès le début, je me heurtai à des défauts de caractère tellement excessifs, que je dus me rebiffer et que nos relations devinrent assez tendues.

Le colonel P. était un besogneux, qui faisait argent de **tout** et qui, dès les premiers jours de son arrivée, voulut se mettre à exploiter mon régiment pour ses besoins personnels.

Pendant quelque temps je déférai, de bonne grâce, à ses demandes, mais je me rendis bientôt compte que ses besoins n'avaient pas de limites et, malgré tout mon désir de vivre en bonne intelligence avec mon nouveau chef, je crus de mon devoir de défendre mes prérogatives de chef de corps et de mettre un terme aux abus résultant de ses exigences.

Le commandant militaire ne m'en sut naturellement pas gré et conserva à mon égard une rancune, qui se manifesta dans de nombreuses circonstances.

Le colonel P. dont la santé était déjà atteinte, fut très malade pendant son séjour en Nouvelle Calédonie. Il ne voulut pas suivre les conseils des médecins, qui voulaient le rapatrier. Il rentra en France à l'expiration de son temps de séjour colonial et y mourut peu de temps après son arrivée.

Le commandement du 12e régiment d'Infanterie de marine, qui ne se composait que de deux bataillons, était peu intéressant, car presque toutes les compagnies étaient détachées dans des postes, situés sur les côtes de la colonie, six sur la côte Nord, un sur la côte sud. Il y avait en outre, une compagnie détachée à l'Ile des Pins et une à l'Ile Nou.

Il me restait donc fort peu de monde à Nouméa. Mon rôle était plutôt celui d'un administrateur que celui d'un chef militaire.

Comme d'autre part, il était très difficile de faire la visite des postes, car on ne pouvait accéder à ces postes que par mer, au moyen d'un bateau qui faisait rarement le service et qui ne m'aurait permis que de rester quelques minutes dans chacun d'eux, j'étais obligé de commander mes détachements par correspondance.

Je pus cependant, en profitant de l'offre que me fit le Gouverneur, de prendre passage, sur un petit bateau qui était à sa disposition, le Loyalty, aller passer, quelque temps après mon arrivée à Nouméa, l'inspection de la compagnie de l'Ile des Pins.

J'ai déjà dit que cette île était affectée à la relégation. La compagnie qui y tenait garnison, était chargée de la garde des malandrins, qui forment cette catégorie de déportés.

La relégation est une pénalité destinée à éliminer de France les malfaiteurs incorrigibles : c'est un pénalité complémentaire et accessoire, applicable à certaines catégories de récidivistes.

Les condamnations nécessaires, pour faire prononcer la relégation, doivent avoir été encourues dans un intervalle de dix ans, défalcation faite des peines subies. Cette peine consiste en un internement perpétuel sur le territoire de certaines colonies.

Le forçat est certes un être peu intéressant, mais enfin, il est possible qu'il ne soit pas foncièrement mauvais et qu'il ait commis le crime, qui l'a fait condamner, sous l'empire de la passion et dans un accès de colère. Le relégué, lui, est un bandit par définition, puisque ce n'est, qu'après plusieurs condamnations, qu'il est expulsé de la métropole.

On croirait à priori que l'administration pénitentiaire doit chercher à utiliser ces tristes gens, en leur faisant accomplir des travaux utiles.

Il n'en est rien ; ce sont des forces absolument perdues. A l'époque où je visitai l'Ile des Pins, pour la première fois, je me rendis compte que les relégués étaient employés à des travaux absolument inutiles.

L'Ile des Pins fut, de 1872 à 1879, le lieu de résidence imposé aux condamnés à la déportation simple, à la suite de la Commune de 1871.

A cette époque un certain nombre de centres furent créés. Ces centres sont reliés les uns aux autres par des routes.

Pour occuper les relégués, l'administration pénitentiaire n'avait trouvé rien de mieux que de leur faire construire, chaque année, de nouvelles routes et de leur faire détruire les anciennes.

Il en était de même, du reste, pour l'utilisation des condamnés aux travaux forcés, que l'on n'a jamais su utiliser pour créer, sur la grande terre, les routes qui auraient permis de circuler dans l'intérieur de l'ile.

Il est incroyable que dans une colonie, où il existait, depuis de longues années, une dizaine de mille condamnés aux travaux forcés, on n'ait pas trouvé le moyen de construire des routes.

Au moment où je me trouvais en Nouvelle Calédonie, il existait une seule route, allant de Nouméa à La Foa et qui avait 120 kilomètres et encore cette route n'avait-elle pas été construite par des forçats, mais bien par une compagnie de disciplinaires de la marine, qui existait autrefois dans la colonie. Il n'y avait aucune route pour aller de la côte nord à la côte sud.

Mais alors, que faisait-on des milliers de déportés, condamnés cependant aux travaux forcés ? Rien ou presque rien : L'administration pénitentiaire les utilisait pour ses propres installations.

Il y eut bien, à un moment, une tentative pour les utiliser. L'administration avait passé un marché, avec la compagnie le Nickel, pour mettre à sa disposition un certain nombre de forçats, mais ce marché, soi-disant de chair humaine, fut critiqué par nos humanitaires et ne fut pas renouvelé à son expiration.

L'inspection générale fut passée en 1895 par le Général Dodds.

Je fus heureux de retrouver mon ancien colonel du 2ᵉ régiment de Tirailleurs Tonkinois, qui m'avait toujours témoigné une affectueuse sympathie, pendant les moments pénibles que j'avais traversés en 1885 et 1886.

Je l'avais revu à plusieurs reprises, depuis cette époque et en particulier à son retour du Dahomey, lorsque je fus le saluer à Marseille, de la part du Ministre de la marine.

L'inspection générale me fournit l'occasion de visiter mes postes de la côte du nord.

Le Gouverneur ayant mis le Loyalty à la disposition du général, nous nous rendîmes successivement à l'Ile des Pins et dans les postes de Houaïlou, Hienghène, Oubatche, Touho, Ponérihouen et Canala.

En quittant Canala, comme le général avait à inspecter tous les postes de gendarmerie, qui se trouvaient sur la route de Nouméa à la Foa, nous nous rendîmes dans cette localité en traversant, à cheval, la chaîne centrale par des sentiers très difficiles.

Le trajet de Canala à la Foa, étant trop long pour être effectué en une seule étape, nous couchâmes, sous la tente, au milieu de la chaîne, dans un endroit où se trouvait une maison forestière, occupée par un forçat en concession.

Les forçats, qui se trouvent dans cette situation, sont des condamnés à perpétuité, qui, au bout d'un certain temps de séjour au bagne obtiennent, s'ils se sont bien conduits, leur libération conditionnelle et qui, souvent, reçoivent une concession, qui leur permet de vivre de leur travail.

Le forçat, qui occupait la maison forestière auprès de laquelle nous avions établi notre campement, était un type peu ordinaire. Intelligent et bavard, comme je lui demandais pour quelle raison il avait été condamné, il me répondit textuellement : « Oh ! pour pas grand chose, pour avoir mis une vieille morue à la détrempe ! »

Cette vieille morue était sa mère, qu'il avait précipitée dans un puits.

Quelle belle mentalité !

Il est, du reste, intéressant de faire parler ces gens que l'on rencontre, un peu partout, en Nouvelle Calédonie. C'est ainsi qu'à la Foa, un forçat libéré, auquel je demandais s'il ne regrettait pas la France me répondit : « Ma foi non, si j'avais su qu'on était aussi bien en Nouvelle Calédonie, je m'y serais fait envoyer dix ans plus tôt ».

On pourrait croire, étant donné la population peu intéressante de cette colonie, que l'on court les plus grands dangers en voyageant dans l'intérieur.

Il n'en est rien et il est extrêmement rare que les voyageurs soient attaqués.

Il est vrai que, dans ce pays, on voyage toujours sans argent. On paie ses dépenses de route en signant des bons payables sur une grande maison de commerce de Nouméa, qui a des succursales dans tous les centres.

Nous rentrâmes à Nouméa en voiture, au moyen d'un break de l'artillerie, qui vint nous chercher à La Foa.

Le Général Dodds partit après un séjour de cinq semaines en Nouvelle Calédonie. Il voulut bien, avant son départ, me féliciter, dans son ordre d'inspection, pour l'heureuse impulsion que j'avais donnée à tous les services de mon régiment et pour la fermeté de mon commandement.

Je ne vois rien de bien intéressant à signaler dans les mois qui suivirent le départ du général inspecteur.

Il faut cependant, que je dise quelques mots d'une exécution capitale, à laquelle j'assistai à l'Ile Nou, parce que ces exécutions avaient lieu avec un cérémonial particulier.

Les forçats formaient les trois côtés d'un carré, au centre

duquel se trouvait la guillotine. Le quatrième côté était formé par un détachement de soldats, l'arme chargée.

Quelques instants avant l'exécution on commandait aux forçats de se mettre à genoux.

Cette cérémonie était très impressionnante.

La guillotine, qui servait, à cette époque, aux exécutions, était, d'après ce qui a été raconté par le Directeur de l'administration pénitentiaire, celle qui avait servi à l'exécution de Madame Elisabeth, la sœur malheureuse de Louis XVI.

Le bourreau de l'Ile Nou était naturellement un forçat. Cet homme vivait dans des conditions particulières. Pour le soustraire à la vengeance possible des autres forçats, on l'avait installé dans une maison isolée et située assez loin des bâtiments du bagne.

Après l'exécution je fis une visite à l'aumônier. Cet aumônier, un Père Mariste, me raconta qu'il avait, comme sacristain, un ancien capitaine, qui portait un nom aristocratique de P.

J'avais connu ce malheureux au Tonkin. Il était venu, un jour, dans un poste que je commandais et où son père, lieutenant d'infanterie de marine, était sous mes ordres.

Il était à ce moment, capitaine dans un régiment étranger. Son histoire est assez curieuse et vaut la peine d'être racontée.

Le capitaine de P. appartenait à une famille de Savoie, qui, au moment de l'annexion de la Savoie à la France, avait opté pour la nationalité française.

Un des fils de cette famille, celui justement qui nous intéresse, fut adopté par un oncle, général de l'armée piémontaise.

Ce jeune homme entra dans cette armée et devint capitaine d'Etat-Major.

Après la mort de son oncle, à la suite de je ne sais quel incident, il demanda à entrer dans un régiment étranger de notre armée, où il fut admis comme capitaine à titre étranger.

Quelques années après, ce malheureux officier fut condamné aux travaux forcés, pour avoir, de concert avec son sergent-major, dilapidé les fonds de l'ordinaire.

Il y avait, dans la situation de cet homme, une chose assez bizarre et qu'il ne m'a jamais été possible de tirer au clair. Tout en étant au bagne, il touchait une pension du gouvernement italien. Mystère ! ! !

Je tiens ce détail de Monseigneur Fraisse, évêque de Nouméa, qui, au cours d'un de ses séjours en France, avait reçu le montant de cette pension, qu'il s'était chargé de faire remettre à l'ex-capitaine de P.

J'eus l'occasion, au mois de mai de l'année 1896, de faire un voyage très intéressant.

Le capitaine de vaisseau Bayle, qui commandait la division

Indigènes des Nouvelles-Hébrides

navale du Pacifique, vint relâcher en rade de Nouméa avec le Duguay-Trouin, sur lequel était hissé son pavillon.

J'avais connu le commandant Bayle à la Préfecture maritime de Toulon, où il était sous-chef d'État-major, lorsque je vins prendre mon service d'aide de camp.

J'avais eu d'excellents rapports avec lui et quand il vint à Nouméa, j'eus grand plaisir à le recevoir.

Le commandant Bayle était un homme de grande valeur et un **gentleman accompli.**

Il devint vice-amiral et mourut étant en cadre de réserve. Il avait, pour mission, d'aller inspecter les Nouvelles-Hébrides. Il m'offrit très aimablement de l'accompagner dans son voyage, qui devait durer près d'un mois.

Avec le consentement de mon chef, le commandant militaire, je m'empressai d'accepter cette bonne aubaine.

Avant de relater ce voyage intéressant, je dois dire quelques mots des Nouvelles Hébrides.

Elles forment un archipel, qui est situé au Nord-Est de la Nouvelle Calédonie.

Cet archipel se compose de 37 îles, qui sont entourées de récifs et de coraux.

La température tropicale y est très humide et très pénible à supporter.

Les indigènes appartiennent, en grande partie à la race papoue. Ils vivaient encore, au moment où nous visitâmes les Nouvelles Hébrides, à l'état sauvage et étaient pour la plupart antropophages.

Il existait dans ces îles, très peu d'européens, qui, malgré l'insalubrité du climat, exploitaient des plantations de café, de maïs et de **bananiers.**

La France avait annexé, en 1885, les Nouvelles Hébrides, où les colons de la Nouvelle Calédonie recrutaient des travailleurs, mais l'Angleterre, sur les réclamations des colonies australiennes, a obtenu un condominium du 24 octobre 1887, qui a remis à une commission mixte d'officiers de marine, l'administration de l'archipel. C'est ainsi que, pendant mon séjour en Nouvelle Calédonie, je vis des vaisseaux de guerre français et anglais alterner comme stationnaires aux Nouvelles Hébrides.

A l'heure actuelle, la société Calédonienne des Nouvelles Hébrides a racheté aux colons anglais une grande partie de leurs plantations et des soufrières.

Vaté, l'île principale de l'archipel, la plus centrale et la mieux exploitée, est entièrement française.

Nous partîmes de Nouméa avec le Duguay-Trouin le 8 mai, et, après une courte relâche à la base du Prony et à l'Ile des Pins, nous mîmes le cap sur les Loyalty. Le commandant Bayle m'avait très aimablement installé dans une cabine.

dépendant de son appartement et m'avait invité à prendre mes repas à sa table.

J'étais donc dans les meilleures conditions pour faire cet intéressant voyage.

J'ai dit précédemment que le groupe des Loyalty se compose de trois îles : Uvéa, Lifou, Maré.

Pirogue à balancier aux Nouvelles-Hébrides.

Nous visitâmes successivement ces 3 îles, puis nous nous dirigeâmes sur les Nouvelles Hébrides.

Il nous fallut 17 heures pour atteindre la première des îles, l'île de Mallicolo.

Il est vrai que le Duguay-Trouin fit, pendant la route, des tirs du canon de mer, ce qui ralentit beaucoup sa marche.

Le port le plus important de l'île Mallicolo est Port Sand-wich, où nous trouvâmes le Père Pionnier, qui nous fit visiter sa mission.

Le Père Pionnier est devenu, par la suite, vicaire apostolique des Nouvelles Hébrides.

Le Commandant Bayle tenait à montrer le pavillon français à toutes les îles principales de l'archipel. C'est ainsi que nous visitâmes successivement les îles Malo, Espéritu Santo, Ambryn et Vaté, où nous fûmes très intéressés par l'exploitation de la Compagnie des Nouvelles Hébrides, située à Port Villa.

De Port-Villa, le Duguay-Trouin se dirigea vers Balade ou Hâvre de Balade, port de la Nouvelle Calédonie septentrionale, où Cook débarqua en 1774, lors de la découverte de l'île.

En quittant Balade, le Commandant Bayle me fit très aimablement la proposition de rentrer à Nouméa en longeant la côte Nord de la grande terre et poussa la gracieuseté jusqu'à m'offrir de faire mouiller le Duguay-Trouin devant chacun de mes postes, ce qui me permit de passer une inspection sommaire de mes détachements.

Je pus visiter ainsi Oubatche, Hienghène, Touho, Porénithouen, Houaïlou et Canala.

Cette excursion aux Nouvelles Hébrides me permit de visiter cet archipel que peu d'européens connaissaient à cette époque.

Pendant les 20 jours que je passai à bord, je fus l'objet, de la part du commandant Bayle, d'incessantes prévenances, dont j'ai conservé un souvenir reconnaissant.

Nous rentrâmes à Nouméa le 28 mai et je pris congé de cet homme charmant, qui continua sa croisière en se dirigeant sur Tahïti.

L'inspection générale fut passée en 1896 par le général Bourdiaux, de l'artillerie de marine, qui ne resta, en Nouvelle Calédonie, que 10 jours et qui ne fit pas la visite des postes.

Au cours de cette inspection le général parut satisfait de la tenue de mon régiment et voulut bien, comme le général Dodds l'avait fait l'année précédente, me témoigner sa satisfaction en m'accordant des éloges dans son ordre d'inspection.

Quelques jours après le départ du général Bourdiaux, je partis, par le bateau faisant le service de la côte sud, pour aller passer l'inspection du poste de Koné, le seul installé sur cette côte.

J'avais toujours formé, depuis mon arrivée en Nouvelle

Indigènes des Nouvelles-Hébrides

Indigènes des Nouvelles-Hébrides

Calédonie, le projet d'aller visiter Bourail. Je mis ce projet à exécution en revenant de Koné. Le bateau faisait escale, à quelques kilomètres de cette localité, dans laquelle je me rendis à cheval.

Bourail est le centre le plus important de la colonisation pénitentiaire.

Presque tous les colons de cette région sont des forçats en concession ou des forçats libérés. J'ai dit précédemment quelle était la situation des relégués ou des forçats en concession.

Il me reste à dire ce que devenaient les forçats libérés. On peut être surpris à priori que ces individus restent dans la colonie où ils ont subi leur peine.

En général ils n'y restent que parce qu'ils y sont forcés, car la loi exige que les forçats condamnés, à plus de 8 ans de travaux forcés, soient maintenus pendant toute leur vie, dans la colonie, sous la surveillance de l'administration pénitentiaire. Ceux qui ont été condamnés à moins de 8 ans, doivent rester en Nouvelle Calédonie, un temps égal à celui qu'ils ont passé au bagne ; c'est ce qu'on appelle faire le doublage.

Tous ces forçats libérés forment donc le fond de la population de la colonie, où ils jouissent d'une liberté complète.

L'administration pénitentiaire facilitait leur établissement comme colons et poussait l'attention jusqu'à leur procurer des femmes.

Elle favorisait, du reste, également le mariage des forçats en concession.

Voici comment cela se passait ordinairement. Il existait à Bourail un couvent, tenu par des religieuses, où l'administration envoyait les femmes reléguées, qui s'étaient fait remarquer par leur bonne conduite à l'Ile des Pins et qui désiraient se marier.

Lorsqu'un forçat libéré ou en concession, avait l'intention de fonder une famille, il allait trouver la supérieure du couvent et lui faisait part de son désir. Généralement il lui demandait de le mettre en relations avec une des femmes du couvent, dont il connaissait le nom.

La supérieure faisait alors venir la personne en question et invitait l'homme et la femme à se rendre dans un kiosque, qui était situé à l'extérieur du couvent. Ce kiosque, bien entendu, conservait sa porte et ses fenêtres ouvertes, pendant toute la durée de la visite. Les deux intéressés avaient alors un entretien, au cours duquel ils se faisaient part de leurs intentions et s'ils arrivaient à se mettre d'accord, ils allaient trouver la supérieure en sortant du kiosque et lui faisaient part de leur désir de convoler.

La supérieure se chargeait alors de faire toutes les démarches nécessaires et, lorsque les bans avaient été publiés, le mariage avait lieu à la mairie de Bourail et souvent même à l'église.

Indigènes des Nouvelles-Hébrides

Je ne jurerais pas que tous les mariages contractés dans ces conditions, aient toujours été des mariages modèles.

Ils étaient en général peu prolifiques.

L'administration pénitentiaire, toujours pleine d'attention pour ses administrés, avait créé deux établissements d'instruction, un pour les garçons, un pour les filles, issus de ces ménages de déportés. Ces établissements très bien tenus étaient dirigés par des frères et par des religieuses.

Il m'arriva pendant mon court séjour à Bourail une aventure assez curieuse.

J'avais fait le voyage, sur le bateau de Koné à Bourail, avec un jeune prêtre australien, dont j'avais fait la connaissance chez l'évêque de Nouméa. Cet ecclésiastique était descendu à Bourail en même temps que moi. La première chose qu'il fit, en arrivant dans cette localité, fut d'aller trouver le curé pour lui demander l'autorisation de dire la messe, mais comme il ne possédait pas le célébret, qui autorise un prêtre en voyage, à célébrer le Saint-Sacrifice, le Curé ne voulut pas tout d'abord lui donner l'autorisation.

Le pauvre abbé désemparé et ne sachant plus à quel saint se vouer, eut l'inspiration de dire au curé que j'étais à Bourail et que je pourrais certifier sa personnalité.

Je reçus alors la visite du bon Père, auquel je pus donner l'assurance que j'avais rencontré l'abbé en question chez Monseigneur Fraisse, qui me l'avait présenté comme étant prêtre.

Le curé me raconta alors, pour justifier sa méprise, l'histoire d'un forçat évadé du bagne, qui trouva le moyen de se procurer un uniforme de capitaine et, qui sous ce déguisement, parcourut une partie de la colonie en commettant force méfaits.

Je rencontrai dans la soirée, le jeune prêtre australien, qui me remercia d'avoir garanti sa personnalité et qui me dit en riant : « Le bon Père avait réputé moi évadé ».

Je rentrai à Nouméa en faisant la route, partie à cheval, partie dans ma voiture, que ma femme avait envoyée au-devant de moi à La Foa.

J'ai déjà dit, qu'à la suite des exigences du colonel P. et de ses procédés mesquins et peu courtois, nos relations étaient devenues très tendues.

Généralement, aux approches de l'inspection générale, le colonel redevenait plus aimable, mais, dès que le général Inspecteur avait tourné le dos, ses brimades recommençaient. Le malheureux était très malade ; c'est peut-être une circonstance atténuante, mais l'existence devenait insupportable pour moi et je pris la résolution de rentrer en France, avant l'expiration de mon séjour réglementaire.

Pour arriver à ce résultat, je n'avais qu'un seul moyen, c'était d'entrer à l'hôpital et de me faire rapatrier par le Conseil de santé.

C'est ce que je fis et, après avoir vendu mobilier, chevaux et voitures, je profitai de l'arrivée à Nouméa de l'Armand Béhic, pour m'embarquer sur ce paquebot, où nous retrouvâmes, ma femme et moi, le commandant Poydenot, avec tout le personnel, qui s'y trouvait lors de notre traversée de Marseille à Nouméa.

L'Armand Béhic leva l'ancre le 16 février 1897 et nous arrivâmes, trois jours après, à Sydney, où nous passâmes sept jours très agréables.

Nous retrouvâmes dans cette ville, Monsieur Biard d'Aunet, Consul général de France, dont nous avions fait la connaissance à notre passage en 1894.

Monsieur Biard d'Aunet était un ancien officier de marine très aimable, très homme du monde, qui nous pilota à Sydney et aux environs, avec une complaisance, qui ne se démentit pas un seul instant pendant tout notre séjour.

Nous avons eu le grand plaisir de le retrouver à Paris, où il a pris sa retraite et où il s'occupe de publications relatives à l'économie politique.

Notre voyage de retour s'effectua par un temps superbe. Il fut également très gai, car nous avions à bord beaucoup de marchands de laine du Nord de la France, qui venaient de faire leurs achats en Australie et quelques riches australiens, qui ne demandaient qu'à se distraire.

Notre itinéraire ne fut pas tout à fait le même qu'en 1894. Au lieu de faire escale à Mahé des Seychelles, l'Armand Béhic se dirigea sur Colombo en quittant Albany. Nous revîmes Melbourne, Adélaïde et Albany. Cette dernière ville, qui était en formation à notre premier passage avait déjà pris un grand développement et était en train de devenir un centre commercial important.

Notre traversée d'Albany à Colombo dura dix jours et nous ne restâmes dans ce port que quelques heures, juste le temps de faire le charbon nécessaire pour faire la route de Colombo à Port Saïd.

Cette traversée dura 11 jours et nous brulâmes l'escale d'Aden.

Nous arrivâmes à Marseille le 29 mars, quarante et un jours après avoir quitté Nouméa.

CHAPITRE VI

Séjour en France (1897-1899)

J'obtins, en débarquant, un congé de fin de campagne de six mois, que je passai soit en Auvergne, dans mes propriétés, soit à Paris, soit à Vichy, puis je rejoignis le 29 septembre 1897, le 5e régiment d'infanterie de marine à Cherbourg. Ce régiment était commandé par le Colonel de Deylié, mon ancien camarade d'Etat-Major d'Hanoï.

Je ne servis pas longtemps sous ses ordres, car il ne tarda pas à partir en congé, avant de recevoir une désignation coloniale

Il me passa alors le commandement du régiment que je conservai, jusqu'au jour où je reçus moi-même une destination aux colonies.

L'inspection générale de l'année 1898 fut passée par le général B. homme atrabilaire et quinteux, qui était bien rarement satisfait.

J'en reçus cependant des éloges à ma grande satisfaction et j'appris avec un très grand plaisir, qu'il m'avait proposé pour Colonel dans un bon rang et qu'il avait renouvelé ma proposition pour officier de la Légion d'Honneur.

Ces événements heureux vinrent à propos pour me consoler de n'avoir pu, à cause de l'Inspection Générale, assister au sacre de mon oncle, l'abbé de Pélacot, le vicaire général du Puy, qui venait d'être nommé évêque de Troyes.

J'avais été désolé de manquer cette cérémonie, à laquelle toute ma famille avait pris part.

J'eus une compensation, quelque temps après, car il me fut permis d'assister à l'intronisation du nouvel évêque dans sa belle cathédrale.

Pendant cette année 1898, j'assistai à plusieurs manœuvres de cadres de division, d'état-major et je fus envoyé à l'Ecole Normale de tir, du camp de Châlons, pour assister à des expériences de tir.

Quelque temps après mon retour à Cherbourg, j'appris que j'étais désigné pour continuer mes services au Soudan. Je fus heureux de cette désignation, car je n'avais jamais servi, ni au Sénégal, ni en Afrique Occidentale et je me préparais au départ lorsque, à ma grande surprise, ma désignation fut annulée.

On s'était aperçu, un peu tard, que je devais être nommé, assez prochainement colonel, et, comme il y avait déjà un colonel au Soudan, on demanda un Lieutenant-Colonel volontaire pour me remplacer.

Pendant ces négociations le tableau d'avancement avait paru et j'avais eu la joie de me voir y figurer avec le numéro 2.

Cette joie, du reste ne fut pas de longue durée, car un ministre de la marine fantaisiste, M. Lockroy, habitué à faire des vaudevilles, avait décidé, un beau jour, que le classement arrêté par les généraux, ne serait pas respecté pour les nominations et que celles-ci seraient faites dans l'ordre de l'ancienneté. Alors, on se demande à quoi rimait le classement.

Il résulta de cette décision qu'au lieu d'avoir le numéro 2, je prenais le septième rang, c'est-à-dire l'avant-dernier du tableau.

Troisième campagne au Tonkin (1899-1900)

Dans le courant de février 1889, je reçus une nouvelle désignation coloniale. J'étais mis à la disposition du général commandant en chef les troupes d'Indo-Chine, qui fit connaître, par cablogramme, que le commandement du 9e régiment d'infanterie de marine, en garnison à Hanoï, m'était réservé.

Je recevais, en même temps, l'autorisation de me faire accompagner de ma femme.

Notre départ était fixé au 9 avril.

Nous nous embarquâmes, en effet, ce jour-là à Marseille, sur le Laos, paquebot des Messageries Maritimes. Nous fîmes connaissance à bord du Marquis Salvago Raggi, Ministre d'Italie en Chine, que je devais retrouver à Pékin, lorsque les armées étrangères débloquèrent cette ville. Ce diplomate fort intelligent, fort distingué, parlait admirablement notre langue. Il fut plus tard, en 1917, ambassadeur d'Italie en France.

Notre voyage s'effectua, dans d'excellentes conditions, et par mer très calme.

Au lieu de faire son charbon à Aden, le Laos se rendit à Djibouti.

Ainsi que je l'ai dit, dans un chapitre précédent, Djibouti a remplacé Obock, comme siège du protectorat français, sur la côte des Somalis.

Cette ville a pris un développement remarquable, grâce à sa situation, au terminus du chemin de fer de l'Harrar, qui conduit en Abyssinie.

La rade est excellente, elle est vaste et bien abritée, mais les bateaux ne peuvent ariver à quai.

Pendant notre escale à Colombo, qui dura 10 heures, nous pûmes, ma femme et moi, pour fuir la poussière du charbon, aller passer la nuit à Mount Lavinia. Cette petite localité, qui possède un hôtel très confortable, se trouve à une courte distance de Colombo, sur le bord de la mer.

Grâce à une brise très fraîche, nous passâmes une nuit délicieuse, ce qui ne nous était pas arrivé depuis notre départ de France.

A Saïgon, où nous ne restâmes que deux jours, nous débarquâmes du Laos, pour prendre passage sur la Manche, annexe des Messageries Maritimes, qui faisait le service entre le Tonkin et la Cochinchine. Pendant la courte escale à Saïgon, je fis une visite au général F. mon ancien colonel de Rochefort et de Brest, qui commandait la brigade de Cochinchine. Il fut fort aimable pour moi, comme il l'avait toujours été du reste.

Nous arrivâmes à Haïphong le 9 mai, après avoir fait escale à Nha-Trang, Quinone, Tourane et la Baie d'Along.

De Haïphong, nous nous rendîmes à Hanoï, par un bateau des Messageries fluviales.

Le Commandant en chef des troupes de l'Indo-Chine était le général Borgnis-Desbordes, de l'artillerie de marine.

C'était un homme d'une haute valeur, qui s'était distingué au Soudan et un véritable organisateur, qui seconda de tout son pouvoir, Monsieur Paul Doumer, gouverneur général, dans son œuvre de réorganisation de l'Indo-Chine française.

Je pris, dès mon arrivée, le commandement du 9e régiment d'infanterie de marine.

Ce régiment, ayant un grand nombre de compagnies détachées dans les postes des territoires militaires, je me trouvai dans les mêmes conditions où je m'étais trouvé en Nouvelle-

Calédonie, c'est-à-dire que mon commandement était plutôt administratif que militaire.

Hanoï, depuis mon départ de 1891, avait pris un développement considérable : de nouveaux quartiers avaient été consturits, les bords du petit lac dégagés. C'était maintenant une très jolie ville et très agréable à habiter.

La chaleur, qui est intolérable pendant l'été, était devenue supportable, grâce aux ventilateurs électriques, qui marchant jour et nuit, permettent de créer une fraîcheur factice très réconfortante.

Le Gouverneur général, Monsieur Paul Doumer, était doué d'une énergie à toute épreuve et d'un esprit d'organisation remarquable. C'est lui qui fut le créateur de l'unité Indo-Chinoise, qui a permis à nos possessions de l'Extrême-Orient de prendre un splendide développement.

C'est à lui que l'Indo-Chine doit ses chemins de fer, qui contribuent puissamment à sa prospérité et qui mettent en communication le Tonkin avec la riche province chinoise du Yunnan.

Monsieur Paul Doumer a eu beaucoup à lutter pour réaliser son programme, bien souvent même contre son ministre et comme il avait compris qu'il était de bonne politique de s'appuyer sur l'armée, ses ennemis politiques n'hésitèrent pas à le traiter de nationaliste pour le discréditer.

Quoiqu'il en soit, il conservera la gloire d'avoir donné à l'Indo-Chine une impulsion que ses prédécesseurs n'avaient pas su lui donner et qui a fait la fortune de cette magnifique colonie.

Quelques jours après avoir pris le commandement du régiment, j'appris par un cablogramme, ma nomination comme Colonel.

Pendant les premiers mois de mon séjour au Tonkin, je menai la vie tranquille de garnison, dans cette bonne ville de Hanoï, où la vie mondaine jouait un grand rôle.

Le général Borgnis-Desbordes, quoique très souffrant, recevait beaucoup et tous les chefs de service l'imitaient. La tranquillité au Tonkin était complète et tout le monde dormait sur les deux oreilles, lorsqu'un beau matin de novembre, je reçus l'ordre de préparer d'urgence un détachement de deux compagnies de mon régiment, qui devaient partir quelques heures après, pour une destination qui ne m'était pas révélée.

Je sus, un peu plus tard, que ce détachement était destiné à aller occuper le territoire chinois de Quang-Tchéou-Van situé sur la côte est de la presqu'île de Léï-Tchéou, province du Kouang-Toung, qui s'avance dans la mer, en face de l'île de Haïnan et qui forme une baie possédant une réelle valeur militaire.

A la suite de la prise de possession de Kiao-Tchéou, par les Allemands en 1898 et de l'occupation de Weï-Haï-Weï par les Anglais la même année, le gouvernement français résolut d'occuper à son tour, un territoire chinois, à l'entrée du détroit d'Haïnan.

Il profita de ce que les Chinois avaient attaqué des marins français, qui faisaient de l'hydrographie dans la baie de Quang-Tchéou-Van, pour s'emparer de ce territoire.

Au moment où je reçus l'ordre de former ce détachement de deux compagnies le Gouverneur général et le général en chef se trouvaient en Cochinchine.

Ce fut le chef d'Etat-Major d'Hanoï, qui présida à la formation de ce petit corps expéditionnaire, dont le commandement fut donné au lieutenant-colonel Marot, qui se trouvait à Haïphong.

Je fus surpris, je l'avoue, que ce commandement ne me soit pas attribué, puisque mon régiment fournissait la majeure partie de l'Infanterie.

Le général Borgnis-Desbordes, auquel je fis l'observation à son retour à Hanoï, me fit la réponse typique suivante : « Je regrette que ce commandement ne vous ait pas été donné : j'étais persuadé que c'était vous qui l'auriez, car le colonel A. savait très bien que mon intention était de vous donner le commandement, si une expédition quelconque devait avoir lieu, mais que voulez-vous ? j'ai eu tort de ne pas donner un ordre formel et votre camarade, qui voyait en vous un concurrent, en a profité pour donner le commandement à un officier, dont il n'avait rien à craindre ! »

Le colonel A. était cependant un de mes amis de collège, avec lequel j'entretenais d'excellentes relations. Son ambition fut plus forte que son amitié pour moi. Il me donna plus tard une nouvelle preuve de cette mentalité, lorsque je fus désigné pour prendre le commandement du corps expéditionnaire de Chine.

L'occupation du territoire de Quang-Tchéou-Van se fit, du reste sans grandes difficultés, après le combat peu meurtrier de Voui-Lio.

Le territoire fut donné à bail à la France et rattaché à l'Indo-Chine pour l'administration.

Je m'absentais, de temps en temps, d'Hanoï pour aller passer l'inspection de mes compagnies détachées.

Au mois de janvier 1900, je partis, avec ma femme, pour aller visiter la province de Lang Son, dans laquelle j'avais deux compagnies.

Nous nous arrêtâmes le premier jour à Bac Ninh pour déjeuner chez le général Chaumont, puis nous allâmes coucher à Phu Lang Thuong. Nous fîmes la plus grande partie de ce voyage en pousse-pousse.

De Phu Lang Thuong à Lang Son nous voyageâmes en chemin de fer, le seul qui existait, à cette époque, au Tonkin.

Ce chemin de fer était loin d'être confortable : c'était celui qui faisait le service entre le Champ de Mars et l'esplanade des Invalides, pendant l'exposition de 1889.

A Lang Son, nous trouvâmes mon ami le colonel de Joux, qui nous offrit une très aimable hospitalité. Le colonel de Joux était un homme charmant et un homme d'action. Il devint plus tard général de brigade et mourut prématurément.

A ce moment il commandait le premier territoire, commandement très important, car Lang Son garde l'entrée du Tonkin à 20 kilomètres de la frontière de Chine.

Cette ville, située sur le Song Ki Kong, est un marché très important d'échange entre le Tonkin et la Chine

Elle fut, en 1885, le centre d'importantes opérations militaires

La ville, prise, après plusieurs jours de combat, le 13 février, par le général Brière de l'Isle, fut laissée ensuite aux mains de la brigade de Négrier, qui, après un premier succès à Dong Dang, dut reculer devant l'offensive des Chinois, qui menaçaient d'envelopper la colonne.

Le 28 février le général de Négrier était blessé dans un nouveau combat et laissait le commandement au lieutenant-colonel Herbinger, qui évacuait Lang Son.

On se rappelle que cet échec causa la chute du ministère Jules Ferry.

Pendant mon séjour à Lang Son, je passai l'inspection de la compagnie de mon régiment, qui occupait ce poste et je me rendis à Dong Dang, où je devais inspecter une autre compagnie.

Le colonel de Joux m'ayant offert sa voiture pour me rendre à ce poste, j'en profitai pour emmener ma femme, et, après mon inspection, nous nous rendîmes à la porte de Chine, Nam Quan, où nous fûmes reçus par un colonel chinois, qui nous offrit une collation.

Au cours de ce déplacement nous traversâmes le champ de bataille, où avaient eu lieu les combats de février 1885.

Je ne vois rien d'intéressant à signaler, après ce voyage pendant mon séjour au Tonkin, jusqu'au moment où je fus désigné pour me rendre en Chine, pour prendre le commandement du corps expéditionnaire du Péï-Tché-Li.

Depuis plusieurs mois déjà je me tenais prêt à partir.

Le Gouverneur général m'avait mis au courant de son projet d'envoyer un corps expéditionnaire, pour prendre possession de l'île d'Haïnan et m'avait annoncé qu'il s'était mis d'accord avec le général Borgnis-Desbordes pour que j'en aie le commandement. Ce projet avait été, par la suite, abandonné, mais Monsieur Paul Doumer l'avait remplacé par celui de l'occupation de la province chinoise du Yunnan et j'avais reçu l'ordre d'étudier les voies et moyens pour mettre sur pied une expédition, dont je devais prendre le commandement.

Le Gouverneur général tenait beaucoup à l'occupation de cette province, qui aurait facilité l'établissement du chemin de fer, qu'il projetait déjà et avait l'intention de prendre comme prétexte, l'insolence des Chinois qui avaient insulté Monsieur François, notre consul à Yunnan-Sen et qui le retenaient prisonnier, dans son consulat, avec tous les Français que se trouvaient, en ce moment, au Yunnan, pour les études du chemin de fer.

On avait déjà commencé à rassembler des troupes et des approvisionnement, à Lao Kaï, poste situé sur la frontière nord du Tonkin, point où le Fleuve Rouge, débouche du Yunnan, lorsque l'ordre formel du Ministre des Colonies arriva au Gouvernement général de renoncer à cette expédition.

En prévision de ces événements, j'avais organisé, dans mon régiment, deux bataillons, le deuxième et le troisième, qui étaient prêts à partir au premier ordre.

Sur ces entrefaites, les affaires se compliquant dans la province de Péï-Tché-Li, où la colonne Seymour venait de subir un échec retentissant et était en retraite sur Tien-Tsin, le Gouverneur général donna l'ordre d'envoyer au contre-amiral Courrejoles, commandant en chef de la Division d'Extrême-Orient et du Pacifique Occidental, un bataillon d'infanterie de marine et une batterie de 80 de montagne, pris dans les troupes de la Cochinchine.

Le général Borgnis Desbordes désigna le bataillon Feldman du 11ᵉ régiment et la batterie Joseph, stationnés à Saïgon.

Ces deux unités furent placées sous le commandement supérieur du Lieutenant-Colonel Ytasse, commandant du 11ᵉ régiment.

Elles furent embarquées le 29 juin sur le Tanaïs, paquebot des Messageries Maritimes, avec deux mois de vivres, 185 cartouches par homme et 80.000 cartouches de réserve.

Ce détachement arriva en rade de Takou, le 30 juin et dès son débarquement fut dirigé sur Tien-Tsin, où il arriva après mille difficultés, car le chemin de fer était coupé entre Tong Kou et Tien-Tsin.

CHAPITRE VII

Expédition de Chine (1900-1901)

Le lieutenant-colonel Ytasse, en arrivant à Tien-Tsin, se mit sous les ordres du capitaine de vaisseau de Marolles, commandant du d'Entrecasteaux, qui défendait la concession française, depuis le retour de la colonne Seymour, à laquelle il avait pris part, comme commandant du détachement de marins français. A Hanoï nous ne connaissions ce qui se passait dans la province de Péï-Tché-Li, que par les cablogrammes de l'agence Havas, ou par les nouvelles d'origine anglaise, toujours sujettes à caution, qui arrivaient de Hong-Kong ou de Singapour.

Je continuais, pour ma part, mes préparatifs, en vue de l'expédition du Yunnan, quand le dimanche 24 juin, vers 10 heures du matin, au moment où je faisais mon rapport, à la caserne du 9ᵉ régiment d'Infanterie de marine, je reçus un message téléphonique du général commandant en chef, m'enjoignant de venir lui parler immédiatement.

Ma première pensée, en recevant cet ordre, fut que j'étais appelé au quartier général, pour recevoir des instructions pour aller rejoindre les troupes qui, depuis quelque temps, se rassemblaient à Laokay, pour envahir le Yunnan et, en donnant l'ordre de faire avancer ma djinricksha (pousse-pousse) je dis à mon capitaine-major, qui se trouvait à côté de moi : « Eh bien ! me voilà en route pour le Yunnan ».

En arrivant au quartier général, après avoir parcouru au grand trot de mes coolies pousse-pousse, le long espace qui sépare la citadelle de la Concession, je trouvai le général Borgnis-Desbordes, miné par la maladie qui devait l'enlever trois semaines plus tard, et qui, surmontant sa faiblesse, me dit : « Mon cher colonel, vous partirez demain matin à 4 heures, avec le premier bataillon de votre régiment, pour Takou, où vous mettrez à la disposition du contre-amiral Courrejolles, commandant en chef de la division navale. Vous trouverez là-bas un bataillon du 11ᵉ régiment et une batterie de 80 de montagne, sous les ordres du lieutenant-colonel Ytasse..

« Des instructions sont données pour qu'un autre bataillon et une nouvelle batterie soient embarqués en Cochinchine, sur le Vauban et sur la Caravane. Vous trouverez ces deux bâtiments en rade d'Amoy, où ils ont ordre de vous attendre et vous continuerez votre route sur Takou, où vous prendrez le commandement de toutes les troupes débarquées, qui formeront le corps expéditionnaire de Péï-Tché-Li.

« Je vais écrire au Gouverneur général pour lui demander de faire désigner un Commissaire, qui sera chargé des services administratifs et un médecin, qui sera chef du service médical du corps expéditionnaire, mais je dois vous dire que je ne puis vous donner aucun moyen de transport, pour former vos trains régimentaires. Vous aurez à vous ingénier en Chine, pour doter le corps expéditionnaire de tout ce dont il aura besoin sous ce rapport.

« L'amiral Courrejolles mettra à votre disposition les fonds qui vous seront nécessaires à cet effet. En ce qui concerne les munitions, je vais donner l'ordre au commandant de l'artillerie, de vous délivrer tout ce dont il pourra disposer. Je vais, en outre, télégraphier au Ministre pour lui demander de vous expédier directement à Takou des munitions d'infanterie et d'artillerie. »

Après m'avoir donné ces instructions, suivies de quelques recommandations au sujet des relations que je devais avoir avec l'amiral Courrejolles, le général en chef, très fatigué par l'effort qu'il venait de faire, s'affaissa dans son fauteuil et ajouta :

« Allez, occupez-vous de l'organisation de votre bataillon et revenez ce soir, à cinq heures, me rendre compte de ce que vous aurez fait. Il est bien entendu qu je vous donne carte blanche et que je vous autorise à faire, dans votre régiment, toutes les mutations que vous croirez nécessaires. J'approuve d'avance tout ce que vous aurez fait à ce sujet. »

Il est inutile d'exprimer toute la joie que je ressentis, en apprenant ma nomination au commandement du corps expéditionnaire de Péï-Tché-Li ; je préférai de beaucoup la perspective d'aller guerroyer, aux environs de Tien-Tsin, avec la possibilité d'une marche sur Pékin, aux satisfactions que j'aurais éprouvées, dans une expédition au Yunnan, pays pauvre et difficile.

J'avais reçu l'ordre de partir avec le premier bataillon de

mon régiment, actuellement présent à Hanoï, mais ce bataillon avait été complètement vidé, pour remplir les cadres des deux autres bataillons, qui devaient se tenir prêts à partir au premier signal.

Les compagnies de ce bataillon n'avaient plus qu'un effectif insuffisant et je dus donner des ordres pour que cet effectif soi renforcé, séance tenante, avec les hommes appartenant à deux compagnies du deuxième bataillon, qui, heureusement, se trouvaient à Hanoï.

Cette opération se fit dans l'après-midi et, à quatre heures. mon bataillon était constitué sous le commandement du chef de bataillon Drenot.

J'avais usé largement de l'autorisation que m'avait donnée le Général en chef, en prescrivant les mutations qui étaient nécessaires, pour la formation du bataillon, mais si j'avais fait des heureux, j'avais fait aussi beaucoup de mécontents, car tous les officiers voulaient partir.

Il en était d'ailleurs de même pour les hommes de troupe : tous voulaient être désignés et leur enthousiasme était tel que quatre soldats, qui n'avaient pas été compris dans la formation des compagnies, profitèrent, le lendemain, de la nuit qu'il faisait au moment du rassemblement du bataillon, pour se faufiler dans les rangs et s'embarquer avec nous.

Cette supercherie ne fut découverte que plus tard, au moment où on fit un appel rigoureux et j'avoue que je n'eus pas le courage de punir ce manquement à la discipline. Dès que mon bataillon fut constitué et que mes ordres eurent été donnés, pour assurer la distribution de la solde, des vivres et des munitions, je me rendis chez le général commandant en chef. pour lui rendre compte, ainsi qu'il me l'avait prescrit ; je le trouvai encore plus fatigué que le matin.

Il voulut bien approuver toutes les mesures que j'avais prises et, en me serrant la main, il me dit :

« Je vous souhaite un bon voyage, mon cher colonel, je compte sur vous pour tenir haut le drapeau de la France : si M. Pichon, ministre de France vit encore. rappelez-moi à son souvenir. Vous m'excuserez si je ne viens pas vous serrer la main sur le bateau demain matin, mais vous voyez combien je suis souffrant et incapable de bouger. »

J'ai omis de dire que le général Borgnis-Desbordes avait

désigné, pour m'être adjoint, comme officier d'ordonnance, le capitaine breveté de Lardemelle, de son état-major.

Cet officier très intelligent et parfaitement élevé, me rendit de grands services pendant qu'il resta auprès de moi. Il a fait depuis, une belle carrière. Colonel, au début de la guerre 1914-1918, il s'est distingué, à plusieurs reprises, notamment à la reprise du fort de Vaux, à l'automne de 1916 et est devenu général de division.

Le bataillon fut embarqué le lendemain à quatre heures du matin, sur deux chaloupes des messageries fluviales, qui le débarquèrent sur l'Eridan, paquebot des Messageries Maritimes, qui était mouillé dans la rivière d'Haïphong.

Ce paquebot n'était pas aménagé pour recevoir autant de monde, aussi fûmes-nous très mal installés.

Nous eûmes la chance, par contre, de trouver une mer très calme et nous traversâmes le détroit d'Haïnan sans être secoués ce qui est excessivement rare.

Le 1er juillet, à 11 heures du matin, nous arrivâmes en rade d'Amoy, où se trouvaient déjà la Caravane et le Vauban, qui nous attendaient pour nous convoyer jusqu'à Takou.

La Caravane, transport de l'Etat avait à bord, un bataillon du 11e régiment d'infanterie, commandé par le chef de bataillon Roux.

Ce malheureux bateau, abordé par un bâtiment japonais, sera coulé quelques mois plus tard, dans la mer intérieure du Japon.

Le Vauban, cuirassé de croisière, transporte la batterie d'artillerie Julien.

Ce bâtiment, qui a de l'artillerie, est chargé de nous protéger, dans le cas peu probable d'ailleurs, où nous rencontrerions quelque bâtiment de guerre chinois.

Cette petite escadre appareilla le 2 juillet, à 11 heures du matin, et mit le cap sur Takou, où nous arrivâmes le 7, à 11 h. 30 du matin.

Rien ne peut donner une idée de l'aspect grandiose que présentait la rade de Takou à ce moment. Presque toutes les marines du monde y étaient représentées et plusieurs d'entre elles : l'Angleterre, le Japon, la Russie, par des forces très respectables.

La France avait en rade 5 bâtiments de guerre, d'une valeur

passable : le d'Entrecasteaux, battant pavillon amiral, le Jean Bart, le Pascal, le Descartes et la Surprise et deux canonnières, l'Alouette et le Bengali, qui servaient à faire le va et vient entre la rade et la terre.

Avec les trois bateaux qui venaient d'arriver, cela faisait dix navires battant pavillon français. A peine notre bateau est-il mouillé qu'il est entouré d'embarcations, qui nous donnent des renseignements sur ce qui se passe au Peï-Tche-Li.

Au moment de notre départ du Tonkin, nous savions déjà que les Boxeurs étaient maîtres de Pékin et qu'ils mettaient la ville à feu et à sang, qu'ils avaient assassiné, le 11 juin, le chancelier de la Légation du Japon ; qu'ils avaient attaqué la mission française du Pé Tang, où ils tenaient assiégés Monseigneur Favier, évêque de Pékin, plusieurs missionnaires et une quantité de Chinois chrétiens ; que les légations étrangères de Pékin étaient assiégées depuis le 19 juin et que l'on était très inquiet sur leur sort.

En arrivant à Takou, nous apprenons que les sièges des légations et du Pé Tang durent encore, que le baron de Kettler, Ministre d'Allemagne, a été tué par des soldats chinois, le 20 juin, en se rendant au Tsong li yamen, que l'interprète qui l'accompagnait, a été blessé, que la colonne internationale, commandée par l'amiral anglais Seymour, qui était partie de Tien-Tsin le 10 juin, dans le but d'aller au secours des légations de Pékin, dont on redoutait déjà l'attaque, n'avait pu arriver jusqu'à la capitale et qu'elle avait été obligée de rentrer le 26 juin à Tien-Tsin, après une retraite des plus pénibles.

On nous raconte encore que, depuis le 15 juin, les Chinois sont maîtres de la ville chinoise de Tien-Tsin et de ses immenses faubourgs et que, depuis ce moment, ils ne cessent de harceler les concessions européennes, surtout la concession française, qui continuait, sans limite de démarcation bien définie, les faubourgs de la ville chinoise.

Nous apprenons également la prise des forts de Takou, par les forces internationales, opération à laquelle la canonnière française Le Léon a pris une part glorieuse.

Tous ces détails, racontés par les uns et par les autres, nous permettent de constater que la situation est grave et que nous arrivons bien à propos, pour prendre part, d'une façon active, aux opérations militaires. Quelques instants après le mouillage je me rendis, accompagné du capitaine de Lardemelle, à bord du d'Entrecasteaux, pour me présenter à l'amiral Courrejolles, sous les ordres duquel j'étais placé, et pour prendre ses instructions.

L'amiral me reçut d'une façon charmante et me mit de suite au courant de la situation.

« Toute la province de Peï-Tche-Li est en insurrection, me dit-il, les Légations et la Mission du Pé Tang sont toujours assiégées et nous n'avons que des nouvelles déjà anciennes.

« Une armée chinoise assiège les concessions européennes de Tien Tsin.

« Notre rôle doit consister, en ce moment, à nous maintenir dans les concessions : il ne peut être question d'opérations militaires.

« Les amiraux, dans une réunion qui a eu lieu hier, ont estimé qu'il fallait au moins 60.000 hommes pour marcher sur Pékin ; ils ont rendu compte à leurs gouvernements et ont demandé des renforts.

« Vous partirez demain pour Tien Tsin, avec le bataillon que vous avez amené sur l'Eridan.

« Une canonnière vous débarquera à Tang Kou, où vous trouverez un de mes aides de camp, qui vous donnera les moyens de vous rendre à destination.

« A Tien-Tsin, vous prendrez le commandement du corps expéditionnaire, qui est exercé actuellement par le capitaine de vaisseau de Marolles, commandant du d'Entrecasteaux, qui rejoindra son bord.

« Jusqu'ici, les troupes françaises stationnées à Tien-Tsin, étaient à la disposition du général russe Stessel. J'estime que cette situation doit cesser, et vous direz de ma part, à cet officier général, que dorénavant vous reprenez votre liberté d'action.

« Je n'insiste pas sur la nécessité qui s'impose de conserver une entente parfaite entre les chefs de troupes des autres puissances.

« Je vous enverrai le bataillon embarqué sur la Caravane et la batterie arrivée sur le Vauban, dès que je pourrai faire débarquer ces troupes.

« Il en sera de même pour les approvisionnements. Laissez votre commissaire sur l'Eridan ; il surveillera le débarquement du matériel.

« Vous trouverez à Tien-Tsin, un sous-commissaire de l'escadre, qui sera chargé, en attendant, des services administratifs.

« Le chef d'escadron d'artillerie Vidal, attaché militaire en Chine, qui se trouve à Tien-Tsin, remplira auprès de vous, les fonctions de chef d'Etat-Major. Je mets également à votre disposition le capitaine Guillaumat, de l'Etat-Major des troupes de l'Indo-Chine, qui se trouvait en mission en Chine, au moment où les événements ont pris la tournure actuelle.

« Il est bien entendu que je vous laisse entièrement libre pour les opérations militaires. Vous agirez pour le mieux et vous me rendrez compte de ce qui se passera autour de vous. De mon côté, je ferai tous mes efforts pour vous procurer tout ce dont vous aurez besoin. »

Lorsque l'amiral eut fini de me donner ses instructions, je lui fis part de mon désir de voir installer au point de débarquement, une base où seraient emmagasinés les approvisionnements et où nous organiserions une ambulance d'évacuation.

L'amiral me répondit que la chose était impossible, parce qu'il n'existait pas à Tong Kou de bâtiments, susceptibles d'être employés à cet usage.

A ce moment, je compris combien il était regrettable que les Français ne soient pas installés dans un des forts chinois de Takou, où nous aurions pu établir une base d'opérations sérieuse.

Notre entretien étant terminé, je pris congé de l'amiral, qui eut l'amabilité de m'inviter à dîner, pour le soir, avec le capitaine de Lardemelle.

Je revins ensuite sur l'Eridan, où je donnai des ordres pour le débarquement du bataillon, qui devait avoir lieu le lendemain matin.

Je fis avertir, en même temps, le commandant Roux et le capitaine Julien, qu'ils recevraient ultérieurement des ordres pour leur débarquement.

Je crois utile, dès maintenant, de dire quelques mots sur la situation politique de la Chine à ce moment.

On sait que l'Impératrice douairière Tseu-Hi avait, par deux coups d'état, le 22 septembre 1898 et le 23 janvier 1900, déposé l'Empereur et pris la direction des affaires, au nom du parti conservateur.

Il y avait, en effet, deux grands partis en Chine : l'un composé, en majeure partie de lettrés, de commerçants, proclamait la nécessité de laisser pénétrer en Chine, les idées modernes, la culture européenne, de propager les sciences, de créer des voies ferrées, des réseaux télégraphiques, etc...

L'autre, qui comptait presque toutes les basses classes, conseillé par les mandarins mécontents, aurait voulu expulser de Chine tous les étrangers et proscrire jusqu'à l'examen des idées européennes.

Dès sa majorité, l'Empereur Kouang Su s'était nettement prononcé en faveur d'une politique de progrès. Il désirait voir l'instruction se propager, favorisait la création des écoles, voulait qu'on y étudiât, plus particulièrement, les mathématiques, la géographie, les langues européennes et, ce qui fut considéré par ses ennemis comme une faute irréparable, permit qu'on construisit des voies ferrées et des lignes télégraphiques. Ces réformes n'allèrent pas sans quelques tiraillements. Il fallut frapper quelquefois à la tête. Un jour l'empereur apprit qu'il y avait un nombre considérable de mandarins inutiles ; au lieu d'en poursuivre la suppression par voie d'extinction, il les révoqua d'un coup de plume.

Cette hardiesse lui valut autant d'ennemis qu'il avait **fait** de victimes, sans compter les familles et les amis des mandarins **frappés**.

Les libéraux eux-mêmes trouvaient que c'était aller un peu trop vite.

Si encore Kouang-Su avait eu le tempérament d'un réformateur de race, il aurait peut-être réussi à déjouer les intrigues, qui se nouèrent dans son entourage ; mais il était loin d'un être de la sorte : l'empereur était un être malingre, efféminé, sans prestige, maladif, au caractère inquiet et changeant.

Tous ceux qui avaient à se plaindre des réformes qu'il faisait, se liguèrent bientôt contre lui et favorisèrent le coup d'état de l'Impératrice Tseu-Hi. Cette impératrice, dont les origines étaient tout à fait roturières, était une femme ambitieuse, sans scrupules, sans moralité : elle était devenue le chef des mécontents, en épousant leurs griefs et le peuple, toujours hostile aux étrangers et au progrès, par ignorance, s'était rangé de son côté.

Il existait à ce moment, un mouvement général contre les étrangers et contre les chrétiens.

Cette disposition d'esprit qui existait, dans toute la Chine, était entretenue par les sociétés secrètes, qui sont très nombreuses dans le Céleste Empire et dont le mot d'ordre est « Sus aux étrangers ». Ces sociétés, considérées, par la Cour, comme un soutien de la dynastie, étaient secrètement encouragées par elle.

L'aveugle hostilité du gouvernement de l'impératrice contre tous les étrangers, était manifeste. La souveraine s'entourait des mandarins, les plus réfractaires aux idées européennes et, parmi eux, se trouvait le Prince Tuan, qui, après avoir pris une grande influence sur l'impératrice mère, réussit à faire proclamer son fils comme héritier présomptif de l'empereur Kouang Su.

Parmi les sociétés secrètes, celle qui s'agitait le plus, à ce moment, était la Société des Boxeurs.

Cette société n'était pas nouvelle ; c'était l'ancienne société Ta Tao Hvei, la Grande Épée, qui n'avait fait que changer de nom, comme les sociétés secrètes le font souvent.

Elle était composée de tous les gens les plus fanatiques, les plus violents de la Chine. Ces individus, organisés en bandes, prenaient le nom de I.-ho-Tsuann. Primitivement la société des Boxeurs semblait avoir un but fort moral. Les membres s'entretenaient aux jeux athlétiques et se protégeaient mutuellement contre les agressions des bandits.

A l'époque dont nous parlons, ils se livraient au brigandage. Ils pillaient, ils incendiaient, ils massacraient. L'impératrice douairière, depuis qu'elle avait repris le pouvoir, protégeait ouvertement les Boxeurs, avec l'arrière-pensée évidente d'utiliser, un jour, ce groupement en vue d'une action politique.

Ce jour était venu et les Boxeurs se ruaient sur les chrétiens aux cris de « Vive l'Impératrice, tuons les étrangers ! »

L'ancien gouverneur du Chan Toung, ayant d'une manière équivoque pactisé avec les émeutiers, reçut aussitôt de l'Impératrice, le titre de fu, bienheureux, ce qui est un grand honneur en Chine.

Les preuves abondaient de la complicité de l'Impératrice avec les Boxeurs. Ceux-ci se répandaient comme un flot, de village en village et ils obligeaient les habitants à se joindre à eux.

Ceux qui refusaient étaient battus, laissés pour morts. On brûlait leurs maisons.

Les Boxeurs avaient déjà pillé plusieurs dépôts d'armes et beaucoup de soldats réguliers étaient passés dans leurs rangs.

Des chefs, arrivés du Chan Toung, s'étaient répandus dans le Peï-Tché-Li et excitaient les paysans, à s'unir, à s'organiser en bandes. Il faut protéger la dynastie disaient-ils, l'Impératrice l'ordonne ; les dieux de l'empire le veulent. etc...

Les exercices des Boxeurs se partageaient en exercices superstitieux et exercices militaires.

Les Boxeurs avaient un but et un programme. Leurs pamphlets circulaient dans les villages, pleins d'insultes pour les mandarins, favorables aux européens, indiquant les points principaux à atteindre : 1° tuer les chrétiens. 2° détruire les voies ferrées : 3° massacrer les européens. Sur les drapeaux boxeurs, on lisait généralement quatre caractères : Mié-iang-pao-tsing. anéantir l'européen, protéger la dynastie.

Notre chargé d'affaires, le Baron d'Authouard et un peu plus tard M. Stéphane Pichon, Ministre de France à Pékin, étaient intervenus auprès de Tsong-li-Yamen. en même temps que le corps diplomatique, pour réclamer des édits sévères contres les fauteurs de désordre ; mais le gouvernement chinois s'était dérobé. avec sa fourberie ordinaire. à ces invitations.

Le corps diplomatique. voyant que ses représentations restaient sans effet, se décida à adresser au gouvernement une note collective menaçante, qui fut remise par son doyen. Monsieur de Cologan. Ministre d'Espagne. Le gouvernement chinois finit par s'émouvoir et supplia les représentants des puissances étrangères de ne pas appeler des troupes dans la capitale.

Il était trop tard : les ordres étaient donnés pour que des détachements vinssent protéger les délégations étrangères.

Le contingent français se composait de soixante quinze marins. commandés par le lieutenant de vaisseau Darcy. du d'Entrecasteaux. ayant sous ses ordres l'enseigne de vaisseau Henry, qui devait être tué au Pé-Tang et l'aspirant Herbert. qui devait trouver la mort. le 29 juin. en défendant la Légation de France.

Ce petit corps arriva à Pékin. le 31 mai. Le lendemain il

s'installait à la Légation de France, et le jour même le lieutenant de vaisseau Darcy envoyait l'enseigne de vaisseau Henry, avec 30 marins, au Pé-Tang, la mission catholique française, située dans l'enceinte de la ville impériale et où se trouvaient les missionnaires, groupés autour de leur évêque. Mgr Favier.

C'est ce détachement de trente marins, qui, aidés par dix marins italiens, commandés par l'enseigne de vaisseau Olivieri, organisa la défense de Pékin, qui fut véritablement admirable.

A partir de ce moment les événements se précipitèrent. Les rebelles avaient incendié la gare et détruit le chemin de fer, dans le voisinage de Pékin.

Ils sont aux portes de la ville, où beaucoup de leurs complices les attendent, prêts à s'unir à eux.

Le personnel franco-belge du chemin de fer de Tchang-Sin-Tien a dû battre en retraite.

Un Français du chemin de fer a été blessé, les autres sont en danger.

Ils arrivent enfin à Pékin le 31 mai, après avoir eu la plupart de leurs maisons incendiées.

Quant au personnel de Pao-Ting-Fou, sa situation était beaucoup plus critique. Les 40 personnes, qui le composaient, menacées d'être attaquées et massacrées, prirent le parti de se mettre en route sur Tien-Tsin, où elles arrivèrent, après une douloureuse odyssée, au cours de laquelle elles perdirent quatre des leurs, dont une femme.

Dès lors, la situation s'aggrava rapidement. Le chemin de fer de Tien-Tsin à Pékin fut coupé le 7 juin et la ligne télégraphique fut elle-même détruite le 10. Le 10, le vice-amiral anglais Seymour, sur la demande formelle, des Ministres, partit de Tien-Tsin, pour se diriger sur Pékin, avec deux trains, portant environ onze cents hommes, de sept nationalités différentes. Les Français y figuraient au nombre de deux cent huit hommes, dont huit officiers, commandés par le capitaine de vaisseau Marolles.

J'ai dit plus haut que cette colonne n'avait pu arriver jusqu'à la capitale et qu'elle était rentrée à Tien-Tsin le 26 juin, après une retraite des plus pénibles.

Au moment du retour de la colonne Seymour, les concessions européennes de Tien-Tsin étaient l'objet d'attaques journalières de la part des Boxeurs et des réguliers chinois.

Ceux-ci avaient d'énormes approvisionnements en munitions et, depuis le 17 juin, le bombardement des concessions n'avait pas cessé et il ne cessa pas jusqu'à la prise de la cité chinoise.

Du côté des forces alliées on restera sur la défensive la plus absolue, les troupes de chaque nation occupant les concessions de leurs pays, en attendant l'arrivée de renforts, pour tenter un effort décisif.

Telle était la situation en Chine, au moment de mon arrivée en rade de Takou.

Avant de quitter l'Erydan, je fis communiquer, aux troupes l'ordre général n° 1 dont voici le texte :

« Officiers, sous-officiers, soldats,

« Au moment de prendre le commandement du corps expé-
« ditionnaire de Peï-Tche-Li, qui m'a été confié par le général
« commandant en chef des troupes de l'Indo-Chine, je tiens
« à vous dire combien je suis fier de l'honneur qui m'est fait
« et à vous exprimer la confiance que j'ai dans votre valeur.

« Vous allez être appelés à combattre avec les troupes des
« principales armées du monde entier. N'oubliez pas que vous
« représentez la France et que le soldat français a toujours été
« le premier parmi les plus braves.

« Vous avez encore à montrer à l'armée de terre, dans laquelle
« vous allez être prochainement incorporés, que les troupes de
« la marine ne le cèdent en rien aux meilleures troupes et
« qu'elles apportent avec elles, un large tribut de gloire.

« Vous vous devez à vous mêmes de jeter un dernier reflet
« d'héroïsme, au moment où elles vont disparaître, sur les
« noms de l'Infanterie et de l'Artillerie de marine, qui ont été
« illustrées dans toutes les parties du monde.

« Les vertus du soldat sont le courage, la fermeté de carac-
« tère, la discipline, la tenue, la confiance en ses chefs.

« Le courage et la fermeté de caractère sont l'apanage du
« soldat français : nous n'en parlerons donc pas.

« Je ne saurais trop vous recommander la discipline et la
« tenue ; nous allons nous trouver sous les yeux de soldats
« étrangers, renommés pour ces vertus. Je suis sûr que vous
« tiendrez à honneur de les imiter.

« La confiance dans les chefs ne s'impose pas ; vous les ver-
« rez à l'œuvre et vous les imiterez.

« Je compte sur vous d'une façon absolue ; de votre côté
« soyez certains que toute ma sollicitude vous est acquise. »

En rade de Takou, le 7 juillet 1900.

*Le Colonel commandant le corps expéditionnaire
de Peï-Tche-Li*

de PELACOT.

Le 8 juillet, à 6 heures du matin, le Bengali vint accoster
l'Eridan, et le transbordement du bataillon Brenot s'effectua
avec une certaine difficulté, en raison d'une houle assez forte,
qui rendit l'opération délicate, sinon dangereuse.

A 8 heures, les 600 hommes du bataillon étaient à bord du
Bengali, qui larguant ses amarres, prit la direction de Tong
Kou.

Le mouillage des gros bâteaux est distant de douze milles
de la terre et il faut traverser, pour entrer dans le Peï-Ho, une
barre qui n'est maniable qu'à marée haute. Encore faut-il bien
connaître le chenal, qui est assez étroit.

Nous eûmes la bonne chance de traverser cette barre sans
talonner et, à 10 heures, nous entrâmes dans le Peï Ho, en laissant à droite et à gauche les forts de Takou, qui avaient un
développement considérable et qui, formidablement armés, auraient dû résister aux attaques des cinq canonnières étrangères,
qui étaient mouillées entre Takou et Tong Kou et qui auraient
pu être prises comme dans une souricière.

Nous eûmes un gros serrement de cœur en voyant que tous
les pavillons étrangers flottaient sur ces forts et que seul le
pavillon français était absent.

Nous continuâmes à avancer dans le fleuve, sur lequel flottaient des quantités de remorqueurs ou de chalands, portant les
pavillons de toutes les nations.

Sur les deux rives nous apercevions des ruines de villes et de
villages, au milieu desquels se trouvaient encore des bâtiments,
qui auraient pu être utilisés pour servir de magasins ou d'ambulances.

Au bout d'une heure de navigation, sur ce fleuve aux eaux

empestées, nous arrivâmes à Tong-Kou, où nous accostâmes
à un appontement, avec de grandes difficultés, car, à ce moment même, une batterie d'artillerie russe débarquait. Le lieutenant de vaisseau Fatou, qui représentait seul la France en
ce lieu, vint très aimablement me saluer et se mettre à ma
disposition, malheureusement il n'avait aucun abri à offrir à
mes hommes, qui souffraient atrocement de la chaleur.

Monsieur Fatou m'exposa les difficultés de la situation : les
quelques bâtiments utilisables avaient été occupés par les Russes, qui s'étaient emparés également du chemin de fer, qu'ils
avaient réparé tant bien que mal et qu'ils exploitaient jusqu'à
18 kilomètres de Tien-Tsin.

A partir de ce terminus, il fallait, par suite de la destruction
de la voie se rendre à Tien-Tsin, à pied, en suivant un chemin assez difficile.

En attendant les indications nécessaires, pour nous rendre
à destination, je fis former les faisceaux au bataillon Brenot,
dans un terrain vague à côté de la gare. Au bout d'un instant,
M. Fatou vint me dire qu'un train pourrait emmener cinq cents
hommes à deux heures, mais il me demanda de laisser les sacs
à Tong-Kou, car le chemin du point terminus à Tien-Tsin était
très mauvais.

Les cent hommes que le chemin de fer ne pouvait emporter,
devaient partir le même soir à 6 heures, sur des canots remor-
qués par des chaloupes à vapeur de l'escadre.

Je me décidai à partir avec ces derniers.

Cette perspective d'abandonner les sacs en plein air ne me
plaisait pas beaucoup et j'avoue que je faisais de tristes
réflexions, in petto, sur le début de cette campagne.

J'ordonnai donc, bien à contre cœur, de retirer les vivres et
les cartouches, qui seraient emportés dans la musette et de
laisser les sacs en tas : je prescrivis, en outre, de désigner quelques hommes, avec un gradé qui resteraient à Tong-Kou pour
en assurer la garde.

Après avoir procédé à l'embarquement en chemin de fer de
mes cinq cents hommes, je me promenai, pendant quelques instants, malgré la chaleur et la fatigue. Je ne pouvais me lasser
du spectacle étrange que j'avais sous les yeux.

A chaque instant des troupes, de nationalités différentes, dé-
barquaient et l'on rencontrait, à chaque pas, des soldats russes,

anglais, américains et japonais. Quelques matelots allemands et autrichiens et quelques marins italiens circulaient également sur le quai, transformé en une véritable tour de Babel.

A 6 heures du soir, les canots et les chaloupes à vapeur de l'escadre étant arrivés en nombre suffisant, je fis embarquer les cent hommes qui restaient ; je m'embarquai moi-même sur la chaloupe à vapeur du d'Entrecasteaux et je donnai l'ordre de pousser.

Notre convoi se composait de trois chaloupes à vapeur, remorquant chacune deux canots. Les hommes étaient entassés dans ces canots et étaient si serrés qu'ils ne pouvaient remuer. Nous commençâmes alors sur le Peï-Ho, aux eaux empestées par des cadavres, ce voyage qui devait durer dix heures mortelles. Les patrons des embarcations ne connaissaient pas la rivière, qui fait de nombreux lacets. Il en résulta de fréquents échouages, qui rendirent le voyage interminable et fatiguant.

Pendant cette nuit sans sommeil, nous entendions la fusillade dans la direction de Tien-Tsin et nous apercevions des incendies à l'horizon.

Le jour se leva enfin et, au bruit des coups de fusil, la voix plus grave du canon se fit entendre. Nous approchions de Tien-Tsin, dont nous apercevions déjà quelques hautes maisons.

A ce moment, le Peï-Ho coulait entre deux grands villages, dont il ne restait plus que des ruines.

Quelques instants après nous fûmes arrêtés par un pont de bateaux et il nous fallut attendre que des matelots russes viennent ouvrir la portière.

Ce pont avait été construit à l'extrémité sud des concessions européennes ; il faisait communiquer ces dernières avec le camp russe, établi sur la rive gauche du Peï-Ho et qui occupait l'emplacement de l'ancienne école militaire chinoise.

Nous eûmes encore à franchir, un peu plus loin, un second pont de bateaux, gardé par des Japonais et nous arrivâmes enfin aux quais de la concession française.

Il était quatre heures du matin lorsque je descendis sur le quai, suivi par le capitaine de Lardemelle, mais à peine avions-nous mis le pied sur le sol, qu'un obus tomba à côté de nous et coupa le bras à un matelot. Nous n'eûmes heureusement aucun mal, le capitaine de Lardemelle et moi, mais nous ne pouvions nous empêcher de trouver peu banale cette façon de nous souhaiter la bienvenue.

Sur ces entrefaites le lieutenant de vaisseau Ronarc'h, officier d'ordonnance du commandant de Marolles, se présenta à moi et me pria d'excuser le commandant qui, avec la batterie Joseph, prenait part, en ce moment, à une attaque contre l'Arsenal de l'Ouest, faite par les Anglais et les Japonais.

Il me mena ensuite dans de grands magasins, voisins du quai, dans lesquels le bataillon Brenot, qui allait arriver, pourrait se loger.

Le lieutenant de vaisseau Ronarc'h, dont je venais de faire la connaissance, se trouvait contre-amiral au moment de la déclaration de guerre en 1914.

C'est lui qui eut l'honneur de commander la brigade de fusiliers marins, qui se couvrit de gloire à Dixmude. Il est aujourd'hui vice-amiral et chef d'Etat-major général au Ministère de la Marine.

Au moment où la Compagnie, arrivée avec moi, commençait à se loger dans les magasins, qui appartenaient à un commerçant français, Monsieur Philippot, ces magasins furent criblés d'obus.

Ils étaient heureusement suffisamment abrités par les bâtiments du Consulat de France, qui formaient masse couvrante.

C'était heureux car les Chinois, dans cette matinée, firent pleuvoir, sur le Consulat et les maisons voisines une grêle d'obus.

Les 500 hommes, qui avaient pris le chemin de fer à Tong-Kou arrivèrent vers 10 heures, après avoir couché en route, à la belle étoile et trouvèrent leur cantonnement préparé.

Nous voici à Tien-Tsin, le 9 juillet au matin, que s'y passait-il ?

Le commandant de Marolles vint me trouver vers 8 heures et me mit au courant de la situation.

Le bombardement des concessions de Tien-Tsin avait commencé le 17 juin et, depuis ce moment, il avait continué à peu près sans interruption.

Dans le commencement c'étaient les Russes qui défendaient la concession française, aidés par une centaine de marins, envoyés par l'amiral Courrejolles.

Depuis le retour de la colonne Seymour, les Russes se sont

retirés sur la rive gauche de Peï-Ho et ce sont les matelots français qui ont assuré la défense de la concession, jusqu'à l'arrivée du bataillon et de la batterie, amenés par le lieutenant-colonel Ytasse.

A partir du 3 juillet, le bombardement prend une précision, qui cause de sérieuses pertes. A la gare , sur la rive gauche, les combats se succèdent nuit et jour ; les canons chinois tuent et blessent beaucoup de monde dans les tranchées. Malheureusement l'artillerie, dont nous disposons, est trop faible pour faire taire celle de l'ennemi et a beaucoup de peine à manœuvrer sur ce terrain, hérissé d'obstacles et de maisons.

Le 3, il y eut 6 tués et 30 blessés à la gare seulement, le 4, les pertes françaises furent de deux tués dont le capitaine Hilaire et 7 blessés ; le 5, combat d'artillerie très vif ; le 6, canonnade chinoise de grand matin, à laquelle la batterie de montagne française répond le soir, en envoyant 56 obus à la mélinite sur la ville chinoise : le 7, violente attaque sur la concession française à minuit ; une autre à 3 heures du matin, à la gare, suivie d'une canonnade qui dura jusqu'à deux heures de l'après-midi.

Pendant la journée du 8, les commandants des détachements étrangers décident que, le lendemain, une colonne anglo-japonaise attaquera l'arsenal de l'Ouest.

Le commandant de Marolles m'explique que l'opération projetée a commencé le matin même au lever du jour et que la batterie Joseph y prend part en bombardant l'arsenal.

Il m'offre de me rendre compte par moi-même de la situation et nous allons ensemble à l'emplacement occupé par l'artillerie à l'extrémité de la rue St-Louis, près de Tampérance Hall, à la limite de la concession française et de la concession anglaise. Nous montons sur le toit d'une maison voisine et nous voyons flamber l'arsenal de l'Ouest, que la colonne anglo-japonaise abandonne après s'en être emparée et y avoir mis le feu. Au cours de cet engagement la cavalerie japonaise a fait une charge très efficace, sur de gros rassemblements de boxeurs et de réguliers qui se trouvaient au champ de courses.

L'artillerie envoie encore quelques obus sur la cité chinoise : puis rentre à son cantonnement.

Le bataillon Feldmann n'a pas pris part à l'opération : il

s'est contenté d'exercer la garde de la concession française et de se tenir tout entier sous les armes pendant l'engagement.

Cette petite opération de la prise de l'Arsenal de l'Ouest, que l'on abandonne après l'avoir incendié, ne mène pas à grand chose.

Il faudrait se donner un peu d'air : malheureusement tout mouvement en avant, qui nécessite une action combinée de toutes les forces européennes, est retardée par suite de la divergence de vue des différents chefs militaires, tous indépendants les uns des autres.

L'unité de commandement serait indispensable pour arriver à un résultat.

Cette unité de commandement on l'aura plus tard lorsqu'elle sera moins nécessaire, mais elle sera imposée par l'empereur d'Allemagne et elle sera exécutée par un général allemand, le maréchal de Valdersée. Il est bon d'ajouter que la France refusera, avec raison, de se ranger sous les ordres d'un Allemand.

Les Russes après avoir sauvé Tien-Tsin pendant les premiers jours du siège et s'être emparés du grand Arsenal de l'Est semblent décidés à ne pas agir en ce moment. On donne, de cette situation, la raison suivante : le général Stessel attendait l'arrivée de l'amiral Alexeïeff, nommé commandant des forces russes, et qu'on annonce comme très prochaine.

Les autres commandants sont à peu près d'accord sur la nécessité, maintenant que les forces internationales sont plus nombreuses, de s'étendre et de porter nos lignes plus en avant, afin de mettre les concessions, où sont cantonnées les troupes à l'abri de la grêle des balles et d'obus, qui rend la circulation dans les rues très dangereuse, mais, en fin de compte, ils trouvent que leurs effectifs ne sont pas suffisants et qu'ils ne peuvent agir sans le concours des Russes.

De retour à la maison, Philippot, le commandant de Marolles, m'offre d'aller me présenter à notre Consul Général, le Comte du Chaylard, qui, pendant tout le siège, a donné l'exemple du courage, du sang-froid, de l'énergie et de l'entrain.

Nous nous rendons au Consulat, en traversant les murs des jardins, dans lesquels on a pratiqué des brèches pour communiquer dans l'intérieur de la concession, car il est dangereux de circuler dans les rues et sur les quais, qui sont constamment balayés par les obus et par les balles des maraudeurs chinois, qui se faufilent derrière les tas de sel, situés sur la rive gauche de Peï-Ho, vis-à-vis de la concession française.

Le Comte du Chaylard me fait un accueil des plus aimables et me souhaite la bienvenue dans cette concession française, dont il était si fier avant les événements actuels et, qui, pour le moment, est dans un état lamentable. Je trouve au Consulat le baron d'Anthouard, premier secrétaire de la Légation de France, qui se trouvait au Japon, au moment où les événements se sont précipités et qui est arrivé à Tien-Tsin, trop tard pour rejoindre son poste.

Il s'est réfugié au Consulat avec sa jeune femme, ma charmante compatriote, qui, pendant tout le siège, est restée dans cet hôtel qui servait de cible aux Chinois et qui était continuellement criblé d'obus, donnant ainsi un exemple de crânerie, rare chez une femme et répandant autour d'elle, une atmosphère de gaîté et de bonne humeur, qui nous réconfortait tous.

Plus tard, quand la cité chinoise fut prise, Madame d'Anthouard se dévoua au soulagement des malades et des blessés et passa la plus grande partie de ses journées à l'hôpital, où elle apporta une aide utile aux bonnes sœurs qui étaient débordées.

Quelques instants après mon retour au cantonnement, je reçus la visite du lieutenant-colonel Ytasse, qui me mit au courant de la situation de son détachement. Ce détachement, depuis son arrivée, n'avait pas eu un instant de repos. Obligé de repousser, jour et nuit, les attaques des Chinois contre la concession et contre la gare, il avait déjà subi des pertes sensibles et commençait à être sur les dents.

Il est entendu, avec le commandant de Marolles, que nous irons, dans l'après-midi, visiter le cantonnement du bataillon Feldmann et que nous irons ensuite faire une visite aux commandants des troupes étrangères, auxquels je serai présenté comme le nouveau commandant des troupes françaises.

Le bataillon était cantonné à l'extrémité de la route de Takou près de la concession américaine, dans les bâtiments de l'école chinoise, situés vis-à-vis de l'Ecole de médecine chinoise et de l'hôpital chinois, qui étaient eux-mêmes occupés par un détachement de marins et par quelques soldats d'infanterie de marine. Le bataillon gardait une forte barricade construite pour couper la route et se trouvait en contact immédiat des Chinois, qui, se faufilant derrière les ruines des faubourgs incendiés, venaient tirer à bout portant sur les défenseurs de cet ouvrage.

Les marins et les soldats, qui occupaient l'hôpital chinois et l'Ecole de médecine, étaient placés aux étages supérieurs de ces monuments et surveillaient la plaine, qui s'étendait à leurs pieds, jusqu'à l'Arsenal de l'Ouest.

Le bataillon Feldmann était obligé, depuis son arrivée, de fournir un service écrasant.

Tous les jours une compagnie était envoyée à la gare, pour en assurer la garde en collaboration avec cent Anglais et cent Japonais.

Une deuxième compagnie, dont la principale partie était installée au télégraphe chinois, envoyait des petits postes pour garder les retranchements construits, le long des quais, au débouché des rues principales. Il ne restait donc plus que deux compagnies pour défendre la barricade et la route de Takou et garder le cantonnement.

En quittant l'Ecole de médecine nous nous dirigeâmes, le commandant de Marolles et moi, vers les concessions étrangères, pour faire notre visite aux différents commandants des détachements étrangers.

Le premier que nous rencontrâmes est le vice-amiral Sir Edward Seymour, l'ex-commandant de la colonne qui, après avoir essayé de débloquer les légations de Pékin, fut obligée de battre en retraite sur Tien-Tsin, et qui, sans le régiment russe envoyé au-devant d'elle à Tsikou, aurait probablement été détruite, avant d'arriver dans les concessions.

L'amiral avait une physionomie fine et distinguée et n'avait rien de la raideur britannique.

Il nous reçut très aimablement et trouva le moyen de nous dire, d'une façon délicate, des paroles très flatteuses à l'adresse des matelots français, qui avaient combattu sous ses ordres.

Nous allâmes ensuite chez le général Dorward, dont l'esprit martial tranche sur le type ordinaire de l'officier anglais.

Le général Fukushima que nous vîmes ensuite, était un homme petit, japonais des pieds à la tête, mais d'une amabilité extrême. Ses yeux pétillaient d'intelligence. J'ai pu apprécier, par la suite, la haute valeur du général Fukushima, et c'est à l'entente absolue qui a existé, entre lui et moi, le 13 juillet, que fut dû le succès de l'attaque prononcée par les troupes alliées contre la cité chinoise sur la rive droite de Peï Ho.

Je conserve de cet officier général et des relations que j'ai eues avec lui, pendant toute la durée de mon commandement, le plus agréable souvenir.

J'ai eu l'occasion de le revoir en 1911, à Tokio, où il était sous-chef de l'état-major général et d'être reçu par lui, dans un grand banquet qu'il m'offrit et auquel il eut l'aimable attention d'inviter un certain nombre d'officiers japonais, qui avaient pris part à la prise de la cité chinoise de Tien-Tsin le 14 juillet 1900.

En sortant de chez le général Fukushima, nous nous rendîmes chez le capitaine de vaisseau von Usedom, commandant de la Herka, qui était à la tête d'un détachement peu nombreux de marins allemands. Le commandant von Usedom avait des yeux bleus très doux et la carrure allemande. Il fut fort aimable, surtout pour le commandant de Marolles, avec lequel il avait fait partie de la colonne Seymour. Nous allâmes ensuite chez le lieutenant de vaisseau von Trotha, commandant le détachement autrichien et chez le lieutenant de vaisseau Sériani, commandant le détachement italien.

Nous laissâmes nos cartes chez ces officiers, que nous ne rencontrâmes pas, puis nous nous dirigeâmes vers la maison habitée par le colonel Liscum, commandant les forces américaines, qui devait être tué quatre jours après, le 10 juillet, à l'attaque de la cité chinoise. Nous ne rencontrâmes pas cet officier supérieur.

Au cours de ces visites, nous parcourûmes, dans tous les sens, les concessions étrangères, et en particulier, la concession anglaise et nous pûmes constater que si ces concessions avaient reçu quelques obus, elles étaient loin d'avoir souffert autant que la concession française, qui, dans la partie nord, n'offrait plus qu'un monceau de ruines.

La soirée de cette journée, du 9, première de mon séjour à Tien-Tsin, se termina par un bombardement sérieux, mais la nuit fut relativement tranquille et les défenseurs de Tien-Tsin purent prendre un repos réparateur.

La journée du lendemain fut également assez calme. Nous en profitâmes pour nous installer tant bien que mal.

Dans l'après-midi nous décidâmes, le commandant de Marolles et moi, d'aller faire une visite au vice-amiral Alexeïeff et au général Stessel, qui étaient installés au camp russe, situé à deux kilomètres environ, sur la rive gauche du Peï Ho.

A 5 heures, nous montâmes à cheval et nous emmenâmes avec nous, comme interprète, le lieutenant Jagniatkowski, du bataillon Brenot, ancien officier du génie russe, qui s'était fait naturaliser français, après avoir servi à la Légion étrangère.

Après avoir traversé le Peï Ho sur le pont de bateaux russe et l'Ecole militaire chinoise, nous aperçûmes le camp russe, qui couvrait un espace assez étendu.

Un officier, que nous rencontrâmes, voulut bien nous conduire à la tente du général Stessel, que nous trouvâmes en conférence avec plusieurs officiers.

Le commandant de Marolles, après m'avoir présenté au général, lui expliqua que je venais prendre le commandement des troupes françaises et, que, par ordre de l'amiral Courrejolles, je n'étais plus placé sous ses ordres. Je pris soin d'ajouter, pour compléter les paroles du commandant, que je me ferais un devoir, lorsque la chose serait possible, de participer aux opérations que les Russes croiraient devoir entreprendre.

Le général Stessel, qui ne comprenait pas le français, nous fit répondre qu'il serait heureux de collaborer, avec les Français, à l'œuvre commune et me demanda le concours d'une batterie d'artillerie, pour une démonstration importante qu'il comptait faire le lendemain, à l'est de la ville chinoise.

Le général Stessel, était un homme très vigoureux, d'un tempérament sanguin. Il avait l'esprit brusque et n'avait nullement l'apparence d'un officier de salon.

Il avait passé, je crois, la plus grande partie de sa carrière en Sibérie et ses officiers le considéraient comme le type du vrai troupier.

Le général Stessel a acquis, depuis la campagne de Chine, une grande notoriété.

C'est lui qui, pendant la guerre russo-japonaise, défendit Port-Arthur.

Pendant quelque temps il fut considéré comme un héros, puis on apprit que, déféré devant un Conseil de guerre le

10 décembre 1907, pour répondre de la capitulation de Port-Arthur, il avait été condamné à la peine de mort.

L'amiral Alexeïeff, chez lequel nous nous rendîmes ensuite, nous reçut comme un grand seigneur, dans une très grande tente, très bien aménagée; et, après nous avoir offert une coupe de champagne, nous dit les choses les plus aimables sur la France, sa marine et son armée.

L'amiral avait été, je crois, attaché naval à Paris; dans tous les cas il parlait très bien le français.

Il était d'une taille moyenne, un peu fort et avait une physionomie des plus fines.

C'était un gros personnage, car il était, en même temps, commandant en chef des troupes du Kvantoung et des forces navales russes en Extrême-Orient.

Nous espérions que son arrivée, qui avait eu lieu la veille seulement, allait précipiter les choses et que nous pourrions enfin attaquer sérieusement les Chinois, qui nous rendaient la vie par trop pénible et les refouler au-delà de la cité de Tien-Tsin.

Je rappelle que l'amiral Alexeïeff, comme gouverneur général du Kvantoung, a joué un grand rôle au moment de la déclaration de la guerre russo-japonaise et qu'on lui reproche d'avoir brusqué les choses.

Il avait auprès de lui, comme attaché diplomatique, un homme remarquable, comme polyglotte. M. K. parlait couramment le français, l'anglais et l'allemand. C'est lui qui assista, par la suite, comme secrétaire aux Conseils de Guerre, que tinrent les commandants des troupes et qui furent présidés par l'amiral Alexeïeff. J'ai retrouvé en 1909, M. K. comme ministre de Russie à Pékin.

Cette homme si fin, si intelligent, eut une aventure fâcheuse, qui l'obligea à quitter la Chine. Malgré son âge, il s'emmouracha d'une jeune fille française, presqu'une enfant, et l'enleva dans des conditions ridicules. Il avait cependant, une famille charmante.

Dès mon retour au cantonnement, pour me conformer au désir du général Stessel, je donnai l'ordre au capitaine Joseph de se trouver à minuit, avec sa batterie, à l'entrée ouest du camp russe et de se mettre à la disposition du général.

La journée du 10 se termina sans incident, mais à 3 heures

du matin, la nuit suivante, nous fûmes éveillés par une fusillade et une canonnade très intenses, venant du côté de la gare.

Après avoir rassemblé tout mon monde, j'envoyai aux renseignements et j'appris que les Chinois prononçaient une attaque violente sur la gare.

Les détachements français, anglais et japonais, qui la gardaient, souffraient beaucoup du feu de l'artillerie, qui enfilait les tranchées, dans lesquelles ils étaient installés. Les Chinois s'approchaient en si grand nombre que le capitaine Genty, qui commandait la compagnie française, m'envoya une demande urgente de renforts. Je m'empressai d'envoyer deux compagnies sous les ordres du commandant Brenot.

Cette affaire, qui dura jusqu'à neuf heures du matin, coûta aux Français treize tués ou morts de leurs blessures et trente-trois blessés.

Le Japonais perdirent cent hommes environ, tués ou hors de combat.

Les Anglais perdirent peu de monde.

Pendant le combat, qui avait lieu à la gare, les Chinois prononçaient une attaque assez timide du côté de l'Ecole de médecine, en même temps qu'ils bombardaient la concession française.

Dans l'après-midi les canons français, anglais, russes et japonais tirèrent sur la cité et le fort chinois, qui ripostèrent.

Les quartiers ouest de la ville étaient en feu.

La démonstration, projetée par les Russes, contre l'est de la ville chinoise et qui devait avoir lieu dans la matinée de ce jour, ne put avoir lieu par suite d'un accident survenu au matériel des pontonniers russes. Dans la matinée du 12 le bataillon Roux, qui était resté sur rade de Takou, arriva à Tien-Tsin. Le même jour le commandant de Marolles prit congé de moi et rentra à son bord du d' « Entrecasteaux », avec la majeure partie des marins.

Je n'eus qu'à me louer des relations que j'eus avec lui, pendant les trois jours que nous restâmes ensemble. C'était un homme du monde parfait, fort aimable et en même temps d'une énergie remarquable.

Le commandant de Marolles est devenu vice-amiral.

A ce moment le corps expéditionnaire était au complet. Il se composait d'un régiment de marche d'infanterie de marine, un bataillon du 9ᵉ régiment, deux bataillons du 11ᵉ régiment, deux batteries d'artillerie de montagne et d'une centaine de marins, au total 2.000 hommes environ.

Le chef d'escadron d'artillerie Vidal, attaché militaire français en Chine, avait pris auprès de moi les fonctions de chef d'Etat-Major.

Le commandant Vidal est devenu général de division et a commandé une division pendant la guerre 1914-1918. Le capitaine Guillaumat, que l'amiral Courrejolles m'avait désigné, comme devant être attaché à mon état-major, venait d'être grièvement blessé et d'être évacué.

Le capitaine Guilaumat est devenu général de division. Pendant la guerre 1914-1918 il a commandé une armée en France et l'armée d'Orient à Salonique.

Dans la journée du 12 le Consul du Japon nous communiqua un message émanant de son ministre à Pékin ainsi conçu :

« 20 juin. — La situation à Pékin devient des plus critiques. Les soldats chinois assiègent et bombardent les légations étrangères de tous côtés, nuit et jour. Les détachements de la garde combattent avec le plus grand acharnement et résistent à l'attaque, mais les munitions commencent à s'épuiser et notre extermination paraît imminente. Nous attendons, avec anxiété, l'arrivée de l'armée de secours, qui débloquera la ville. »

Le porteur de ce message raconta qu'il était parti de Pékin le 1er juillet et qu'il avait eu beaucoup de difficultés pour gagner Tien-Tsin et pour pénétrer dans les concessions.

Dans la matinée du 12, une réunion des commandants supérieurs des forces alliées eut lieu chez le général Fukushima.

Les Russes n'étaient pas représentés à cette réunion : l'amiral Alexeïeff avait fait savoir que le lendemain le général Stessel agirait sur la rive gauche avec les troupes russes, dans le but de faire tomber, en les tournant, les défenses du canal de Lutaï et d'avancer ensuite jusqu'au fort, qui se trouve dans la bouche du Peï Ho, près de la cathédrale et jusqu'aux camps chinois établis au nord de la ville.

Le général Stessel demandait pour coopérer à cette opération une batterie française.

L'amiral Alexeïeff faisait connaître également que l'attaque des Russes se produirait le 13 juillet au petit jour. Elle devait compter un effectif d'environ 3.000 hommes.

Au cours de la réunion des commandants supérieurs, il fut décidé que les Français, les Anglais, les Américains et les Japonais dirigeraient le lendemain 13, à la pointe du jour, une attaque contre la ville murée de Tien-Tsin.

Les détails de cette opération furent arrêtés dans une nouvelle conférence qui eut lieu l'après-midi.

Les Français devaient fournir un bataillon et une batterie. Un bataillon devait rester à la concession française, qui était en contact immédiat avec l'ennemi. Les Japonais devaient mettre en ligne deux bataillons et une batterie. Les Anglais et les Américains devaient fournir à peu près le même effectif.

Ces divers détachements formeraient un effectif d'environ 3.900 hommes.

Il fut décidé que les troupes alliées prendraient comme premier objectif l'arsenal de l'ouest, qui avait été pris et incendié le 9 par les Japonais, mais qui avait été évacué et qui avait été occupé à nouveau par les Chinois.

Ce mouvement devait se faire en trois colonnes : colonne de droite : le bataillon français devait suivre un sentier longeant le pied d'une grande digue, appelée le Mur en Terre, qui partant de l'extrémité sud des concessions passait précisément par l'arsenal de l'ouest. Colonne du centre : formée par les Japonais, qui seraient suivis par la batterie française.

Colonne de gauche : Anglais et Américains.

Jusqu'à l'arsenal de l'Ouest les trois colonnes devaient marcher à la même hauteur et combiner leurs mouvements de manière que celles de droite et du centre y pénètrent ensemble.

Dès la prise de l'arsenal, la préparation de l'attaque par l'infanterie, sur les faubourgs précédant la ville murée, devait commencer.

Puis quand la préparation aurait paru suffisante, les infanteries française et japonaise devaient se porter en avant et progresser jusqu'au pied des murs de la cité chinoise.

Une compagnie de pionniers japonais devait marcher avec les colonnes et faire sauter la porte sud. Les Anglais et les Américains, pendant ce temps, devaient couvrir le flanc gauche de l'attaque contre toute tentative ennemie, venant de la direction de l'ouest et du sud-ouest et former une réserve générale.

Le bataillon français devait franchir la digue, à hauteur d'une batterie anglaise, installée sur cette digue, à 4 heures du

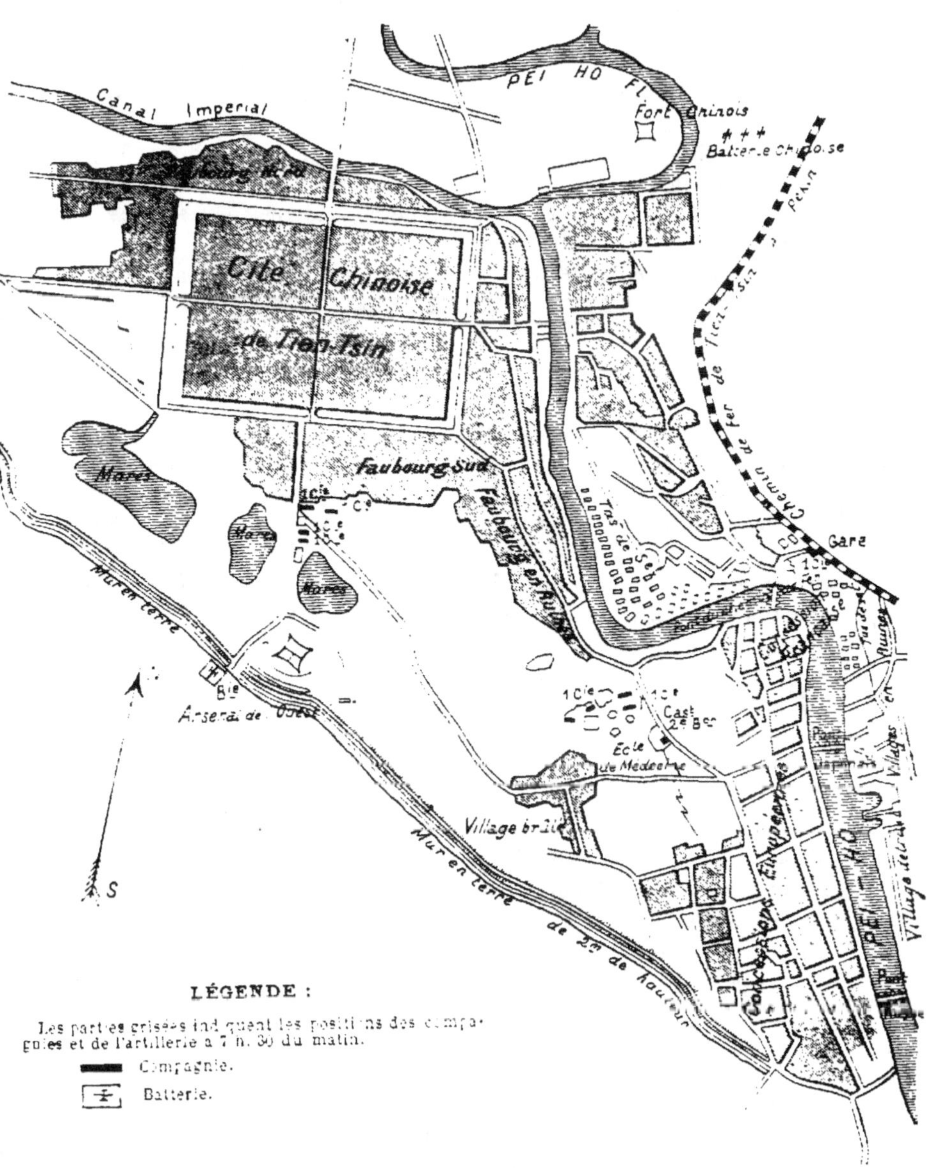

Cité chinoise de Tien-Tsin et Concessions européennes.

Bataille des 13 et 14 juillet. — Prise de la cité chinoise.

matin et les autres colonnes devaient régler leurs mouvements sur elle.

En rentrant au cantonnement après la conférence des commandants, je donnai les ordres de détail pour l'attaque du lendemain.

Le bataillon, qui devait former la colonne de droite, serait composé de deux compagnies du bataillon Brenot et de deux compagnies du commandant Feldmann, sous les ordres de ce dernier.

Le lieutenant-colonel Ytasse devait assurer la garde de la concession avec quatre compagnies.

Le bataillon Roux, qui était arrivé seulement dans la matinée de ce jour, 12 juillet, ne pouvait être considéré comme prêt à marcher.

Il reçut l'ordre de rester en réserve.

En dehors du rôle défensif que je donnai au lieutenant-colonel Ytasse, je lui prescrivis de lancer, au moment qu'il jugerait opportun, deux compagnies, qui, partant de l'Ecole de médecine, devaient progresser dans les maisons en ruine, qui se trouvaient en avant de l'école, de manière à faire diversion et attirer l'attention des Boxeurs, qui occupaient le faubourg du sud: au moment où les troupes déboucheraient de l'arsenal pour attaquer les faubourgs.

L'opération se développa conformément au plan arrêté : les colonnes française et japonaise enlevèrent sans difficulté l'arsenal de l'ouest, mais ne purent arriver, le jour même, jusqu'au pied des murailles de la cité chinoise.

Elles s'emparèrent des faubourgs du sud, et au point du jour, le 14, les pionniers japonais, ayant fait sauter la porte sud, les colonnes se précipitèrent dans la ville, qui était à peu près évacuée et s'en emparèrent.

Les deux compagnies de l'Ecole de médecine firent bien la diversion qui leur avait été prescrite, mais elles furent arrêtées par le feu des Chinois. Les Russes, de leur côté, avaient prononcé leur attaque, sur la rive gauche et, aidés par la batterie Joseph, qui, par un coup heureux, à la mélinite, fit sauter une poudrière chinoise, s'emparèrent de cinq camps fortifiés et s'avancèrent très près du fort Noir, d'où les Chinois bombardaient les concessions.

C'est certainement cette attaque réussie des Russes, qui détermina les Chinois à abandonner la cité, dans laquelle les colonnes française et japonaise entrèrent le 14 juillet au matin.

Les troupes alliées avaient donc remporté une victoire complète ; malheureusement cette victoire avait été chèrement achetée.

Les pertes françaises s'élèvent à 22 tués, dont un officier et 92 blessés dont 7 officiers.

Il faut ajouter à ces totaux mon chef d'Etat-Major, le commandant Vidal, qui reçut une balle dans l'épaule droite et mon officier d'ordonnance, le capitaine de Lardemelle, qui eut une légère contusion du poignet gauche, par une balle qui traversa ses manchettes en effleurant le poignet.

Les pertes des Japonais s'élèvent à 400 hommes tués ou blessés.

Celles des Américains à 200 ; celles des Anglais à 50. Les grosses pertes des Américains, qui cependant n'avaient pas été engagés en première ligne, s'expliquent par la situation critique, dans laquelle ils se trouvèrent, en s'engageant dans les marais, où ils pataugèrent pendant que les Chinois les criblaient de projectiles. C'est là que fut tué le colonel Liscum, commandant les troupes américaines.

Celles des Japonais provenaient de leur mépris du danger, qui excita l'admiration de tous ceux qui en furent témoins.

Au cours de cette journée, comme durant les derniers combats à la gare, Japonais et Français combattirent côte à côte, en bons camarades d'armes, s'aidant mutuellement et ressentant les uns pour les autres, une franche sympathie.

Dans la soirée du 13, après avoir suivi toutes les péripéties de l'attaque, je m'étais porté, avec mon état-major, à la porte de l'Arsenal de l'Ouest, pour prendre les dispositions nécessaires pour le ravitaillement en eau et en munitions du bataillon engagé, pour le relèvement des morts et des blessés et aussi pour envoyer des ordres au Commandant Roux, dont je voulais placer le bataillon en grande garde, pour protéger notre gauche et pour remplacer les Anglais qui, croyant que notre attaque avait échoué, s'étaient, en partie, retirés en arrière.

J'envoyai le commandant Vidal à Tien-Tsin pour assurer l'exécution de mes ordres. Il revint quelques heures après, et me remit un immense pavillon, que m'envoyait le Consul général du Chaylard.

Il fut bientôt suivi du bataillon Roux, que j'envoyai immédiatement occuper les emplacements que nous avions reconnus.

Ces dispositions prises, nous nous étendîmes, mes officiers et moi au pied du Mur en terre et nous nous endormîmes, malgré le brouhaha qui existait autour de nous. Vers minuit, ayant entendu un bruit anormal, je me soulevai sur mon séant pour examiner ce qui se passait près de moi, lorsqu'une balle perdue passa sous mes reins et vint frapper à l'épaule droite le commandant Vidal, qui était étendu auprès de moi et dormait profondément.

Après l'avoir fait panser par un médecin qui se trouvait non loin de là, je le fis diriger sur l'hôpital de Tien-Tsin.

Le pavillon que m'avait envoyé le Consul, me servit d'oreiller pendant cette nuit.

Je le fis hisser sur la porte de la ville chinoise, à côté du pavillon japonais, dès que nous nous fûmes emparés de cette porte.

Je ne puis terminer ce récit sommaire de la prise de Tien-Tsin, sans rendre hommage à la bravoure et à l'endurance, dont firent preuve les troupes que j'eus l'honneur de commander, pendant ce combat qui dura 24 heures, sans un instant d'interruption, par une température de 39 degrés, sans aucun moyen pour se procurer de l'eau fraîche et sous un feu meurtrier, qui mit hors de combat, au cours des diverses opérations de cette journée, plus de 800 hommes des troupes internationales et, en ce qui concerne le détachement français, plus du 1 8 de l'effectif.

La privation d'eau fut surtout très pénible et je fus témoin de cette horrible chose : des soldats buvant de l'eau dans laquelle macéraient des cadavres.

En ce qui me concerne, je fus très reconnaissant au général Japonais qui, pour calmer ma soif, m'offrit quelques grains de cachou. Chaque soldat japonais était muni d'une petite boîte remplie de ces grains.

C'est au courant de cette attaque, en collaborant avec les Japonais, que je pus me rendre compte de l'excellente organisation de leur armée.

Je crus devoir en rendre compte au Ministère de la Guerre dans le rapport que je lui adressai sur les combats autour de

Tien-Tsin et la prise de la cité chinoise, rapport que je terminai par la phrase suivante :

« L'attitude et le degré d'instruction des troupes japonaises. depuis le début de cette campagne. sont une véritable révélation ; c'est une force qui monte et dont il faut tenir compte. »

Les constatations que je fis, dans la suite de cette campagne, ne firent que me confirmer dans cette opinion, qui était peut-être manifestée pour la première fois, au Gouvernement français.

La guerre russo-japonaise devait, sans tarder, prouver que j'avais vu clair et que l'armée japonaise ne le cédait en rien aux armées européennes les mieux organisées.

Quelques semaines après la prise de Tien-Tsin, j'eus la grande satisfaction d'apprendre, par un cablogramme du Ministère de la Marine. que toutes les propositions que j'avais faites étaient acceptées.

Dans mon état-major, le chef d'escadron Vidal était proposé pour le grade de lieutenant-colonel et le capitaine de Lardemelle pour chevalier de la Légion d'honneur.

En ce qui me concerne. l'Amiral Courrejolles n'avait pas cru devoir me proposer pour une récompense immédiate, en raison de mon peu d'ancienneté dans le grade de colonel, et dans le grade d'officier de la Légion d'honneur.

Il se contenta de demander pour moi un témoignage officiel de satisfaction du Ministère, qui me l'accorda avec la lettre d'envoi suivante, conçue dans les termes les plus flatteurs.

Paris, le 19 septembre 1900.

« Le Ministre de la Marine à M. de Pélacot, Colonel
« d'infanterie de marine.

« Monsieur le Colonel,

« M. le contre-amiral Courrejolles, commandant en chef de
« la Division navale de l'Extrême-Orient. m'a rendu compte
« des opérations effectuées à Tien-Tsin, par le corps expédi-
« tionnaire sous vos ordres.

« Vous avez montré. dans la défense des concessions et dans
« l'attaque de la ville chinoise, les plus brillantes qualités de
« commandement. tout en donnant l'exemple du courage per-
« sonnel.

« L'initiative, que vous avez prise, de provoquer l'attaque de
« la cité chinoise, les judicieuses dispositions arrêtées pour la
« répartition de l'artillerie française, la ténacité dont vous avez
« fait preuve, en maintenant vos troupes, toute la nuit, sous le
« feu de l'ennemi, pour reprendre l'attaque au point du jour,
« sont autant d'actes, pour lesquels je suis heureux de vous
« adresser le témoignage officiel de ma satisfaction.

« Le témoignage officiel sera inscrit à votre calepin, avec la
« mention suivante :

« A fait preuve de réelles qualités militaires, dans les jour-
« nées des 11, 12, 13 et 14 juillet 1900, en prenant les disposi-
« tions les plus judicieuses pour l'attaque de la cité chinoise de
« Tien-Tsin et en donnant l'exemple du courage personnel.

> « *Pour le Ministre et par son ordre,*
>
> « *Le vice-amiral Chef d'État-Major Général.*
>
> «Signé : BIENAIME. »

Je raconterai, par la suite, dans quelles conditions, je fus
nommé Commandeur de la Légion d'Honneur, au titre de
l'expédition de Chine, le 12 novembre 1902. La prise de la cité
chinoise de Tien-Tsin mit fin au bombardement des concessions
et nous permit de respirer et de nous refaire.

Le lendemain de cette victoire, j'appris, par un télégramme
de l'amiral Courrejolles, que j'étais nommé Officier de la Légion
d'honneur, nomination à laquelle je m'attendais, car j'étais au
tableau depuis près d'un an, et la mort du général Borgnis-
Desbordes.

Cette dernière nouvelle ne me surprit pas, car, au moment
de mon départ du Tonkin, j'avais laissé le général très malade,
mais elle me fit beaucoup de peine, car j'avais de l'attachement
et de l'estime pour ce chef de grande valeur.

J'ajouterai que cette mort me fit perdre un appui sérieux, sur
lequel j'étais en droit de compter.

La bataille du 13, fut une vaste opération. Certains militaires, et en particulier le général F., qui ne put jamais digérer
que je sois arrivé en Chine avant lui et que j'ai dirigé la seule
opération vraiment sérieuse de cette campagne, l'ont vivement
critiquée et ont déclaré *ex-cathédra*, que nous aurions évité les

pertes sensibles que nous avons éprouvées, en attaquant d'une autre façon, Ils n'ont jamais dit laquelle, par exemple.

Il est certain que si nous avions eu devant nous des troupes européennes, notre attaque contre la porte sud eut été une folie.

Il est bon toutefois de remarquer que la digue, par laquelle nous avons mené l'attaque, présentait, tous les cent mètres environ, des groupes de maisons, qui nous permirent de reprendre haleine et d'arriver, de proche en proche, jusqu'au faubourg qui précédait la porte, faubourg dans lequel le groupe franco-japonais prit pied de bonne heure et passa tout l'après-midi et la nuit du 13 et 14.

En agissant comme nous le fîmes, nous avions tenu compte du fait, maintes fois constaté, que les Chinois ne savent pas manœuvrer et qu'ils ne résistent pas aux mouvements tournants.

Nous comptions que le mouvement effectué par les Russes, sur la rive gauche de Peï Ho, entraînerait la retraite des défenseurs de la ville chinoise et c'est ce qui est arrivé.

Il y a lieu de considérer également que, dans le Conseil de Guerre tenu le 12, les commandants alliés m'offrirent de participer à l'attaque directe, en première ligne avec les Japonais.

J'aurais eu mauvaise grâce, je pense, de refuser ce poste d'honneur et j'imagine qu'aucun militaire, digne de ce nom, ne pourra me blâmer d'avoir agi en bon Français, qui ne boude pas devant le danger.

Au surplus, j'eus l'approbation de mes chefs directs et le Ministre me décerna le beau témoignage de satisfaction, reproduit ci-dessus, et cela me permit de dédaigner les critiques malveillantes.

Avant d'aller plus loin, il me paraît indispensable de dire quelques mots de la concession française de Tien-Tsin.

Cette concession fut accordée à la France par l'article 10 du traité de Tien-Tsin, en 1858.

Par ce traité les terrains de la concession étaient affermés à perpétuité aux Français.

Cette concession était, en 1900, limitée au Nord et à l'Est par le Peï Ho, au sud, par la concession anglaise, et à l'ouest par les terrains vagues, qui s'étendaient dans la direction de l'Ecole de médecine chinoise.

Avant les événements de 1900, qui ruinèrent bon nombre de

ses constructions, la concession française avait l'aspect d'une petite ville très bien tenue.

Elle était administrée par une municipalité présidée par le Consul de France.

On y remarquait quelques monuments : le Consulat de France, la municipalité, l'hôtel des douanes chinoises, l'amirauté chinoise, l'église Saint-Louis et l'hôpital français. Un pont de bateaux, avant la guerre, faisait communiquer la concession avec la gare du chemin de fer, qui est située sur la rive gauche.

Ce pont, situé sur le prolongement de la rue du chemin de fer, fut détruit en partie dès le début du siège.

Un de mes premiers soins, après la prise de la cité chinoise, fut de rétablir ce pont, un peu en aval, sur le prolongement de la rue du Baron-Gros.

Dès que nous eûmes retrouvé le calme, je m'occupai du ravitaillement de mes hommes, qui avait laissé, jusque là, beaucoup à désirer et de me procurer des moyens de transport, pour le cas où nous entreprendrions prochainement la marche sur Pékin.

J'eus la bonne fortune de trouver un certain nombre d'animaux de boucherie dans le faubourg de l'ouest et de mettre la main sur une centaine de chevaux avec un grand nombre de charrettes chinoises.

Dans une visite, que je fis dans la cité et dans les faubourgs, je vis les ruines de la cathédrale catholique de Notre-Dame des Victoires, qui fut incendiée le 21 juin, jour anniversaire de la date à laquelle elle avait été détruite, une première fois, le 21 juin 1870, lors du massacre du personnel du consulat de France et de la mission catholique.

Il ne restait de cette église que le clocher surmonté de la croix.

A cent mètres de ces ruines, je pénétrai dans la citadelle, qui renfermait une tour qui, pendant le siège, dut servir d'observatoire aux Chinois.

Cette citadelle, sur laquelle flottait actuellement le pavillon japonais, masquait du côté de la cité les forts véritables situés à un kilomètre, au nord-ouest de l'autre côté de Peï Ho.

A une courte distance de la rive gauche se trouvaient cinq ou six camps retranchés, dans lesquels était campée la plus grande partie des troupes régulières chinoises et des groupes importants de Boxeurs.

Les Russes trouvèrent, dans le fort et dans ces camps, des quantités considérables d'armes et de munitions.

J'ai dit plus haut, qu'un de mes premiers soins, après la prise de la Cité, fut de me procurer des vivres et des animaux avec des voitures.

Je m'occupai ensuite de créer des magasins pour contenir les vivres, qui commençaient à arriver.

Le 15 juillet, l'amiral Alexeïeff, qui était venu habiter la maison Batouïeff, dans l'extra-concession, réunit les commandants de troupes étrangères, pour nommer un gouvernement provisoire, chargé d'administrer la cité chinoise.

Après de longues discussions, au cours desquelles les avis les plus extraordinaires et les prétentions les plus invraisemblables furent émis, il fut décidé, dans une deuxième réunion que trois commissaires, un russe, un anglais, un japonais, seraient nommés pour former le gouvernement provisoire.

J'avais, en ce qui me concernait, fait mes réserves et déclaré que, si je n'exigeais pas que la France fut représentée dans ce gouvernement, c'est parce que son corps expéditionnaire n'était pas encore assez important et que je demandais qu'il fut bien entendu que, si le contingent français devenait plus fort, nous pourrions réclamer une place de commissaire.

Le 16 juillet les commandants des troupes firent placarder la proclamation suivante qui, traduite en caractères chinois, fut affichée dans tous les quartiers de la cité et des environs.

    « Aux habitants de Tien-Tsin et des environs,

« En bombardant la ville de Tien-Tsin, les troupes alliées
« ont répondu à l'attaque des rebelles contre les concessions
« étrangères.

« Aujourd'hui que vos autorités, manquant à leur devoir, ont
« abandonné leur poste, les alliés se voient dans la nécessité de
« constituer une administration provisoire, à laquelle vous de-
« vez obéir.

« Elle accueillera ceux qui voudront librement commercer
« avec les étrangers, mais elle châtira impitoyablement ceux
« qui voudraient recommencer la lutte.

« Que les méchants tremblent, mais que les bons se rassurent,
« rentrent tranquillement chez eux et reprennent leurs occupa-
« tions ordinaires et la paix renaîtra pour tous.

« Respect à ceci !

Tien-Tsin, le 16 juillet 1900.

Approuvé par :

Allemagne : Von Usedom, capitaine de navire ;
Autriche-Hongrie : J. Indrak, lieutenant de vaisseau.
Etats-Unis d'Amérique : Colonel Made, américan marines.
France : Colonel de Pélacot ;
Grande-Bretagne : Général Dorward, Capitain Bayly ;
Italie : G. Siriani, lieutenant de Vaisseau ;
Japon : Général Fukushima ;
Russie : Vice-Amiral Alexeïeff, général major Stessel.

C'est le 17 juillet que j'appris que le général F., qui commandait la brigade de Cochinchine, était désigné pour prendre
le commandement du corps expéditionnaire.

Cette désignation me causa une grosse déception, parce que
Monsieur Paul Doumer, gouverneur général de l'Indo-Chine,
au moment de mon départ du Tonkin, m'avait promis que, si
cela dépendait de lui, on n'enverrait pas de général, pour commander les troupes françaises en Chine.

Il avait même ajouté très aimablement : « si on tient à ce
qu'il y ait un général français au Peï-Tche-Li, il sera facile
d'en faire un sur place. »

D'autre part, j'avais déjà servi, à deux reprises, sous les
ordres du général F. et je me rendais bien compte que, en raison de son esprit brouillon, ce n'était pas l'homme qu'il fallait
dans les circonstances où nous nous trouvions.

Ce n'était pas évidemment une raison suffisante car, dans
notre pays, où les politiciens dominent, les hommes sont inter-
changeables et il suffit d'être appuyé par un homme influent
ou d'être soi-même intrigant, pour être bon à tous les emplois.

Je m'aperçus bientôt, hélas ! que je ne m'étais pas trompé !

J'ai dit plus haut que, avant la prise de la cité chinoise, les
maraudeurs chinois se faufilaient derrière les tas de sel, qui se
trouvaient sur la rive gauche de Peï Ho et tiraient des coups

de fusil sur la concession française, ce qui rendait la circulation très dangereuse sur les quais et dans les rues.

Ces tas de sel, qui appartenaient à des fermiers du gouvernement chinois, s'étendaient depuis le nord de la gare jusqu'à hauteur de la cité chinoise. Ils formaient des espèces de pyramides de 15 à 20 mètres de base sur 7 ou 8 mètres de hauteur.

Ils représentaient une valeur très considérable.

Dans la matinée du 25 juillet, nous causions, le Consul et moi, sur les quais, lorsque me montrant le drapeau russe, qui était hissé sur les tas de sel au sud de la gare, le comte du Chaylard me demanda pourquoi je ne prenais pas possession des autres tas de sel.

Il ajouta qu'il y avait là une véritable fortune et qu'il se chargerait volontiers de négocier la vente de ces tas de sel, à condition que je lui donne un tant pour cent sur cette vente, pour aider à la reconstruction de la concession française.

Je lui répondis que l'idée de prendre possession des tas de sel m'était bien venue à l'esprit, mais que je n'avais pas donné suite à cette idée, parce que je présumais qu'ils appartenaient à des particuliers.

J'ajoutai que, du moment qu'il m'affirmait qu'ils étaient la propriété de fermiers du gouvernement chinois, j'allais donner l'ordre de s'en emparer.

Je fis appeler immédiatement le lieutenant-colonel Ytasse et je lui prescrivis de faire confectionner trois pavillons français et d'aller les planter : un sur le premier tas de sel situé au nord de la gare, vis à vis du faubourg de la cité ; le second sur un tas de sel, voisin du dernier tas occupé par les Russes ; le troisième sur un tas situé approximativement au centre de la ligne.

Je lui donnai l'ordre en même temps, de placer un petit-poste devant chacun des tas de sel, portant pavillon français.

A deux heures du soir, mes ordres étaient exécutés. Cette prise de possession des tas de sel fut l'origine des difficultés, qui s'élevèrent par la suite, entre le général F. et moi.

Ce dernier arriva à Tien-Tsin le 25 juillet, à six heures du soir.

Il trouva le moyen de me faire comprendre, dès son arrivée, que j'avais eu tort de venir en Chine avant lui et, surtout, de ne pas l'avoir attendu pour prendre la cité chinoise.

A peine descendu du train il me reprocha vivement d'être venu le saluer, à son arrivée, en tenue blanche, sous prétexte que la tenue de campagne était en bleu. J'avoue que je fus surpris de cette algarade, plus que fraîche, faite devant les officiers qui m'accompagnaient.

Ainsi que l'ai dit plus haut, j'avais servi deux fois sous les ordres du général F. et j'avais toujours trouvé en lui un chef particulièrement aimable et bienveillant. Je l'avais vu une dernière fois à mon passage à Saïgon, l'année précédente et j'avais reçu de lui le meilleur accueil.

Je ne compris rien à ce changement d'attitude à mon égard. Je me rendis compte, dès le lendemain, qu'il y avait chez mon nouveau chef, un parti pris très évident de ne tenir compte en rien, ni pour rien de ce qui s'était passé en Chine avant son arrivée.

L'ordre qu'il fit paraître le 26 juillet, pour annoncer sa prise de commandement, au lieu de prendre son numéro dans la série des ordres généraux du corps expéditionnaire, que j'avais fait paraître avant son arrivée, prit le numéro 1.

Le général prit, en outre, une mesure qui me fut particulièrement désagréable. Il décida que le capitaine de Lardemelle, qui était mon officier d'ordonnance, depuis notre départ du Tonkin, serait affecté à son état-major.

Ce malheureux officier n'eut pas à se louer de cette décision, car, pendant tout le temps qu'il resta auprès du Général F. il fut abreuvé de mauvais procédés. Le Général commettait, du reste, maladresse sur maladresse.

Je ne puis résister à l'envie de raconter une de ses gaffes, qui égaya le corps expéditionnaire pendant quelques jours et qui le couvrit de ridicule.

Le dimanche, 29 juillet, nous assistions à la messe à l'église Saint-Louis.

Au moment, où à la fin de la messe, on chante le « Domine Salvam fac Rempublicam ». j'étais absorbé je ne sais plus par quelle pensée et je restai assis.

Tout d'un coup je fus apostrophé par le général, qui me dit : « Eh bien ! vous ne vous levez pas ? »

Naturellement, je ne me fis pas répéter cette invitation et je me levai.

Je fus stupéfait, en voyant le général se retourner et dire à haute voix, à plusieurs officiers restés assis : « Messieurs, levez-vous ».

Non content de cette apostrophe publique, le général après la messe, me fit les plus grands reproches sur mon attitude en cette circonstance qui, disait-il, était une manifestation. J'étais tellement ahuri par cette scène inattendue que je ne pus lui répondre qu'une chose, c'est qu'il devait me connaître assez pour savoir que je n'étais pas un homme à faire une manifestation d'un aussi mauvais goût, surtout en présence d'étrangers, car il y avait dans l'église un certain nombre d'officiers et de soldats des détachements étrangers.

Le général m'ordonna ensuite de lui envoyer le lieutenant-colonel Ytasse qui reçut aussi son paquet.

Ce qu'il y avait de drôle, c'est que ce dernier était à peu près le seul, qui s'était levé au moment où l'on avait chanté le « Domine Salvam fac Rempublicam ».

Monsieur d'Anthouard, premier secrétaire de la légation de France, assistait également à la messe, et, comme moi, piquait probablement l'étrangère, au moment où le chant se fit entendre.

Le général F. n'avait aucune qualité pour le rappeler à l'ordre, aussi ne dit-il rien, mais beaucoup plus tard, alors que M. d'Anthouard venait lui demander, de la part de M. Pichon, de vouloir bien attester qu'il avait accompagné la colonne française, pendant la marche sur Pékin, il lui répondit :

« Certainement, je suis heureux de pouvoir certifier que vous avez eu une attitude très correcte pendant la marche sur Pékin, mais je ne dois pas vous laisser ignorer que j'ai rendu compte au gouvernement de ce que vous avez affecté de rester assis au moment où l'on chantait le « Domine Salvam fac Rempublicam » à l'église de Tien-Tsin, quelques jours avant notre départ de cette ville. »

Joli rôle pour un général français !

Vers le 28 juillet on reçut à Tien-Tsin plusieurs messages de Pékin, provenant du Ministre d'Angleterre, du chargé d'affaires d'Allemagne, de sir Robert Huart, directeur des douanes chinoises, ce dernier du 23 juillet.

On apprit ainsi que les nationaux étrangers, réfugiés à la légation d'Angleterre, avaient pu tenir, dans cette légation, la seule qui ait été épargnée par le feu et le bombardement.

La légation de France était détruite par les obus, mais nos marins en occupaient toujours les ruines.

Au 23 juillet les pertes totales semblaient être de 54 tués et 80 blessés. Les malheureux assiégés se défendirent avec une énergie inlassable, combattant jour et nuit, creusant des tranchées et éteignant les incendies. Leurs munitions devenaient rares, mais ils avaient des vivres en abondance, du riz et du cheval.

Les attaques des Chinois avaient cessé depuis le 16, et le 20 Yung Lu aurait proposé un armistice, que sir Claude Mac Donald aurait accepté, à condition que les Chinois se tinssent éloignés.

Pendant ce temps, les chefs de détachements étrangers préparaient la marche sur Pékin. On prétendait même que le commandant des forces américaines avait reçu de son gouvernement, l'ordre de marcher sur la capitale, coûte que coûte.

L'opinion publique, aux Etats-Unis et en Europe, s'impatientait des retards, mis à la marche sur Pékin et n'en saisissait pas les motifs.

Il fallait bien cependant laisser aux généraux le temps nécessaire pour faire leurs préparatifs.

On était à Tien-Tsin, dans une profonde anxiété sur le sort des malheureux réfugiés à la légation d'Angleterre et au Pé Tang, dont les nouvelles arrivaient, pour ainsi dire, goutte à goutte.

Mais, on connaissait, par expérience, les forces de l'ennemi et les difficultés de cette marche de 150 kilomètres, à travers les plaines détrempées du Peï-Tche-Li, sous un soleil de feu, dans une région entièrement dévastée.

Evidemment, si les troupes étrangères avaient été réunies sous le commandement d'un chef unique, elles auraient été déjà en mouvement, car bien des lenteurs, bien des discussions, etc... eussent été évitées. Mais à qui en incombait la faute ? Ce n'est pas aux chefs militaires, c'est aux rivalités qui, malgré tout, ne perdent jamais leurs droits.

Parmi les plus impatients de la marche en avant étaient les Japonais qui, ayant reçu des renforts considérables, une division de 12.000 hommes, sous les ordres du lieutenant général Yamagoutchi, avaient hâte de se porter sur Pékin. Ils étaient prêts et, dès les premiers jours d'août, ils envoyaient, dans toutes les directions, des reconnaissances offensives, ayant pour objet de se renseigner sur les positions que les Chinois occupaient et sur les forces de l'ennemi.

Le premier août, ils poussèrent du côté de Peï Tsang, une reconnaissance forte de trois bataillons d'infanterie, un escadron de cavalerie et une batterie d'artillerie, qui se heurta à des positions occupées.

Cette reconnaissance perdit peu de monde, mais les Japonais avaient obtenu la certitude que les Chinois occupaient le village de Peï Tsang, avec des forces considérables et qu'ils avaient organisé cette position d'une façon très forte.

A l'Etat-Major de la cinquième division japonaise se trouvait le commandant Arada, qui avait suivi les cours de l'Ecole de Saint-Cyr et de l'Ecole de guerre française et qui s'était pris d'une grande sympathie pour moi. Il venait fréquemment me trouver et me disait que les Japonais seraient très heureux de voir les Français marcher avec eux.

Il aurait voulu que nous prissions part à ces reconnaissances journalières, qu'ils faisaient de leur côté et que, dans la marche sur Pékin, nous conservions avec eux le tact du coude.

Je ne pouvais répondre au commandant Arada qu'une seule chose, c'est que je serais très heureux de marcher avec les Japonais, pour lesquels, surtout depuis la prise de Tien-Tsin. j'avais la plus grande sympathie et une véritable estime. mais que je n'avais plus le commandement et qu'il fallait s'adresser au général F.

Malheureusement ce dernier avait commis l'insigne maladresse de froisser profondément les Japonais. Malgré les avances que ceux-ci lui avaient faites, au moment de son arrivée, il avait affecté, à leur égard, le plus profond dédain. allant même jusqu'à traiter leurs soldats de coolies, dans un conseil de guerre. où on discutait la marche sur Pékin.

Quelques jours avant le début de cette marche. le consul d'Allemagne de Tien-Tsin. fit afficher. en caractères chinois, sur les murs de la ville le télégramme suivant :

« Je donne ma parole impériale de payer 1.000 taëls pour « chacun des étrangers. des différentes nationalités. enfermés « à Pékin. s'ils sont remis vivants aux autorités allemandes

« ou d'autres nationalités étrangères. Toutes les dépenses fai-
« tes pour transmettre ce message à Pékin seront rembour-
« sées.

« GUILLAUME II. »

La parole impériale de Guillaume II, nous savons maintenant ce que cela vaut !

Dans une réunion, qui eut lieu au quartier général du général Linéwitch, le nouveau commandant du corps expéditionnaire russe et doyen des généraux, il avait été décidé qu'il était
nécessaire de se porter, sans plus tarder, à l'attaque des forces
chinoises, retranchées autour de Peï Tsang; puis, si les circonstances le permettaient, de marcher sur Yang Tsoum. Dans
cette dernière ville une garnison suffisante serait laissée, les
autres troupes devant rentrer à Tien-Tsin, où une nouvelle
réunion des généraux devait avoir lieu.

La question de la marche sur Pékin avait été posée mais
n'avait pas été résolue; la situation actuelle ne permettait pas
de se prononcer sur l'opportunité et la possibilité d'une opération de cette importance.

L'attaque de la position de Peï Tsang devait comprendre
une action contre le front, menée par le gros des troupes alliées,
Japonais, Anglais et Américains et un mouvement tournant,
opéré par les Russes et les Français, prononcé sur la droite,
pour amener la retraite des ennemis.

Les troupes françaises, qui devaient prendre part à l'opération, se composaient de deux bataillons d'infanterie, deux batteries de montagne et une batterie de 80 de campagne récemment arrivée.

Les malingres et les malades du corps expéditionnaire, for-
mant un bataillon, étaient laissés à Tien-Tsin.

En conséquence de ces dispositions la colonne de gauche
se mit en mouvement de partir le 3 août au soir.

Les Russes et les Français composant la colonne de droite,
partirent le 4 dans l'après-midi, pour aller bivouaquer au nord
du canal de Lutaï.

Nous établîmes notre bivouac auprès des troupes russes et
de petits détachements allemands, autrichiens et italiens.

Au milieu de la nuit le général F. m'envoya prévenir par le
capitaine de Lardemelle, que les Chinois, ayant tendu une
inondation dans la plaine, le terrain sur lequel la colonne

franco-russe devait opérer le lendemain, était devenu impraticable, que, dans ces conditions, le général Linewitch avait renoncé à s'engager sur ce terrain et qu'il avait résolu de se porter, par une marche de flanc, vers la droite de la position ennemie, de façon à soutenir, si cela était nécessaire, l'attaque de front, que devait prononcer la colonne japonaise-anglo-américaine.

Le général me prévenait qu'il allait de sa personne, accompagné de la compagnie Bonnabosc et de la batterie Joseph, se diriger vers You Fou, qui était occupée par une compagnie de volontaires russes. Le général m'ordonnait, en outre, de prendre le commandement des troupes françaises et de suivre le mouvement de la colonne russe.

Voilà donc un général, commandant un corps expéditionnaire, qui ne craint pas d'abandonner la troupe qu'il commande, au moment où cette troupe est sur le point de s'engager avec l'ennemi, pour aller, avec une poignée d'hommes courir une aventure !

La colonne se mit en route à 4 heures du matin et, par une marche forcée, exécutée sous une chaleur accablante, nous arrivâmes sur le terrain où avait lieu le combat, livré par la colonne de gauche. Ce combat était, du reste terminé et nous ne trouvâmes, sur le champ de bataille, que des cadavres de Chinois et d'animaux et de nombreux postes de secours japonais, encombrés de blessés et de morts.

La colonne russe, dont je faisais partie, alla camper au delà de Peï Tsang.

Nous eûmes la bonne fortune de trouver, non loin du terrain de campement, une jonque, escortée par un détachement français, qui portait des vivres et de l'eau.

Je pus ainsi ravitailler mon monde et faire distribuer aux hommes des vivres pour deux jours.

L'effort principal, dans cette affaire de Peï Tsang, fut donné par les Japonais, auxquels revient tout l'honneur de la victoire.

Ils n'hésitèrent pas à sacrifier du monde pour arriver à ce résultat, où ils eurent 300 hommes hors de combat. Les Anglais et les Américains restèrent en réserve.

Les Russes, les Français, les Autrichiens, les Allemands et les Italiens ne prirent même aucune part à la bataille. Il faut cependant signaler que la batterie française de 80 de campagne, qui avait été mise à la disposition du général Linéwitch, rendit un grand service à la cause commune, en bombardant les positions chinoises.

Dans la soirée, le général Linéwitch me fit appeler, au camp de Peï Tsang, pour me donner ses ordres pour la journée du lendemain.

« Nous marchons demain sur Yang Tsoun, où nous aurons probablement un combat sérieux à soutenir, me dit le général ; je tiens beaucoup à ce que les Français marchent avec nous. »

J'étais très ennuyé car je n'avais pas de nouvelles du général F. et je ne savais trop si je devais continuer la marche avec les Russes.

Je fis part au général Linéwitch de mon embarras. Il me parut surpris et me le fit clairement comprendre. Dans ces conditions, je n'avais plus à hésiter et je répondis au général :

« Vous pouvez compter sur moi, mon général. Je suis à vos ordres et je mets à votre disposition deux bataillons et deux batteries d'artillerie, dont une de campagne, celle qui a combattu aujourd'hui avec les Russes. »

Avant de quitter le camp russe, j'assistai à une cérémonie véritablement émouvante : la prière du soir.

Toutes les troupes, ayant été rassemblées derrière les faisceaux, une sonnerie se fait entendre, qui est répétée de la droite à la gauche du camp.

Après cette sonnerie la prière est récitée, à haute voix, par tous les hommes.

Puis l'hymne russe est joué par toutes les musiques. On ne peut se faire une idée de l'impression que l'on ressent en assistant, le soir d'une bataille, à une cérémonie pareille !!!

Aucune parole, aucune phrase ne peut rendre l'effet produit par cette prière, récitée à haute voix, en plein air, par 4.000 hommes.

Plusieurs soldats français, qui s'étaient rapprochés du camp russe, en entendant la musique ne purent s'empêcher de pousser à pleine voix, lorsque l'hymne russe fut terminé, le cri de « Vive la Russie ».

Le général Linéwitch en entendant ces cris, donne l'ordre de jouer la « Marseillaise » et, se tournant vers moi, il me dit, en me tendant les deux mains : « Colonel, vous direz à votre gouvernement, que le soir de la bataille de Peï Tsang, les deux armées française et russe ont fraternisé sur le champ de bataille ! »

Le général Linéwitch était un général très populaire dans l'armée russe, où on ne le connaissait que sous le nom de « Le Vieux ».

Il eut, au cours de la guerre russo-japonaise, le commandement suprême des armées russes.

Le lendemain matin, à 4 heures, nous prîmes, dans la colonne russe, la place qui m'avait été indiquée. Les hommes, bien reposés, étaient pleins d'entrain, dans l'espoir que cette journée nous permettrait de prendre part à un combat, coude à coude, avec nos amis les Russes et de nous dédommager de la journée de la veille, où nous avions fait une marche très fatigante, pour arriver trop tard, sur le champ de bataille, comme les carabiniers d'Offenbach.

Notre marche dura, sans incident, jusqu'à neuf heures environ.

A ce moment, le canon commença à se faire entendre dans la direction de Yang Tsoum.

Sur ces entrefaites, un officier d'Etat-Major japonais vint nous dire de la part du général Yamagoutchi que les Japonais, ayant rencontré sur la rive droite du Peï Ho, des obstacles considérables, ne pouvaient marcher à la même hauteur que la colonne russe et qu'ils ne pourraient pas, si l'on continuait à marcher aussi vite, contribuer à l'attaque de Yang Tsoum.

Le général Yamagoutchi priait, en conséquence le général Linéwitch de vouloir bien ralentir la marche. A partir de ce moment, la marche fut un peu ralentie, mais le canon continuant à tonner, ce ralentissement ne fut pas de longue durée et nous reprîmes notre marche accélérée.

Vers 11 heures, au moment où nous arrivions à l'entrée d'un village, le général russe me fit demander de masser mon monde, dans un terrain vague et d'attendre ses ordres.

Pendant que je prenais mes dispositions pour opérer ce rassemblement, on vint me rendre compte qu'une petite colonne, avec pavillon français, se dirigeait vers nous.

J'envoyai immédiatement reconnaître cette colonne. C'était le Général F. qui revenait avec la compagnie Bonnabosc et la batterie Joseph.

Enfin ! je retrouvais mon général, disparu depuis près de 36 heures.

Je me portai immédiatement au devant de lui et je lui rendis compte, en quelques mots, de ce qui s'était passé, de notre côté depuis notre séparation.

J'ajoutai que, en ce moment, je me trouvais dans une colonne russe, que le combat était commencé du côté de Yang Tsoun et que j'attendais les instructions du général Linéwitch.

Le général me répondit alors : « C'est bien, à partir de maintenant, vous n'avez plus d'ordre à recevoir que de moi. »

Au même moment le capitaine de Lardemelle, que j'avais envoyé auprès du général Linéwitch, revenait me dire que le général me priait de lui envoyer une batterie et me prévenait qu'il aurait probablement besoin, dans un moment, d'un bataillon et de l'autre batterie.

Le général F., ayant entendu cette communication, donna l'ordre au capitaine commandant la batterie de 80 de campagne de suivre l'officier russe, qui devait le conduire à l'endroit indiqué par le général Linéwitch.

Pendant que les hommes qui l'avaient accompagné prenaient quelques instants de repos, le général me raconta le mouvement qu'il avait exécuté la veille.

Ce mouvement, exécuté sur la gauche de la position chinoise, avait, d'après lui, provoqué la retraite des troupes qui l'occupaient.

C'est, du reste, ce qu'affirma le général, dans un télégramme au Ministre, télégramme qui fut la risée du corps expéditionnaire et aussi, malheureusement, des troupes alliées.

Ce télégramme se terminait en ces termes : « il est permis de déclarer que l'attaque des Japonais sur le flanc droit, qui s'étendait jusqu'à 3 kilomètres de la position centrale de Peï Tsang, position où l'effort principal de la défense était concentré, n'avait eu qu'une faible influence sur l'ennemi, jusqu'au moment où l'action soudaine et efficace de la batterie française de Yu-Nan-Chin, du groupe F. détermina l'ennemi à prononcer immédiatement un mouvement de retraite. »

Conclusion : C'est le général F. qui, avec une compagnie de 80 hommes et une batterie d'artillerie de montagne, a gagné la bataille de Peï Tsang et a obtenu ce succès, sans perdre un seul homme. C'est merveilleux !

La vérité vraie, c'est que le général F. voulant avoir une affaire pour lui tout seul, n'a pas craint d'abandonner les troupes dont il avait le commandement et d'exécuter une opération isolée, à une grande distance de l'endroit où opéraient les forces alliées, opération qui, exécutée par un chef de partisans pouvait avoir sa raison d'être, mais, qui, dirigée par un général, devenait imprudente et quelque peu ridicule.

Le général F. ayant terminé le récit de ses exploits, me donna l'ordre de faire rompre les faisceaux et de prendre la formation de combat, pour attaquer deux villages importants dans la direction de l'Est, dans lesquels des incendies étaient allumés. Je fus surpris de recevoir cet ordre et j'étais tellement persuadé que le Général faisait fausse route, que je lui dis : « Mais mon Général, je ne crois pas que ces villages soient occupés par l'ennemi. Le combat a lieu en ce moment à Yang Tsoum, qui est à notre gauche et, en nous dirigeant vers ces villages, nous tournons le dos à l'ennemi. »

Malgré cette observation le général maintint son ordre. Nous continuâmes donc notre route dans la direction de ces villages.

Lorsque nous fûmes arrivés à 800 mètres de celui de gauche, sans recevoir de coups de fusil, nous rencontrâmes deux soldats américains, étendus à l'ombre d'une touffe de sorghos.

Un de ces soldats, qui parlait admirablement le français, était blessé au pied.

Il m'interpella, en me demandant de lui donner à boire. Je profitai de l'occasion pour lui demander si le village qui se trouvait devant nous, était occupé par les Chinois.

Il me répondit que ce village avait été pris, deux heures auparavant, par un détachement américain.

Il était, du reste, occupé par quelques Chinois seulement, qui s'étaient retirés, après avoir tiré quelques coups de fusil dont l'un l'avait blessé.

Je m'empressai d'envoyer un officier pour rendre compte au général de ce que je venais d'apprendre. Il me fit répondre de continuer à marcher sur le village et de m'y installer.

Quelques instants après nous arrivions au milieu des maisons et nous pûmes constater que les Américains avaient tout chambardé et avaient allumé quelques incendies.

Le Général, un peu penaud, en constatant qu'il avait enfoncé une porte ouverte, décida alors que nous ferions, dans ce village, une halte de deux heures et que nous irions ensuite camper aux environs de Yang Tsoum.

Tel est le rôle joué, pendant la journée du 6 août, par le détachement français.

J'ai oublié de dire que, au moment où le général F. me donnait l'ordre de prendre la formation de combat, je me permis de lui faire observer que les troupes que je commandais faisaient partie de la colonne russe, que le général Linévitch pouvait compter sur elles, pour l'attaque de Yang Tsoum et qu'il serait peut-être prudent et convenable de le prévenir qu'elles n'étaient plus à sa disposition.

Le général me répondit : « Cela me regarde, exécutez les ordres que je viens de vous donner ».

Je dois ajouter que le général Linévitch fut furieux du procédé du général F. et ne se cacha pas pour le dire à haute voix.

La rancune de général russe fut cause, ainsi que je l'expliquerai plus loin, que les Français n'entrèrent à Pékin que le lendemain du jour où cette capitale fut prise par les autres détachements étrangers.

Pendant que nous prononcions cette attaque remarquable, les Russes s'emparaient de Yang Tsoum, qui n'offrit pas du reste, une résistance sérieuse.

Voici, comment le général F., raconta, dans son rapport au Ministre, la prise par les troupes françaises, au combat de Yang-Tsoum :

« L'artillerie de montagne et l'infanterie, après un repos d'une demi-heure, furent mises en mouvement à 11 h. 30, traversèrent la voie ferrée et se portèrent, en formation de combat, l'artillerie au centre, à travers champs, sur Yang-Tsoum, un peu à l'est de cette localité, de manière, le cas échéant, à effectuer un mouvement débordant. »

Un peu à l'est est assez coquet, nous tournions le dos à Yang Tsoum.

Après la prise de cette ville, les chinois se mirent en retraite dans la direction de Pékin.

A partir de ce moment, les forces alliées ne rencontrèrent aucune résistance jusque sous les murs de la capitale. Le soir du 6 août, les troupes françaises vinrent camper sur les bords du Peï Ho, dans la plaine qui se trouve au sud du pont du chemin de fer.

Elles se trouvaient à côté des Américains, qui étaient à leur droite et des Anglais qui étaient derrière ceux-ci.

Dans le conseil de guerre, tenu à Tien-Tsin, le 4 août, les généraux commandant les troupes alliées avaient simplement décidé d'attaquer les positions fortifiées par les Chinois et de forcer ces derniers à battre en retraite.

La marche sur Pékin, que réclamaient énergiquement les Japonais, n'avait pas encore était résolue.

Ce n'est que le lendemain du combat de Yang Tsoum, le 7 août, que les chefs militaires, dans un conseil de guerre, tenu dans ce village, ayant constaté que la résistance des Chinois manquait de fermeté et que leur moral était fortement ébranlé, prirent la résolution de se diriger le plus rapidement possible sur la capitale.

Le général japonais avait déclaré, du reste, dans ce Conseil qu'il avait l'intention, quelle que fut la résolution prise par ses collègues, de poursuivre sa marche sur Pékin. Les Russes ne voulant pas laisser les Japonais arriver seuls dans la capitale, se rallièrent à ce projet.

Les Anglais, les Américains et les Français firent de même et il fut décidé que la colonne internationale, après une journée de repos, se mettrait en route, le 8 août, pour Toung Tchéou, qu'elle comptait atteindre en quatre jours.

Le général F. dans son rapport au Ministre, dit : « que la « détermination des généraux fut fortement influencée par les « renseignements secrets qu'ils venaient de recevoir d'émissai-« res envoyés à Pékin, renseignements que le général fran-« çais ignorait complètement. Des personnes très autorisées lui « donnaient l'assurance que l'ennemi ne ferait aucune résis-« tance jusqu'à Pékin, qu'à Pékin même des dispositions étaient « concertées avec des officiers chinois, pour tenir ouvertes, « à l'arrivée des troupes, un certain nombre de portes de la « ville.

« Le Général F. annonça au Conseil des Généraux la néces-« sité pour lui de rentrer à Tien-Tsin, pour y préparer la mar-« che en avant, de toutes les troupes françaises dont il dispo-« sait, qu'il ne pourrait, par suite, ne se conformer qu'ultérieu-« rement au mouvement en avant, qui venait d'être décidé, « mais que le corps français aurait l'honneur de se trouver aux « côtés des corps alliés devant Toung Tchéou, s'ils devaient y

« rencontrer de la résistance et devant Pékin : en attendant, il
« se chargeait de garder le point important de Yang-Tsoum. »

Quelques instants après le retour au camp du général, les
décisions du Conseil de Guerre étaient connues et nous nous
réjouissions de la résolution prise, lorsque vers 4 heures le
général me fit appeler et m'apprit qu'il allait profiter d'un
chaland à vapeur, qui venait de remorquer des jonques de vivres, pour rentrer à Tien-Tsin.

Il me passa le commandement et m'ordonna d'aller, le lendemain, cantonner dans le village de Yang-Tsoum, qui se trouvait à 3 kilomètres du camp.

Il m'enjoignit, en outre, d'envoyer deux officiers, dans la
matinée du lendemain, pour reconnaître la route qui de Yang
Tsoum se dirige sur Pékin en passant par Toung Nyan et Tsaï
Yu-Tchang, qui lui paraissait plus courte que celle qui longe
le Peï-Ho.

Dès son arrivée à Tien-Tsin, le général envoya au Ministre
de la Marine le télégramme suivant, dans lequel il rend compte de la situation :

« La marche sur Pékin a été provoquée par les renseignements particuliers des Russes et des Japonais, d'après lesquels
les Chinois auraient l'intention de proposer la paix, après un
simulacre de défense de Toung-Tchéou.

« De retour à Tien-Tsin, j'ai offert aux Allemands, aux Autrichiens, et aux Italiens, qui ne sont pas représentés actuellement dans la colonne, de faciliter l'envoi d'un détachement,
pour coopérer, le cas échéant, à la prise de Pékin.

« Ils ont tous accepté avec reconnaissance.

« Les forces françaises qui avaient été laissées à Tien-Tsin
rallient avec eux la colonne, en doublant les étapes. Monsieur
d'Anthouard part avec eux. »

Ainsi, voilà un général français, qui quitte les troupes dont
il a le commandement, en présence de l'ennemi, pour aller décider les détachements de la triple alliance, à marcher avec ses
troupes.

Nous verrons, d'ailleurs plus loin, que le général F., pendant
toute cette campagne, ne sut qu'inventer pour être agréable
aux contingents de la triple alliance et en particulier aux Allemands.

Ce qu'il y a de très curieux, c'est que le général F., dans

son rapport officiel au Ministre de la Marine, ne rappelle, en aucune façon, le télégramme qu'il envoya de Tien-Tsin et qu'il ne dit pas un mot du rôle qu'il a joué auprès des détachements de la triple alliance.

Je dois dire, dès maintenant, que cette nouvelle escapade de notre chef, eut pour résultat de mettre sur les dents le détachement français, en lui faisant faire, par une chaleur torride, des marches forcées, qui l'égrenèrent sur la route de Pékin et de le faire arriver, dans la capitale, vingt-quatre heures après les autres détachements.

Que dut penser le Gouvernement français, quand il reçut le télégramme ci-dessus ?

Il dut être plutôt surpris d'apprendre que le général F. se trouvait le 9 à Tien-Tsin, alors qu'il avait toutes les raisons de croire qu'il se trouvait à Yang-Tsoum, à la tête de la colonne française et son étonnement dut être à son comble, en apprenant que le général avait fait ce mouvement en arrière pour se mettre à la tête des détachements de la triple alliance.

Dans la matinée du 8 j'envoyai, ainsi que j'en avais reçu l'ordre, deux officiers pour reconnaître la route, dont m'avait parlé le général F.

Ces deux officiers revinrent à 10 heures et me rendirent compte que cette route était impraticable ; elle était sous l'eau et ils avaient éprouvé les plus grandes difficultés pour faire une dizaine de kilomètres dans cette direction.

Ils ajoutèrent qu'ils avaient aperçu quelques bandes de Chinois, qui avaient tiré sur eux.

J'avais également envoyé le capitaine de Lardemelle, avec un petit détachement, pour préparer le cantonnement de la colonne française dans le village de Yang-Tsoum.

Cet officier revint à 11 heures et me rendit compte que la plus grande partie du village était brûlée, mais qu'il restait néanmoins assez de maisons intactes pour abriter tout notre monde.

La partie du village, située sur la rive droite du Peï Ho, n'était occupée par aucun détachement étranger.

Sur la rive gauche, les Japonais s'étaient installés dans un vaste yamen, dont ils avaient fait un magasin. Un pont de bateaux, construit par les Russes, faisait communiquer les deux rives.

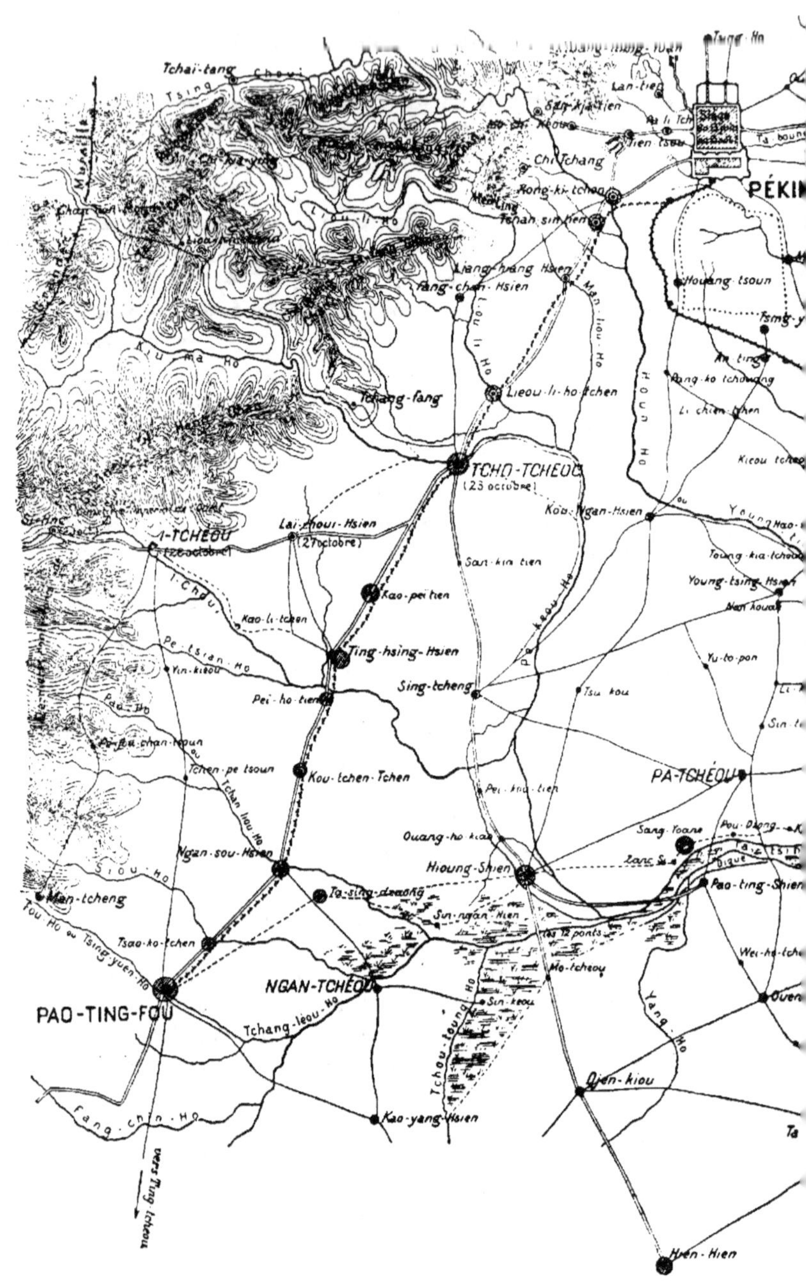

Carte de la régio

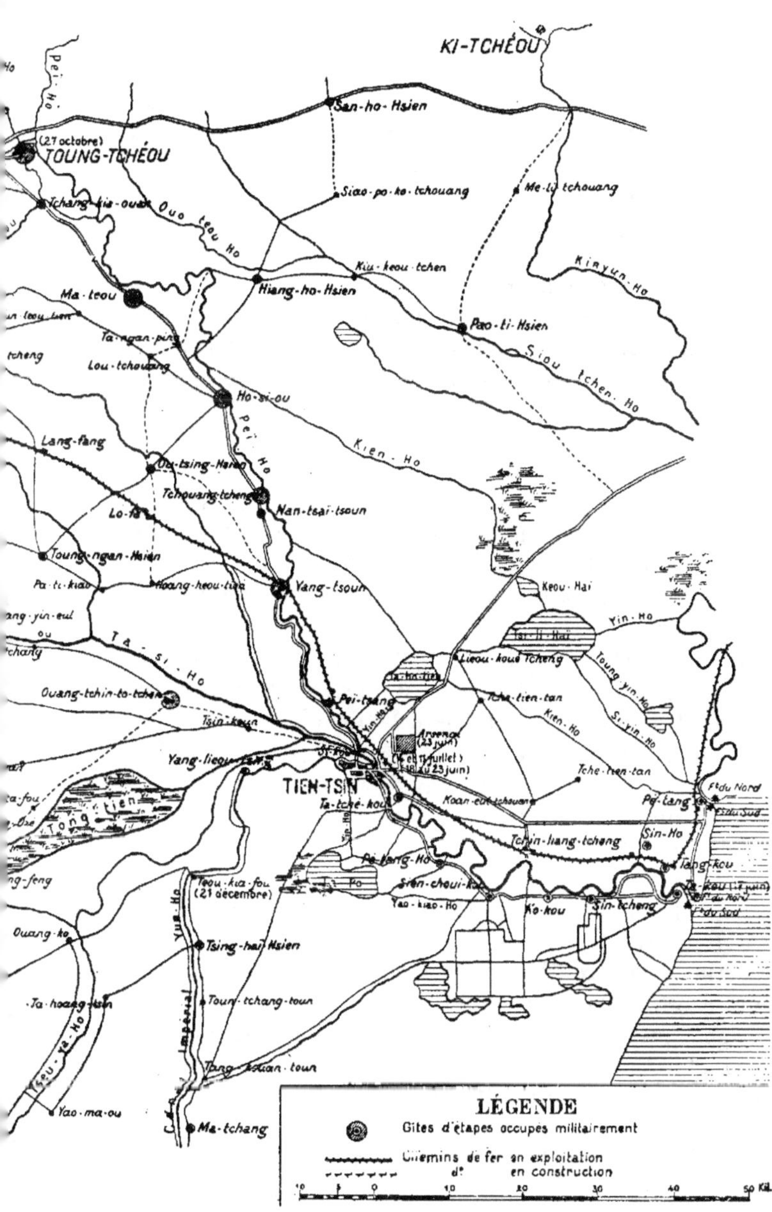

kou à Pékin.

KI-TCHÉOU
San-ho-Hsien
(27 octobre)
TOUNG-TCHÉOU
Tchang-kia-ouan
Ouo-teou-Ho
Pei-Ho
Siao-po-ko-tchouang
Me-ly-tchouang
Kiu-keou-tchen
Kinyun-Ho
Ma-teou
Hiang-ho-Hsien
Pao-ti-Hsien
Ta-ngan-ping
Siou-tchen-Ho
Lou-tchouang
tcheng
Ho-si-ou
Pei-Ho
Lang-fang
Kien-Ho
Ou-tsing-Hsien
Tchouang-tcheng
Lo-fa
Nan-tsai-tsoun
Toung-ngan-Hsien
Pa-li-kiao
Hoang-heou-tien
Yang-tsoun
Keou-Hai
Yin-Ho
Si-li-Hai
Toung-yin-Ho
Ouang-tchin-to-tchen
Lieou-koue-tcheng
Tsin-keou
Kien-Ho
Si-yin-Ho
Pei-tsang
Tche-tien-tan
Yang-lieou-tsin
Arsenal
(23 juin)
(14 et 17 juillet)
(18 au 23 juin)
Tche-tien-tan
Ft du Nord
TIEN-TSIN
Pei-Ho
Koan-eul-tchouan
Pei-tang
Ft du Sud
Ta-tché-kou
Sin-Ho
Tsong-tien
Tchin-liang-tcheng
Tang-kou
Pei-tang-Ho
Teou-kia-fou
(21 décembre)
Sien-choui-kou
Ta-kou (17 juin)
Ft du Nord
Yao-kiao-Ho
Ko-kou
Sin-tcheng
Ft du Sud
Ouang-ko
Tsing-hai-Hsien
Toun-tchang-toun
Ta-hoang-tsin
Tpng-tchan-toun
Yao-ma-ou
Ma-tchang
LÉGENDE
Gîtes d'étapes occupés militairement
Chemins de fer en exploitation
d°   en construction
10   0   10   20   30   40   50 Kil.

Le capitaine de Lardemelle ajouta qu'il avait découvert, sur la rive droite, un peu au sud du village, un fortin. dont les parapets en terre étaient assez élevés et qui pourrait contenir environ une compagnie.

Muni de ces renseignements, je donnai l'ordre de lever le camp à deux heures.

Une compagnie devait, à la même heure, traverser le Peï Ho sur une jonque d'approvisionnements, qui venait d'être vidée et aller occuper le fortin signalé par le capitaine de Lardemelle.

La levée du camp se fit à l'heure prescrite et nous allâmes cantonner à Yang Tsoum, dans les bâtiments qui avaient été reconnus le matin.

Dès que nous fûmes installés l'officier russe, qui était chargé de la garde et de la manœuvre du pont de bateaux, vint me dire qu'il avait reçu l'ordre de rejoindre son corps et me demanda de vouloir bien le faire relever et donner des instructions pour que la garde et la manœuvre du pont, soient assurées par les Français.

Je prescrivis aussitôt à un officier d'artillerie de se mettre au courant de la manœuvre et, à partir de ce moment. le service de ce pont, fut assuré par un détachement français.

Dans l'après midi du 9, je reçus un ordre du général F., daté de Tien-Tsin. le 8 août, me prescrivant de pousser le 9. le commandant Feldmann. avec deux compagnies et une batterie. dans la direction de Toung Tchéou.

Cet ordre, arrivé en retard, fut exécuté le jour-même et à six heures du soir, le commandant Feldmann partait avec deux compagnies et une batterie.

Le lendemain le général F. arrivait en chaloupe à vapeur à Yang-Tsoum vers 9 heures du matin.

A peine débarqué, il me donnait l'ordre de faire partir, le plus vite possible. une nouvelle colonne, commandée par le chef de bataillon Brenot, qui était lui aussi arrivé le matin de Tien Tsin.

Cette colonne. composée de deux compagnies et de deux batteries. dont la batterie de campagne, quitta Yang-Tsoum, à 5 heures du soir et suivit la route de Pékin.

Une heure après deux autres compagnies prenaient la même direction sous le commandement du chef d'escadron Fagnard.

Cette dernière colonne était suivie d'un convoi d'artillerie, sous le commandement du capitaine Bianchi.

Le général F. et son état-major, quittaient Yang-Tsoum un peu plus tard, me laissant dans cette localité, avec la mission d'en assurer la garde et d'organiser les services de l'arrière.

Je devais rejoindre la colonne expéditionnaire, avec la compagnie Vincent, qui venait d'arriver de Cochinchine et qui, d'après les avis reçus par le général, devait arriver le lendemain à Yang-Tsoum.

Cette compagnie n'arriva que le 12 et je partis avec elle le soir même.

Je dois avouer qu'en recevant l'ordre de rester à Yang-Tsoum alors que le corps expéditionnaire, dont toute l'infanterie dépendait de mon commandement, se dirigeait, en marches forcées sur Pékin, j'eus le cœur très serré, mais l'ordre était formel et je n'avais qu'à obéir.

Je ne pus m'empêcher de voir, dans cet ordre, une brimade, inspirée à mon chef par le désir de me priver de l'honneur d'entrer à Pékin en même temps que lui.

Après le départ du général F. je plaçai un poste pour garder le pont de bateaux, puis, comme je n'avais aucune troupe avec moi, je me retirai dans le fortin, occupé par la compagnie que j'y avais envoyée le 8.

Le premier peloton de la compagnie Vincent étant arrivé le 12 au soir, je décidai de partir, le lendemain, avec ce peloton, en laissant l'ordre au deuxième peloton de suivre le mouvement.

J'arrivai à Toung Tchéou, le 18, après avoir traversé Tchang Kia Houan, ville, où eut lieu un des combats les plus importants de l'expédition de 1860.

Toung Tchéou, situé sur le canal impérial, était, avant la campagne de 1900, une ville très importante. C'était le port de Pékin sur le Peï Ho ou plutôt sur le Cha Ho, affluent du Peï Ho.

C'est dans cette ville qu'en 1860 eut lieu l'infâme trahison, qui amena le massacre d'une partie de la commission anglo-française, envoyée pour régler les conditions de la paix.

En arrivant à Toung Tchéou, j'appris que les colonnes françaises, que j'avais expédiées de Yang-Tsoun, étaient arrivées fourbues par la marche forcée qu'on leur avait imposée

Pendant ce temps, les troupes alliées arrivaient bien fraîches à Toung Tchéou, après avoir fait, chaque jour, une étape moyenne de vingt kilomètres, ce qui était largement suffisant avec la chaleur torride qu'il faisait à ce moment.

Dans la soirée du 13 les diverses unités françaises, ayant achevé de se concentrer à Toung Tchéou, le général F. disposait de six compagnies, donnant un effectif de 150 hommes et de trois batteries d'artillerie.

Ces batteries étaient d'ailleurs très incomplètes. Chaque homme portait des effets de drap roulés dans la toile de tente, trois jours de vivres de réserves et 185 cartouches.

Le commandement des troupes françaises avait adressé à ses troupes le 13 août, avant son départ de Toung Tchéou, l'ordre du jour dont voici le texte :

« Ordre du 13 août 1900.

« I. — Ce soir, 13 août, une colonne composée de soldats allemands, autrichiens et italiens, sous les ordres d'un capitaine de vaisseau allemand, doit cantonner au milieu des troupes françaises à Toung Tchéou.

« Vous montrerez par le bon accueil qui sera fait à tous, que nous plaçons haut le sentiment de confraternité militaire, qui doit animer tous ceux qui combattent côte à côte pour la même cause.

« Cette colonne marchera et bivouaquera avec les troupes françaises.

« Son bivouac devra être préparé par le cantonnement français, en arrière de celui des colonnes françaises.

« II. — Au bivouac de demain 14 août, sous les murs de Pékin, au moment où les hymnes nationaux des nations étrangères seront joués, il sera fait un silence complet et chaque hymne sera écouté avec recueillement.

« Lorsque l'hymne national français sera joué, il sera chanté, à pleins poumons en cadence, par tout le corps expéditionnaire français.

« Des fusées de signaux seront tirées à ce moment.

« Le silence le plus absolu devra régner dans le camp français, aussitôt après la dernière mesure de notre hymne national.

« Nos compatriotes et les personnes des Légations, de l'autre côté des murailles, en entendant notre chant de guerre, sauront que l'heure de la délivrance est arrivée.

« Signé : Général F. »

Comme tout cela est beau !

Malheureusement aucune des prescriptions de cet ordre ne put être exécutée et le général en fut pour son éloquence.

D'abord, les troupes de la triple alliance, qui auraient dû quitter Tien-Tsin sous la pression du général F., ne se soucièrent pas de doubler les étapes ; il faut remarquer qu'elles étaient composées de marins, qui n'ont pas l'habitude de la marche. Elles n'arrivèrent à Toung Tchéou que le 17 et à Pékin que le 18 ou le 19 et furent ainsi privées de l'honneur de marcher sous les ordres du général F.

Le campement français n'eut donc pas, ainsi que le prescrivait le général, à préparer le bivouac de ces troupes.

Il y a lieu, cependant, de remarquer qu'elles couchèrent d'après ses ordres, dans le cantonnement français de Toung Tchéou.

En ce qui concerne l'hymne national, qui devait être chanté à pleins poumons, après les autres hymnes nationaux, nous verrons dans la suite de ce récit, que la splendide cérémonie réglée dans l'imagination du général F. n'eut pas lieu et que le détachement français avait d'autres préoccupations le 14 au soir.

Nos compatriotes, de l'autre côté des murailles, n'entendirent pas notre beau chant de guerre, parce que, dès le 14 au matin les Russes et les Japonais étaient entrés dans Pékin.

Dans la conférence qui avait eu lieu à Toung Tchéou le 13 août, les généraux avaient décidé que les troupes alliées marcheraient le lendemain dans la direction de Pékin et qu'elles bivouaqueraient le plus près possible des murs de la capitale.

Il était entendu que les généraux se réuniraient à nouveau le 14, dans la soirée, au bivouac du général Linévitch, pour régler les détails de l'entrée dans Pékin.

Pour la marche du lendemain les Japonais, les Américains, et les Anglais, devaient suivre la route qui passe au nord du canal impérial, les **Français** et les Russes la route au sud de ce canal.

Dès le 13 au soir les Japonais quittèrent Toung Tchéou et vinrent bivouaquer à trois kilomètres de la porte de Toung-dje-Men au nord-est de la ville tartare.

Les Russes partirent également le 13 au soir et vinrent s'établir assez près de la porte Toung-pien-men, au nord-est de la ville chinoise.

Les Anglais et les Américains, de leur côté, partirent dans la nuit du 13 au 14 et vinrent s'installer au bivouac, au sud du canal impérial, à 7 kilomètres environ des remparts de Pékin.

Le détachement français arriva à 6 heures du matin à 6 kilomètres environ des murailles de la capitale, après avoir dépassé le campement des troupes américaines.

Une reconnaissance, composée d'une section d'infanterie, fut envoyée pour chercher un point de passage sur la rive nord, où le général espérait trouver les troupes russes. Cette reconnaissance, après avoir refoulé par quelques feux de salve, les tirailleurs ennemis, arriva au pont de l'écluse.

Toute la colonne française passa sur la rive nord du canal et s'établit au bivouac près du pont de l'écluse.

Pendant la marche de la colonne, vers 3 heures du matin, les Français ne furent pas peu surpris d'entendre une fusillade assez vive dans la direction de Pékin. Au lever du jour, une forte canonnade se fit également entendre du même côté.

D'où pouvaient bien provenir ces bruits ?

On sut plus tard que les Russes avaient donné l'assaut à la porte Toung-pien-men, le 14 à 2 heures du matin et qu'ils avaient subi des pertes sérieuses.

Les Japonais, de leur côté, avaient attaqué, dès l'aube, les deux portes situées à l'est de la ville tartare.

Ils avaient également perdu beaucoup de monde.

Le général F., ne pouvant se douter que les généraux alliés ne s'étaient pas conformés aux résolutions prises à la conférence de Toung Tchéou, perdit la plus grande partie de la journée du 14 à rechercher le camp du général Linéwitch, et ce n'est qu'à 6 heures du soir, qu'il apprit que les Russes et les Japonais étaient déjà entrés dans Pékin.

Il envoya aussitôt des ordres pour que la colonne française se mette en mouvement.

Deux compagnies d'infanterie et une batterie d'artillerie. sous le commandement du chef de bataillon Feldmann, partirent, dès que l'ordre fut reçu, et pénétrèrent à minuit dans Pékin.

A 4 heures du matin elles entrèrent dans la ville tartare, par la porte Ha-ta-men et au point du jour, elles arrivèrent sur l'emplacement de la Légation de France. Le reste de la colonne, composé des hommes fatigués et de deux batteries, arriva dans la matinée dans le quartier des Légations.

Tel est le récit de cette marche de Toug-Tchéou sur Pékin. qui fut, on peut le dire, une course au clocher, où chacun des généraux alliés fit tous ses efforts, pour arriver bon premier dans la capitale.

Dans cette course, le général F., qui crut devoir se conformer aux décisions prises à la conférence de Toung Tchéou, se mit en retard en recherchant le bivouac russe, où devait avoir lieu une nouvelle réunion des commandants étrangers, le 14 au soir, et entra dans Pékin après tous les autres.

Quant aux Anglais, toujours habiles, ils trouvèrent le moyen d'entrer dans la ville chinoise, sans tirer un coup de fusil, par la porte de Cha Koué Men, qui n'était pas défendue et pénétrèrent dans la ville tartare en passant sous la muraille et en suivant le canal qui longeait la Légation d'Angleterre. Ils arrivèrent bons premiers, dans le quartier des Légations. à 3 heures 30 de l'après-midi du 14.

Les Américains venaient derrière eux.

Au moment où les troupes alliées arrivèrent dans le quartier des Légations, elles trouvèrent ce quartier presque complètement en ruines.

La Légation de France, en particulier, était presque complètement détruite.

Par sa situation elle était, de beaucoup, la plus exposée de toutes les autres légations.

Il faut cependant en excepter la Légation d'Autriche. qui assez éloignée des autres légations, fut détruite dès le premier jour.

Le détachement français, sous les ordres du lieutenant de vaisseau Darcy, auquel s'étaient joints vingt marins autrichiens, après la destruction de leur légation, défendit les ruines de notre légation.

Le Ministre de France, Monsieur Stéphen Pichon, s'était réfugié, avec le personnel civil de la légation, à la Légation d'Angleterre, où se trouvait déjà le personnel des autres légations.

Le chargé d'affaires d'Autriche, M. de Rosthorn, pour des raisons personnelles, ne voulut pas accepter l'hospitalité du Ministre d'Angleterre et resta, avec ses marins, dans les ruines de la Légation de France, où il contribua à la défense ainsi que sa jeune femme, qui ne voulut pas le quitter et dont la conduite fut héroïque pendant tout le siège.

Nous avons vu plus haut que la colonne française était arrivée, dans le quartier des légations le 15 août, vers 4 heures du matin.

Cette colonne, après avoir, sur la demande de M. Pichon, bombardé, à titre de représailles, pendant près d'une heure, différents édifices de la ville impériale, qui était encore occupés par les réguliers chinois, vint s'établir en cantonnement au sud et près de la porte sud de cette ville.

Dans cette journée du 15, les troupes alliées occupèrent la plus grande partie de la ville de Pékin.

Les Anglais et les Américains s'installèrent dans la ville chinoise ; les Russes, les Japonais et les Français dans la ville tartare.

Les réguliers chinois et les Boxeurs se retirèrent dans la partie ouest de la ville tartare, entre le mur ouest de cette ville et la ville impériale, gardant toutes les portes, depuis celle de Choun dje men, jusqu'à celle de Teu Chang men.

Ils occupaient, en outre, toute la ville impériale et continuaient à assiéger la mission catholique du Pé Tang, qui est située à l'intérieur de cette ville. Le ministre de France avait signalé au général commandant le corps français, dès l'arrivée des troupes dans la capitale, l'urgence qu'il y avait de se porter au secours de la Mission, à la tête de laquelle se trouvait Monseigneur Favier, évêque de Pékin et que les réguliers chinois et les Boxeurs continuaient à assiéger, malgré l'occupation des trois quarts de la capitale par les contingents alliés.

Plus de 1.500 chrétiens chinois, une quarantaine de marins et tout le personnel européen de la Mission, étaient, en effet, bloqués, dans le Pé Tang, et, depuis 55 jours, les légations étaient sans nouvelles des événements qui avaient pu s'y passer.

L'ennemi avait apporté un acharnement particulier dans ses opérations contre le Pé Tang ; la continuation de ses attaques, après l'entrée des alliés dans Pékin, décelait son ardent désir de compléter la ruine de cette mission avant qu'on puisse la secourir.

Une action militaire, en vue de la délivrance de la Mission, nécessitait une préparation sérieuse, en même temps qu'elle intéressait la direction générale des opérations des troupes alliées, car cette action devait conduire à l'entrée de ces troupes dans la ville impériale, qui était encore entièrement aux mains de l'ennemi et fortement occupée par lui.

D'autre part, la position à enlever était trop fortement organisée et défendue pour qu'il fut possible de songer à conduire cette opération uniquement avec la colonne française.

Pour ces divers motifs, le général F. fit part de ses observations aux généraux commandants des troupes alliées, réunis en conférence le 15 août dans l'après-midi et leur demanda de faire participer à l'opération contre le Pé Tang, fixée au lendemain, un bataillon russe de 600 hommes, un peloton de 50 cosaques et un bataillon anglais de 400 hommes.

Les Japonais devaient également envoyer un contingent.

Ces dispositions furent approuvées par tous les officiers généraux.

Le général F., qui devait diriger l'opération, reçut du Ministre de France et des personnes attachées à la Légation, sur le Pé Tang et ses environs, des renseignements précis, qui lui permirent de la préparer dans de bonnes conditions.

Je crois utile de reproduire ici le télégramme que Monsieur Pichon envoya au gouvernement français, pour rendre compte de la situation.

« Les troupes internationales sont entrées à Pékin dans la journée du 14 ; elles ont continué leurs opérations le lendemain et ont bombardé la ville impériale et quelques pavillons du Palais, d'où les soldats chinois tiraient sur elles.

« Les troupes françaises ont délivré le Pé Tang le 16, après un brillant combat, auquel les détachements anglais, japonais et russes ont participé. J'ai assisté à cette affaire, avec la plupart des membres du personnel de la Légation, y compris le premier secrétaire, Monsieur d'Anthouard, arrivé de Tien-Tsin avec le général F.

« L'ennemi a été ensuite délogé des environs et nous avons pénétré dans les jardins du Palais Impérial, où le général F. s'est installé provisoirement.

« L'Empereur, l'Impératrice et les Membres du gouvernement se sont enfuis, après avoir fait exécuter 5 ou 6 des membres du Tsong li yamen, qui passaient pour être les moins hostiles aux étrangers.

« Les généraux ont décidé, après entente unanime avec le corps diplomatique, d'entrer dans le Palais Impérial, pour en chasser les soldats chinois et en n'y faisant qu'un défilé militaire.

« Une des principales préoccupations est de rétablir les communications avec Tien-Tsin, par le télégraphe et le chemin de fer.

« L'insécurité des routes rend cette œuvre assez difficile, mais elle est urgente et nécessaire.

« Les retours offensifs des Boxeurs et des réguliers sont à craindre et il y a lieu de prendre de sérieuses précautions.

« Pékin a été divisé en districts, dont la police a été confiée à chacun des corps de troupe, sous la direction des généraux.

« Aux pertes signalées dans mon télégramme numéro 1, il faut ajouter deux matelots et un volontaire, le capitaine Labrousse, qui ont été tués avant l'arrivée des troupes, ce qui porte à 14 le chiffre des morts du détachement, qui a défendu la Légation.

« Au Pé Tang, il y a eu cinq tués, dont l'enseigne de vaisseau Henry.

« Tout le personnel de la Légation, y compris les domestiques européens, est en misérable santé.

« Je suis logé à la Légation espagnole, avec Messieurs Morisse et Berteaux ; les autres agents sont installés dans ce qui reste de notre Légation ou dans les maisons chinoises du voisinage.

« La plupart des quartiers de la ville ne sont plus que des monceaux de ruines. »

(Il m'est impossible de donner ici des détails sur la défense des légations et du Pé Tang.

Les personnes, qui voudraient être plus amplement rensei

gnées sur ces sièges dramatiques pourront consulter mon ouvrage : Expédition en Chine en 1900, édité par Henri-Charles Lavauzelle, où elles trouveront le journal de siège du lieutenant de vaisseau Darcy, le rapport de M. Pichon sur le siège de la Légation de France ; le rapport de M. Pichon sur la délivrance du Pé Tang, le journal de siège de Monseigneur Favier, évêque de Pékin.

Cet ouvrage contient, en outre, un historique de la révolution des Boxeurs, la description de Pékin et de ses monuments et l'historique de la capitale).

Le 16 août, après la délivrance du Pé Tang, le détachement français et les troupes alliées, qui avaient pris part à cette opération, pénétrèrent dans les jardins du Palais impérial et s'emparèrent du Méé-Chan et du Pè-t'a.

Le général F. installa son quartier général dans le Palais des Ancêtres et donna des ordres pour le cantonnement des troupes françaises.

Les deux jours suivants furent employés à des reconnaissances dans les environs du palais, dans la partie ouest de la ville impériale et dans la partie ouest de la ville tartare, qui forma le secteur affecté au corps français.

Tout à côté de la porte Si Hoa men, porte ouest de la ville impériale, voisine du Pé Tang, on découvrit un immense palais, appartenant au prince Li, de la famille impériale, qui passait pour un des hauts protecteurs des Boxeurs.

Le général F. donna des ordres pour qu'un détachement français en prit possession.

C'est dans ce palais que je vins cantonner, avec la compagnie Vincent, le 20, jour de mon arrivée à Pékin.

J'étais parti le matin même de Toung Tchéou et j'avais suivi, pour me rendre à Pékin, la route suivie, quelques jours avant, par la colonne française.

J'avais traversé le pont de Pa-li-Kiao.

C'est près de ce pont, qu'eut lieu, en 1860, le dernier combat et le plus important de la campagne.

A la suite de ce fait d'armes, l'empereur Napoléon III donna au général Cousin-Montauban, commandant du corps expéditionnaire, le titre de comte de Pa-li-Kiao.

Pendant mon séjour à Pékin, des événements se produisirent qu'il est intéressant de signaler.

D'abord l'entrée des troupes alliées dans le palais impérial, puis le « Te Deum » qui fut célébré à la cathédrale du Pé-Tang.

L'entrée des troupes alliées dans le palais impérial eut lieu le 28 août.

Ce fut une parade militaire, d'un caractère imposant et que n'oublieront jamais ceux qui ont eu le bonheur d'y assister.

Chacun des contingents des alliés, délégua, pour prendre part à cette manifestation, un détachement proportionné à son effectif.

Les Russes et les Japonais envoyèrent 800 hommes ; les Anglais, les Américains et les Français, 400 ; les Allemands 250, les Autrichiens et les Italiens 100.

Avant le défilé, les troupes des différents contingents, massées dans la cour sud du Palais, près de l'entrée, furent passées en revue par le général Linévitch.

Le défilé commença ensuite.

En tête s'avançait le général russe Linévitch et son état-major et immédiatement après le corps diplomatique, en costume de ville.

Puis venaient les troupes dans l'ordre désigné ci-dessus. Le cortège entra par la porte sud, traversa, dans toute leur longueur, les cours et les salles du palais et sortit par la porte nord.

Dans la cour, qui précédait cette porte, s'arrêtèrent successivement le corps diplomatique et tous les états-majors, pour assister au défilé des corps qui venaient derrière.

Au moment où chaque détachement débouchait dans cette cour, une musique jouait l'hymne national de ce détachement. Entre temps les musiciens indous, des troupes indigènes anglaises, jouaient de la cornemuse.

La cérémonie, commencée à 8 heures du matin, fut terminée à 9 heures 20.

Après le défilé des troupes, le corps diplomatique et les états-majors revinrent sur leurs pas et traversèrent de nouveau le palais impérial en sens inverse.

Dans cette nouvelle visite, nous pûmes mieux revoir en détail les salles que nous avions traversées avec la troupe, mais on ne nous laissa pas visiter les bâtiments, qui se trouvaient à droite et à gauche des grandes salles de réception, qui auraient été probablement plus intéressants à visiter.

Cette grande manifestation fut évidemment très intéressante, car elle permit de voir des détachements de 8 armées étrangères, prendre part à une même cérémonie. Il est probable que ce spectacle ne s'était jamais vu dans l'histoire et je pensais bien qu'il ne se reproduirait plus.

J'ai cependant eu l'immense joie d'assister à un défilé plus intéressant encore, celui qui a été le couronnement de la guerre 1914-1918 et qui a permis à des détachements de 12 armées alliées victorieuses, de défiler sous l'arc de triomphe de l'Etoile, à Paris, le 14 juillet 1919.

Une cérémonie d'un autre genre et beaucoup plus intime, car elle se passait dans un établissement de la mission catholique française, eut lieu au Pé Tang, le 8 septembre 1900 :

Monseigneur Favier, évêque de Pékin, chanta dans sa cathédrale un « Te Dum », auquel assistaient le Ministre de France, le général commandant le corps expéditionnaire français, les Ministres d'Italie, d'Espagne et de Belgique, tous les colonels et chefs de service du corps expéditionnaire et un grand nombre d'officiers français et étrangers. La musique du 17ᵉ régiment d'Infanterie de Marine et un détachement en armes assistaient également à cette cérémonie, qui fut très imposante.

La cathédrale portait encore les traces de la violence des attaques qu'elle avait subies.

Presque tous les vitraux étaient brisés et beaucoup de trous d'obus se voyaient sur les voûtes et sur les murs de l'église.

Après la cérémonie, Monseigneur Favier offrit un grand déjeuner, auquel assistèrent tous les personnages désignés ci-dessus.

Pendant mon séjour à Pékin, j'ai beaucoup fréquenté Monseigneur Favier ; j'allais tous les jours passer un moment à la Mission, où j'étais toujours admirablement accueilli.

L'évêque de Pékin était un Bourguignon très gai, très énergique et très entreprenant.

Il était doublé d'un homme doux et très aimable : Monseigneur Jarlin son coadjuteur, qui avait dirigé la défense de Pé Tang.

Monseigneur Jarlin a remplacé Monseigneur Favier, qui mourut trois ans après les événements de Pékin et il est encore évêque de cette ville.

Pendant que se passaient les événements que je viens de

relater, des renforts considérables arrivaient au corps expéditionnaire. Le général Voyron, mon ancien colonel du 2e régiment de tirailleurs tonkinois, avait été nommé commandant du corps expéditionnaire et venait d'arriver à Tien Tsin.

Deux bataillons du 17e régiment d'infanterie de marine et un bataillon du 18e régiment étaient arrivés à Pékin.

Depuis l'arrivée de ces renforts, Monseigneur Favier, ne cessait de demander au général d'envoyer une colonne dans la direction de Ki Tchéou, pour débloquer une chrétienté, qui était assiégée, depuis plusieurs semaines, par des Boxeurs et par des réguliers chinois.

Le 10 septembre, le général F. me donna l'ordre de quitter la capitale avec un bataillon, pour aller coucher à Toung-Tchéou et pour aller le lendemain prendre une position d'expectative sur la rive gauche du Cha Ho, en vue d'une mission spéciale, pour laquelle je devais recevoir ultérieurement des instructions.

Conformément à ces ordres, je fus cantonné dans un village appelé Ing ko Tchang, situé à sept kilomètres au nord de Toung Tchéou.

Le surlendemain un bataillon du 18e régiment d'infanterie de marine et une batterie d'artillerie de montagne, vinrent se placer sous mes ordres et je les fis cantonner dans les environs d'Ing ko Tchang. Je restai dans cette situation pendant dix longues journées attendant, tous les jours, un ordre de mouvement que je ne recevais pas.

J'étais, du reste, persuadé que je n'en recevrais pas et que le général, en m'éloignant, avait voulu paraître donner satisfaction à Monseigneur Favier, mais qu'au fond il était décidé à ne pas envoyer de secours à la mission de Ki Tchéou. Ce qui vient à l'appui de cette assertion, c'est que le général F., avant de partir lui-même de Pékin, le 15, avait signé mon rappel pour le 24.

Enfin ! le 24 septembre, je reçus un ordre de départ pour Tien-Tsin, daté de Pékin le 23 septembre et signé : F. Je fus d'autant plus surpris de recevoir cet ordre, émanant de Pékin et signé du général, que je savais que ce dernier était à Tien-Tsin depuis le 18, et qu'il était, en ce moment fort malade.

Quoiqu'il en soit, comme il était indispensable que je sois

de retour à Tien-Tsin le 30 septembre pour présider à l'installation du conseil d'administration du 16e régiment d'infanterie de marine, qui devait avoir lieu le lendemain, je partis d'Ing ko Tchang, le 25 septembre.

A Toung Tchéou, je mis en route, par la voie de terre, pour Tien-Tsin, le bataillon Feldmann et la batterie de montagne, qui étaient sous mes ordres et je m'embarquai, de ma personne, sur une jonque, qui me débarqua à Yang Tsoung, où je pris le train pour Tien-Tsin, où j'arrivai le 28 septembre.

En débarquant du chemin de fer, je fus surpris des changements survenus dans la concession française, depuis mon départ. Par suite de l'arrivée du général Voyron et de son nombreux état-major, je trouvai tous les logements occupés et j'eus beaucoup de peine à me caser.

C'est le moment où les renforts de toutes les puissances arrivaient en foule à Tien-Tsin.

Les rues des concessions étaient encombrées d'une quantité de militaires de toutes nationalités.

Il est impossible de se faire une idée de l'aspect qu'avaient les rues à ce moment.

Le maréchal de Valdersée, que l'empereur d'Allemagne, avait eu l'audace d'imposer, comme commandant en chef des troupes étrangères, venait d'arriver avec un nombreux état-major.

Je fus heureux de constater que le gouvernement français n'avait pas admis cette prétention.

Le général Voyron, commandant des troupes françaises, avait gardé son indépendance et il était admis que, lorsqu'il serait nécessaire de faire une expédition en commun, cette expédition aurait lieu, après entente entre le maréchal de Valdersée et le général commandant en chef le corps expéditionnaire français.

Dès mon retour à Tien-Tsin, j'eus à organiser le 16e régiment, dont j'avais reçu le commandement et dont la formation avait été décrétée au mois d'août, mais qui n'avait pas encore d'existence légale.

Cette existence lui fut donnée par l'installation du conseil d'administration, qui eut lieu le 1er octobre.

Quelques jours après, le général Voyron, au cours d'une

grande revue, me remit le drapeau du 16e régiment et profita de l'occasion pour me remettre la croix d'officier de la Légion d'Honneur.

Je reçus à cette occasion beaucoup de félicitations, car on croyait que cette croix m'avait été décernée pour la prise de Tien-Tsin. On ignorait généralement que j'étais sur le tableau depuis près d'un an.

Sur ces entrefaites, je reçus l'ordre de renvoyer en Indo-Chine deux bataillons du 16e régiment.

Je versai dans ces deux bataillons tous les rapatriables et tous les hommes fatigués et il resta de l'ancien 16e régiment 250 hommes environ, qui, ajoutés aux 300 hommes récemment arrivés de France formèrent le 3e bataillon. Presque tous les officiers venus de l'Indo-Chine, au mois de juillet, furent rapatriés ou renvoyés dans leur régiment d'origine.

Moi-même, très fatigué, par les 4 mois de campagne que je venais de faire, je dus passer devant un conseil de santé, qui décida mon renvoi en France.

Avant mon départ, je m'occupai de mille détails d'administration. Enfin ! la machine ayant été mise en état de fonctionner, je pus quitter Tien-Tsin le 23 octobre.

Je m'embarquai à Takou sur l'Eridan, le même paquebot qui m'avait amené en Chine au mois de juillet. Ce bâtiment me transporta à Nagasaki, ville très importante du Japon, dans l'île Kiou Siou, où je ne restai que quelques heures, puis je pris passage sur le Sydney, paquebot des Messageries Maritimes, qui, après une courte escale à Shanghaï, me déposa à Hong Kong.

Je fus très intéressé par cette escale de Shangaï, qui me permit de me rendre compte de l'importance de cette place, qui est un centre commercial des plus prospères.

Shangaï comprend 3 parties : 1° la cité chinoise, avec une population de plus de 600.000 indigènes ; 2° la concession française, dont les 100.000 indigènes sont administrés par un conseil municipal français ; 3° la concession internationale, séparée de la concession française, par le canal de Yan King Poung et qui est administrée par un conseil municipal international.

Cette concession est un quartier surtout industriel. J'eus le plaisir, entre Nagasaki et Hong Kong, de faire la traversée avait contribué, si crânement, avec son mari, à la défense de la Légation de France.

Je me rappelle que, pendant cette traversée, une caille étant venue s'abattre sur le pont du bateau, à côté de moi, je fus assez heureux pour m'en emparer. Je la portai aussitôt au cuisinier du bord et je le priai de la faire cuire pour le déjeuner. Je me permis de l'offrir à Madame de Rosthorn comme un produit de ma chasse matinale.

Je n'ai pas grand chose à dire de Hong Kong, dont j'ai déjà parlé longuement à l'occasion du séjour que j'y fis en 1887.

Je constatai que le commerce, de plus en plus envahi par les Allemands, était toujours très prospère et que les Anglais avaient profité des événements de Chine, pour s'emparer de Kaoloun et y établir des docks importants et des casernes.

Le général Voyron m'ayant autorisé à rentrer en France, en passant par le Tonkin, où je devais retrouver ma femme, je débarquai du « Sydney » à Hong Kong pour prendre un bateau de la compagnie Marty, le « Hanoï », qui devait me conduire à Haïphong.

Cette traversée de Hong Kong à Haïphong fut très pénible.

Quelques heures après notre départ de Hong Kong un cyclone épouvantable ravagea la rade et le port et quoique nous nous trouvions déjà assez loin, nous en éprouvâmes le choc en retour.

La mer était démontée et notre petit bateau était secoué comme une coquille de noix.

Nous arrivâmes néanmoins sans encombre à Haïphong, où je trouvai ma femme, qui était venue au devant de moi. Nous repartîmes le jour même pour Hanoï.

Je retrouvai dans cette ville le général Dodds, mon ancien lieutenant-colonel du 2e régiment de tirailleurs tonkinois, que j'avais revu en Nouvelle Calédonie, où il m'avait passé l'inspection générale.

Devenu général de division, il avait remplacé comme commandant en chef les troupes de l'Indo-Chine, le regretté général Borgnis-Desbordes, qui m'avait envoyé en Chine.

Le général Dodds me reçut avec son affabilité ordinaire et me fit beaucoup de compliments sur ce que j'avais fait en Chine.

Le gouverneur général, Monsieur Paul Doumer, de son côté, me fit un accueil très cordial et m'exprima tous ses regrets de n'avoir pu éviter l'envoi du général F.

Il me promit qu'il ferait tous ses efforts, pour me faire obtenir les étoiles, qu'il aurait désiré me voir obtenir en Chine.

Je sais qu'il fit plusieurs démarches dans ce but, démarches qui n'obtinrent pas de succès, parce que le colonel qui était à ce moment-là Directeur du Bureau des troupes au Ministère de la Marine, était mon concurrent et trouva le moyen de faire écarter ma candidature.

Ce n'est pas le moment d'agiter cette question, j'y reviendrai.

Je restai trois semaines à Hanoï, occupé par mes préparatifs de départ et le 29 novembre, nous nous embarquâmes, ma femme et moi, sur l' « Eclair », chaloupe à vapeur, que le gouverneur général avait mise à ma disposition et qui nous conduisit à Haïphong, où nous prîmes passage sur la « Tamise », annexe des Messageries Maritimes.

La traversée de Haïphong à Saïgon, au cours de laquelle nous fîmes relâche à Tourane, Quinone, Nha Tran et Phom Thiet, se fit sans incident et nous arrivâmes à Saïgon le 1 décembre.

Nous passâmes quatre jours dans cette ville, confortablement installés au Palais du Gouvernement, où Monsieur Paul Doumer nous avait invités à descendre. Pendant ce séjour, nous fûmes reçus très aimablement à dîner par le général Bertin, commandant la brigade de Cochinchine.

Nous nous embarquâmes le 7 décembre sur l' « Annam », paquebot des Messageries Maritimes et nous eûmes le plaisir de retrouver, comme commandant de ce bateau, le commandant Poydenot, avec lequel nous avions déjà fait deux voyages sur l' « Armand Béhic », pour aller en Nouvelle-Calédonie et en revenir.

Le commandant Poydenot, à la veille d'être mis à la retraite, avait obtenu de faire un dernier voyage sur la ligne de Chine.

Il avait amené avec lui tout son personnel et tout son équipage de sorte que nous nous trouvâmes de suite en pays de connaissance et que nous fûmes reçus à bord à bras ouverts.

Nous trouvâmes également à bord le général Dumas, le lieutenant-colonel Leblois et plusieurs officiers russes très agréables.

Le général Dumas venait de commander une brigade au Tonkin.

J'ai dit plus haut qu'il est devenu général de division et qu'il a disparu, dans des conditions inexpliquées, après son passage au cadre de réserve.

Il était sorti un beau jour de chez lui, comme à l'ordinaire. à Boulogne-sur-Seine et on n'avait plus entendu parler de lui. C'était un homme aimable et un joyeux vivant.

On se rappelle que je l'avais rencontré en 1886 à Tanhoa, où il était chef de bataillon.

Le lieutenant colonel Leblois, avec lequel je m'étais trouvé à l'état-major des troupes de l'Indo-Chine en 1890 et qui revenait de Chine, où il avait commandé une petite colonne à l'attaque des forts de Peï Tang, avait fait avec moi le voyage de Tien Tsin à Hanoï et de Hanoï à Saïgon. Cet officier supérieur qui a servi, à plusieurs reprises, sous mes ordres. est devenu général de division, a commandé une division, sur le front, au commencement de la guerre 1914-1918, puis une division à l'armée d'Orient, et a exercé enfin le commandement supérieur des troupes de l'Indo-Chine.

Notre voyage sur l' « Annam » s'effectua sans incident : nous refîmes l'escale de Singapour, puis celle de Colombo.

Cette dernière escale fut assez longue pour que nous puissions faire l'excursion de Candy, où j'étais déjà venu en 1887.

En quittant Colombo, nous nous dirigeâmes sur Bombay. où nous restâmes 24 heures.

Bombay est une ville d'Hindoustan, bâtie dans la petite île de même nom, laquelle est reliée par des chaussées à la petite île de Salsette, qui est située dans une échancrure de la côte de Koukan.

Elle a une population importante et se divise en deux parties : la vieille ville ou forteresse et la ville neuve. très bien bâtie, qui présente quelques monuments.

Bombay est. avant tout, une ville industrielle et commerçante. Les monuments les plus remarquables de Bombay sont les Tours du Silence ou Dakhama.

Les Parsis exposent. dans ces tours. les corps de leurs

morts, afin qu'ils soient dévorés par les vautours, suivant leur **rite** religieux.

Les ossements une fois nettoyés par les vautours, les intempéries et le soleil, tombent dans un puits, qui est au centre de chaque tour.

Je ne connais rien d'aussi lugubre que la vue de ces tours, dont le sommet est couronné en permanence par des vautours qui, rangés en cercle, attendent leur sinistre repas.

Au moment où nous débarquâmes à Bombay, la peste y **régnait**.

On nous avait recommandé, avant notre descente à terre, de ne pas circuler dans le quartier indigène.

Nous nous contentâmes de le traverser en voiture.

Lorsque nous nous présentâmes pour rentrer à bord, nous **fûmes** obligés de passer une visite sanitaire.

A partir de Bombay, nous continuâmes notre voyage en faisant les escales d'Aden et Port-Saïd et nous arrivâmes à Marseille le 3 janvier 1901.

CHAPITRE VIII

Séjour en France (1901-1903)

Après avoir passé quelques jours dans le Cantal, nous nous installâmes, ma femme et moi, à Paris à l'Hôtel du Palais d'Orsay.

Nous étions proches voisins de nos oncles de Brives, qui habitaient rue de Bellechasse.

Le général de Brives, qui avait fait la campagne de Chine en 1860, était heureux de m'entendre raconter cette nouvelle expédition, au cours de laquelle nous étions passés sur les lieux, où le général Cousin Montauban avait battu l'armée chinoise.

Il avait conservé un souvenir ineffaçable de cette campagne et ne pouvait se lasser de me faire raconter les détails de notre expédition.

Nous eûmes le très grand chagrin, peu de temps après notre retour en France, de perdre cet homme charmant qui, à 80 ans, avait conservé toute son énergie, toute son intelligence et toute sa bonne humeur.

Au cours de mon congé, j'eus l'occasion de voir plusieurs hommes politiques, auxquels M. Paul Doumer avait bien voulu me recommander, entre autres, M. Léon Bourgeois, qui s'intéressa particulièrement à moi. Un jour du mois de janvier 1901 je reçus de lui la lettre suivante, dans laquelle il me disait qu'il venait de voir le Ministre de la Marine, qui lui avait donné l'assurance que j'allais être nommé général de brigade.

23 janvier 1901.

CHAMBRE
DES DÉPUTÉS

« Monsieur le Colonel,

« J'ai vu le Ministre de la Marine. Il m'a donné la formelle
« assurance de votre prochaine élévation au grade de général.

« Je suis heureux de cette juste récompense de vos brillantes

« actions de Tien Tsin et j'espère n'avoir pas longtemps à at-
« tendre pour vous féliciter officiellement.

« Bien à vous.

« Signé : Léon BOURGEOIS. »

Une lettre pareille, venant d'un homme comme M. Léon
Bourgeois, me permettait d'espérer beaucoup et j'avoue que
j'escomptai ma nomination à brève échéance, mais mon concurrent veillait et c'est lui qui décrocha la timbale. Il trouva
même le moyen de se faire donner la cravate de commandeur
de la Légion d'honneur, au titre de la Chine, où il n'avait
jamais mis les pieds. Du reste, depuis quelque temps, les troupes de la marine avaient été rattachées au Ministère de la
Guerre, dont le titulaire était l'ineffable général André.

Etant le neveu d'un évêque je n'avais pas grand'chose à
espérer de lui, et, par le fait, j'attendis encore les étoiles pendant cinq ans.

A l'expiration de mon congé de fin de campagne je rejoignis à Brest le 21ᵉ régiment d'infanterie coloniale, dont je
pris le commandement le 5 décembre.

Pendant les dix mois, que je passai dans ce port, je ne
vois rien de bien intéressant à raconter.

Au mois de septembre 1902, je fus désigné, comme juge
suppléant, au Conseil de guerre de Nantes, qui devait juger le
lieutenant-colonel de Saint-Rémy.

C'était l'époque où notre charmant gouvernement avait décidé la laïcisation des écoles et l'expulsion des congrégations.

Le lieutenant-colonel de Saint-Rémy, qui commandait le
2ᵉ régiment de chasseurs à Pontivy, reçut l'ordre d'envoyer un
escadron, pour assurer l'exécution du décret de dissolution
d'un établissement religieux.

Il refusa d'exécuter cet ordre et, pour ce refus d'obéissance,
fut déféré au Conseil de guerre, qui le condamna à un jour
de prison, condamnation, qui fut loin de plaire au gouvernement. J'avais eu la chance de n'être que juge suppléant et de
ne pas avoir à siéger, car tous les juges titulaires furent arrêtés dans leur avancement.

Quelque temps après mon régiment fut désigné pour aller
tenir garnison à Paris.

Je partis de Brest, avec lui, le premier octobre.

A notre arrivée dans la capitale le régiment fut caserné de la façon suivante : Etat-Major et un bataillon à la caserne du Prince-Eugène, place de la République, un bataillon dans les bastions 89 et 91, un bataillon au fort d'Ivry. Chose assez curieuse, j'avais débuté comme sous-lieutenant au 119ᵉ régiment d'infanterie au fort d'Ivry ; lorsque j'avais été nommé lieutenant au 138ᵉ régiment d'infanterie, mon bataillon occupait les bastions 89 et 91.

Je revenais au fort d'Ivry et dans ces deux bastions comme colonel. J'y revins, du reste, plus tard, comme général de brigade.

Au moment de mon arrivée à Paris, j'étais sur la liste de départ pour les colonies avec le numéro 1. Je pouvais donc être désigné d'un moment à l'autre.

Dans ces conditions, je ne crus pas devoir louer un appartement et nous nous installâmes, ma femme et moi, à l'Hôtel Moderne, place de la République.

Cet hôtel avait l'avantage de se trouver très près de la caserne où j'avais mon bureau.

Quelque temps après, au commencement de novembre, j'eus l'agréable surprise de recevoir la visite, à mon bureau, d'un officier d'ordonnance du Ministre, qui venait me prévenir, de la part du général André, que j'allais être nommé commandeur de la Légion d'honneur.

Que s'était-il donc passé pour que cette nomination arrive aussi brusquement ?

J'appris plus tard que M. Pichon, l'ancien ministre de France à Pékin, qui était alors résident général en Tunisie, surpris de voir que je n'avais reçu aucune récompense pour les services que j'avais rendus en Chine, avait été voir le Ministre et avait beaucoup insisté pour que je sois nommé général de brigade.

Le général André, toujours imbu de cette idée qu'un neveu d'évêque n'avait droit à aucune récompense, n'avait pas voulu donner cette satisfaction à M. Pichon, mais lui avait promis cependant de me nommer commandeur de la Légion d'honneur au titre de la Chine.

J'avais, depuis de longs mois déjà, reçu des décorations étrangères pour la campagne de Chine : j'avais été nommé commandeur des ordres suivants : Sainte-Anne de Russie avec glaives ; Léopold de Belgique avec glaives ; Orange et Nassau de Hollande avec glaives : Saint-Grégoire le Grand, au titre militaire ; Soleil Levant du Japon.

Mon Gouvernement seul avait mis, plus de deux ans, pour se décider à me récompenser et même avait-il fallu que l'ancien ministre de France à Pékin, qui avait pu se rendre compte par lui-même des services que j'avais rendus, insistât au point de forcer la main du ministre.

Quoiqu'il en soit, cette décoration me rendit très heureux. J'étais, à ce moment, le seul colonel de l'armée active, commandeur de la Légion d'honneur.

Pendant mon séjour à Paris, j'étais sous les ordres du général Chevalier, qui commandait la division, mon ancien colonel de Brest en 1889, qui tint à me remettre lui-même la cravate.

Cette cérémonie eut lieu dans la cour de la caserne de l'Ourcine, boulevard de Port-Royal, en présence des détachements des 21e et 23e régiments d'infanterie coloniale. Le corps d'armée colonial était alors commandé par le général Dodds, sous les ordres duquel je me trouvais pour la quatrième fois.

Le roi d'Angleterre Edouard VII vint, à cette époque, à Paris, pour sceller l'entente cordiale. Il passa à Vincennes une revue de la garnison de Paris.

Ce fut mon régiment qui fut désigné pour lui rendre les honneurs, à la gare des Invalides, au moment de son départ.

Dans le courant du mois de mai 1903, j'appris que j'étais désigné pour aller servir à Madagascar et que je devais m'embarquer à Marseille le 10 juillet.

Cette désignation me fit un grand plaisir, car je désirais depuis longtemps connaître cette nouvelle conquête.

J'avais essayé, en 1894, de faire partie du corps expéditionnaire, mais comme je l'ai raconté plus haut, j'avais été handicapé par un camarade, qui avait trouvé le moyen de me faire envoyer en Nouvelle-Calédonie à sa place.

Deux ans à Madagascar (1903-1905)

Nous nous embarquâmes, ma femme et moi, sur le « Melbourne », paquebot des Messageries Maritimes, qui était commandé par un capitaine, que nous avions connu, comme second, sur l' « Armand-Béhic », lors de notre voyage de Marseille à Nouméa.

Nous fîmes, dans les conditions ordinaires, les escales de Port-Saïd et Djibouti, puis, en partant de ce port, nous mîmes le cap sur Zanzibar, où nous arrivâmes après huit jours d'une traversée très calme.

Nous avions à bord le régent de Zanzibar, major anglais très gai et plein d'entrain, qui, dès notre arrivée, mit à notre disposition, une voiture du gouvernement, qui nous permit de faire une petite excursion aux environs de la ville.

L'île de Zanzibar se trouve à 50 kilomètres environ au large de la côte orientale d'Afrique.

C'est une terre assez basse, de formation madréporique.

La côte orientale est escarpée et généralement bordée de récifs. Sur la côte occidentale on trouve la bonne rade de Zanzibar. L'intérieur de l'île contient des forêts formées de bois de teck et de cèdres.

Cette île, située sous les tropiques, a une abondante végétation et sur la côte on trouve de nombreux palmiers.

La population est composée d'arabes et de nègres.

L'île de Zanzibar a appartenu, pendant longtemps, aux Portugais, qui en furent chassés, vers la fin du XVII° siècle par les Sultans de Mascate.

Zanzibar était un des grands marchés d'esclaves de l'Afrique orientale.

Les sultans de Zanzibar s'émancipèrent en 1861 de la tutelle des sultans de Mascate.

Cette île devint ensuite l'objet des convoitises de l'Angleterre et de l'Allemagne.

Ces deux puissances finirent par s'entendre et le traité du 14 juin 1890 reconnut le protectorat exclusif de Zanzibar et de Pemba aux Anglais, en échange d'une partie de la côte africaine située en face de l'île et l'abandon par l'Angleterre à l'Allemagne de l'îlot d'Héligoland, dans la Baltique.

L'île de Zanzibar reste sous la domination du Sultan, qui a auprès de lui un régent anglais, qui dirige l'administration.

En quittant Zanzibar nous nous dirigeâmes sur Moussomoudou. où nous fîmes une courte escale. Moussomoudou se trouve dans l'île Mayotte. Cette île est la plus méridionale des Comores. C'est une petite île dans laquelle on cultive la canne à sucre, le café et la vanille.

Placée sous la domination de la France depuis 1841. Mayotte fut déclarée officiellement colonie française en 1843.

Majunga, le premier port de Madagascar, où nous arrivâmes dix heures après avoir quitté Moussomoudou, est une petite ville, située à l'embouchure de la Betsiboka.

C'est de Majunga que partit l'expédition française, en 1891, pour se diriger sur Tananarive.

A Majunga le général Galliéni, gouverneur général de Madagascar, monta sur notre bateau pour se rendre à Diégo Suarez.

Je connaissais, depuis longtemps, le général Galliéni, qui avait fait toute sa carrière dans l'infanterie coloniale, mais je n'avais jamais servi sous ses ordres.

Il était connu, parmi nous, comme un homme d'action et surtout comme un grand organisateur.

Il donna, du reste, sa mesure à Madagascar, où il fut envoyé pour remplacer M. Laroche, qui, par sa faiblesse à l'égard du gouvernement malgache, et surtout à l'égard des missionnaires protestants anglais, qui encombraient l'île, avait complètement discrédité l'autorité française. Le général Galliéni, dès son arrivée, fit sentir immédiatement le poids d'une volonté énergique.

Il réduisit, en peu de temps, une insurrection, qui venait d'éclater, fit fusiller le premier ministre, convaincu de trahison à l'égard de la France, et s'empara de la reine Ranavalo, qu'il fit déporter à Alger.

A la suite de ces événements Madagascar qui, jusque là, n'était qu'un simple protectorat, devint une colonie française. Le général Galliéni resta gouverneur général jusqu'en 1905. Il reprit ensuite du service dans l'armée, devint général commandant de corps d'armée et membre du Conseil supérieur de la guerre.

Atteint par la limite d'âge en 1914, il venait d'être placé au cadre de réserve lorsque la guerre éclata.

Il reprit alors du service et fut nommé gouverneur militaire de Paris, quelques jours après la mobilisation.

Lorsque le gouvernement, au commencement de septembre, se réfugia à Bordeaux, le général Galliéni assura la responsabilité de la défense de la capitale et contribua, par l'envoi de troupes du camp retranché de Paris, sous les ordres du général Maunoury, à la victoire de la Marne. Le général Galliéni devint Ministre de la Guerre en 1915 et mourut dans le courant de 1916, à la suite d'une opération.

En 1920 il a été nommé Maréchal de France rétrospectivement.

Je fus heureux de la bonne fortune, qui me permettait de voyager pendant deux jours, avec le général Galliéni. Je fis, avec lui, plus ample connaissance et il me mit au courant, dans nos promenades sur le pont du bateau, de bien des choses, qui me servirent par la suite.

C'est au cours d'une de ces conversations que le général m'apprit la nomination, comme général de brigade, du colonel R. Il était bien question de cette nomination, au moment de mon départ de France, mais je ne pouvais pas croire que le général André aurait l'aplomb de commettre une pareille infamie. Le colonel R. était un fort brave homme, mais il n'avait aucune valeur militaire : il n'aurait pas dû dépasser le grade de capitaine. Sa carrière fut faite, par l'influence de son neveu, franc-maçon de marque et député influent. C'est à ce neveu qu'il dût d'être nommé général de brigade et l'année suivante commandeur de la Légion d'honneur. J'avoue que je fus fort découragé en apprenant cette promotion qui, du reste, fit scandale dans l'armée coloniale.

Avant d'arriver à Diégo-Suarez le bateau fit escale, pendant quelques heures, à Nossi Bé.

Pendant cette courte escale les indigènes donnèrent une fête très intéressante, en l'honneur du gouverneur général, qui nous invita, ma femme et moi, à y assister.

Nossé Bé est une petite île, sur le canal de Mozambique, dont le sol est volcanique et très fertile.

Française depuis 1840 cette île a été rattachée administrativement à Madagascar en 1896.

Elle produit du café, du cacao, de la vanille et des noix de coco.

Nous arrivâmes le lendemain à Diégo-Suarez.

Ce point d'appui de la flotte était, à ce moment, commandé par le colonel Ruault, que j'avais connu en Nouvelle-Calédonie, où il était chef d'escadron commandant de l'artillerie.

Je dirai plus tard comment je fus appelé à prendre le commandement du point d'appui de la flotte de Diégo-Suarez en 1904 et je donnerai, à ce moment, quelques détails sur cette place forte.

Le général Galliéni nous quitta à Diégo-Suarez et le « Melbourne » continua sa route sur Tamatave.

Tamatave est le point de débarquement des voyageurs, qui se rendent à Tananarive.

Cette petite ville se trouve sur la côte orientale de Madagascar. Son port s'ouvre sur l'Océan Indien ; ce n'est qu'une rade peu sûre.

Tamatave est le centre commercial le plus important de l'île.

Au moment où je prends pied sur le sol de Madagascar, il me semble utile de donner quelques renseignements généraux sur cette nouvelle colonie française.

Madagascar est une grande île allongée, du Nord au Sud, dans l'Océan Indien. Elle est située à l'Est de l'Afrique, dont elle est séparée par le canal de Mozambique. La superficie dépasse sensiblement celle de la France; elle est habitée par les Malgaches, dénomination collective dont les uns sont des nègres, les autres des Malais et des Indonésiens. On n'est pas fixé sur l'époque à laquelle ces différentes races se sont implantées dans l'île. Cette population est donc très mêlée.

Les groupes nègres sont extrêmement nombreux. On prétend que la plupart d'entre eux viennent de la Mélanésie, mais ce qu'il y a de très certain, c'est que beaucoup de noirs viennent de la côte voisine d'Afrique. Le groupe nègre, de beaucoup le plus important, est celui des Sakalaves, qui occupe les trois quarts de la côte occidentale et s'avance fort loin dans le centre. Les Betsiléos, qui vivent au sud de l'Emyrne, forment une population très mélangée, dans laquelle on trouve beaucoup de sang négritique.

Les Hovas, qui habitent le plateau central, forment la tribu la plus importante et la plus civilisée de l'île.

Ils avaient formé un empire assez important, qui atteint son apogée au début du XIXe siècle, sous le règne du grand Andrianampomérina. Les Hovas sont, comme tous les peuples de l'île très mélangés, mais la caste noble est blanche, avec des cheveux lisses.

La langue indigène est le malgache. Cet idiôme se divise en deux principaux dialectes, le Hova et le Sakalave.

Le climat de Madagascar est chaud et humide, mais l'altitude du Plateau Central tempère sensiblement la chaleur. Alors que sur les côtes on souffre beaucoup de cette température, chaude et humide, à Tananarive, dont l'altitude est de 1.400 mètres environ, le thermomètre oscille entre 6° et 23°.

Les saisons y sont très tranchées. Pendant la saison sèche, il ne pleut pour ainsi dire jamais ; pendant l'hivernage des orages très violents éclatent, presque tous les soirs vers 4 heures, et durent généralement jusqu'à 10 ou 11 heures.

Somme toute, le climat de Tananarive est tempéré et les Européens s'y portent généralement bien.

L'île de Madagascar fut découverte par les Portugais en 1500.

Les Français s'établirent dans le sud, en 1642, et fondèrent, sur la côte méridionale et orientale, quelques comptoirs commerciaux, à Fort-Dauphin en particulier et nouèrent des relations avec les indigènes. Contraints de quitter l'île en 1674, ils revinrent dans le cours du XXIIIe siècle, sur différents points du littoral, mais ne parvinrent pas à s'établir définitivement à Madagascar.

Quand les Français voulurent, au XIXe siècle, faire triompher leurs prétentions à Madagascar, ils eurent à lutter contre les Hovas, que soutenaient les Anglais. En 1885, les Hovas durent signer un traité, qui plaçait l'île entière sous le protectorat de la France.

A la suite de grandes difficultés, au sujet de l'application de ce traité, une expédition dirigée par le général Duchesne, aboutit en 1895 à la prise de Tananarive et à la signature d'un nouveau traité de protectorat. Une grande insurrection amena bientôt une modification de ce traité.

Madagascar devint alors, ainsi que je l'ai dit plus haut, une colonie française, qui, sous l'habile impulsion du général Galliéni, prit un **très grand** essor.

Les productions de l'île sont celles de pays tropicaux, sauf sur le plateau central, où la principale production est le riz.

Dans la région intermédiaire l'élevage du bétail est pratiqué en grand par les Hovas.

On trouve de l'or à Madagascar, mais il est impossible de considérer cette colonie comme un pays de grande production.

Au moment où j'arrivai dans la colonie, le voyage de Tamatave à Tananarive était assez compliqué. On prenait à Tamatave le chemin de fer qui vous déposait à 12 kilomètres, à Ivondro. On s'embarquait en ce point, sur une chaloupe à vapeur qui, par le canal des Pangalanes, transportait les voyageurs, après un trajet de **14 heures**, à Mahatsara, point de départ de la route de Tananarive.

Les Pangalanes sont formés par une série de lagunes parallèles à la côte, qui ont été reliées, les unes aux autres, par des canaux et qui forment un lac très long qui, après certains travaux de drainage, est devenu navigable pour des chaloupes à vapeur.

De Mahatsara on se rendait à Tananarive, à cette époque, par une excellente route, de près de 250 kilomètres, que le général Galliéni venait de faire construire à grands frais.

A l'heure actuelle on fait le voyage de Tamatave à Tananarive en chemin de fer.

Le voyage se faisait de plusieurs manières, soit en pousse-pousse, soit en filanzane. Le filanzane est une chaise à porteur, suspendue entre deux longs brancards et portée sur les épaules de quatre bourjanes.

Les bourjanes sont très résistants, très adroits et marchent à une allure accélérée. C'est un moyen de transport très pratique et peu fatigant. Dans un long voyage, il est nécessaire d'avoir 8 bourjanes.

Le voyage de Mahatsara à Tananarive se faisait en six jours en filanzane ou bien en 15 jours par voiture ou à pied. Ce dernier itinéraire était celui des convois militaires, mais on pouvait doubler certaines étapes et réduire le voyage à neuf journées de marche.

On trouvait, sur la route, des caravansérails, assez mal installés, où on pouvait coucher, mais il fallait, en partant de

Tamatave, se munir d'un cuisinier et emporter des provisions pour la durée du trajet, car on ne trouvait pas grand chose à acheter sur la route. C'était, somme toute, un voyage très fatigant et très coûteux.

Nous n'eûmes pas, grâce à Dieu, à l'effectuer dans ces conditions, ma femme et moi, car le général Galliéni avait télégraphié pour qu'on envoie une automobile à ma disposition à Mahatsara.

Cette automobile était un grand camion, disposé de telle sorte qu'il pouvait recevoir des voyageurs et leurs bagages. Après avoir passé une excellente nuit à Mahatsara chez l'officier d'administration, chargé du transit, nous partîmes le lendemain matin à 8 heures 45.

Nous devions faire le voyage en deux jours et aller coucher, le premier jour, à Moramanga, à 134 kilomètres. La route de Mahatsara à Moramanga suit, d'une façon générale, la ligne de hauteur, qui sépare le cours de l'Iaroka et celui de l'Ivohika.

Le terrain s'élève progressivement, au fur et à mesure qu'on s'éloigne de la côte, jusqu'au col de Tangaïna, à 3 kilomètres à l'est de Moramanga.

La région de Mahatsara à Moramanga est habitée, en majeure partie, par les Betsimisarakas, qui sont peu cultivateurs et se livrent principalement à l'exploitation du rafia et à l'élevage.

Nous arrivâmes assez tard à Moramanga, où nous fûmes reçus chez l'administrateur qui était absent, mais où nous trouvâmes une excellente hospitalité.

La zône, que nous avions traversée, est très accidentée, couverte de forêts. Région tourmentée, où les mouvements de terrain sont très accentués. C'est une succession ininterrompue de montagnes, de gorges, de ravins aux flancs escarpés.

Nous traversâmes deux forêts, dans l'une desquelles notre automobile se trouva embourbée. Il fallut assez longtemps pour nous tirer d'affaire.

Moramanga est un village très coquet, qui s'étend sur une longueur de plus d'un kilomètre. Les maisons en briques crues, ont toutes un étage. La route de Tananarive, à partir de Moramanga, traverse normalement, de l'est à l'ouest, la vallée du Mangoro, passe ce fleuve à Andokana, contourne le massif du Fody, remonte, pendant quelque temps, la vallée de la Manambala, la Mandraka et pénètre ensuite sur le plateau central, en franchissant la crête de l'Angavo, haute muraille de 500 à 600 mètres de relief qui forme les assises de ce plateau.

Après avoir déjeuné à Manjakandriana, chez l'administrateur, nous arrivâmes à Tananarive, après avoir fait, dans notre journée, 100 kilomètres environ ; c'était le 13 août.

Avant d'arriver à Tananarive, à 3 kilomètres environ, on passe le col d'Ampasimbala, d'où on a un magnifique point de vue sur la ville.

De ce col, Tananarive a grand air avec ses palais, ses églises et ses temples, ses maisons en briques rouges accrochées aux flancs des hauteurs, que creusent de profonds ravins.

Le voyageur, après avoir parcouru un trajet, plutôt triste, depuis la côte, est fortement surpris par l'aspect grandiose de la capitale.

Au sommet de la ville se dresse majestueusement le palais de Majakamiadana, connu sous le nom du palais de la Reine ; un peu plus bas et plus à droite le palais de l'ex-premier ministre ; beaucoup plus bas et, toujours dans la même direction, la massive silhouette du temple anglais et la cathédrale catholique ; enfin le profil de la colline s'abaisse encore, pour se relever plus gracieusement ensuite ; c'est le quartier de Faravohitra, avec ses belles maisons, entre lesquelles émergent, çà et là, des bouquets d'arbres.

Nous fûmes très aimablement reçus à Tananarive, par le général Vimard, qui nous offrit l'hospitalité au quartier général, en attendant que j'aie trouvé une installation.

J'avais remplacé le général Vimard, alors lieutenant-colonel, dans le commandement du 12e régiment d'infanterie de marine à Nouméa en 1894.

J'appris, en arrivant, que j'étais nommé au commandement du 1er régiment de tirailleurs malgaches.

Ce régiment était, en majeure partie, détaché dans les postes de l'intérieur. J'allais donc, comme à Nouméa et à Hanoï, m'occuper surtout d'administration.

Cependant, comme le régiment venait de recevoir un nombre important de recrues, je pus m'attacher à diriger l'instruction de ces jeunes soldats.

Tananarive, capitale de la colonie, après avoir été pendant un siècle, celle du royaume hova, est bâtie sur une colline en forme d'Y, la queue tournée vers le sud, le bras droit vers le nord et le bras gauche vers le nord-ouest.

La place Jean Laborde, Andohalo, où se réunissent les **trois** branches, indique à peu près le centre de Tananarive. C'est le point d'où rayonnent les grandes voies de communication, desservant les principaux groupements de population.

Une route carrossable, la route circulaire, de 14 kilomètres de développement, entoure complètement la ville, en suivant le pied des pentes de la colline.

Le point le plus élevé de cette colline est à 1.400 mètres d'altitude.

Des points élevés de la ville, le regard embrasse un espace illimité, assemblage incohérent de plaines et de bosses, bien éclairées, par un soleil embellissant toutes choses. Pendant la saison des pluies, la colline de Tananarive, apparait comme une île, au milieu des immenses rizières, qui s'étendent à ses pieds.

Les monuments de Tananarive, ceux d'origine européenne exceptés, produisent un bel effet de site et de silhouette à distance. Vus de près ils ont quelque chose de barbare et d'inachevé qui désillusionne.

Le Palais de la Reine, bâti sur le point culminant de la **ville**, à 1.430 mètres d'altitude, est une ancienne maison en bois, qui a été plus tard englobée dans une massive construction en pierre de taille, flanquée d'une tour à chaque angle.

Le bâtiment actuel affecte une allure très monumentale, grâce au site et à l'architecture, visant surtout à l'effet. L'intérieur ne comprend que d'immenses salles, mal distribuées et peu habitables.

On a installé une école dans ce palais.

Le Palais de l'ex-premier ministre Rainilaiarivony, est **un** édifice en pierres de tailles et briques. Le dôme central vitré, surmonte une immense salle de spectacle.

Les angles du bâtiment sont flanqués de tours carrées terminées par d'élégants clochetons.

Cet édifice sert actuellement de caserne à l'Infanterie coloniale.

Le Gouvernement général, ancienne résidence générale **de** France, est une très belle construction, édifiée en 1887, par **un** ingénieur colonial français.

C'est la résidence du Gouverneur général.

La cathédrale catholique, achevée en 1874, est un beau monument.

Le temple anglican, lourde construction, en pierres de taille. est très bien situé, sur une éminence à l'est de la place d'Andohalo.

Tananarive est la ville des églises et des temples. Il existe trois églises catholiques et une infinité de temples protestants, desservis pour la plupart, par des pasteurs anglais, qui avaient une grande influence sur la population, à l'époque où j'habitais Tananarive.

La mission catholique est dirigée par les Pères Jésuites. Ces religieux ont installé, dans la capitale un collège, le collège Saint-Michel, où ils donnent l'instruction secondaire. Cet établissement sert également de séminaire pour la mission.

Le service des missions catholiques à Madagascar a été réparti de la façon suivante :

Dans le nord de l'île se trouvent les Pères du Saint-Esprit, avec un évêque à Diégo Suarez ; dans le centre la mission est dirigée par les Pères Jésuites, avec un évêque à Tananarive. Les lazaristes sont chargés du sud de l'île ; leur évêque réside à Fort Dauphin.

Les missions protestantes sont très nombreuses dans l'île et appartiennent à des sectes différentes : culte anglican. London missionnary Sociéty, Frieds Foreing mission association, mission norvégienne, mission norvégienne américaine unie, mission norvégienne américaine libre, Trano Zezoro, secte des dissidents protestants indigènes.

Il y a, en outre, une mission protestante française. dépendant de la société des missions évangéliques de Paris.

Le climat de Tananarive est réellement très agréable et, grâce à son altitude, on ne souffre jamais de la chaleur.

J'eus assez de difficultés pour trouver un logement convenable. Je fus obligé, tout d'abord, de louer une maison meublée, puis le général Galliéni me donna, comme logement, une ancienne maison malgache, suffisamment confortable, située au milieu d'un jardin agréable.

Je menai, pendant 15 mois. une vie calme et agréable, comme j'aurais pu l'avoir dans une bonne garnison de France.

Au mois de novembre 1904, j'assistai à l'inauguration solennelle du tronçon de chemin de fer de Brickaville à Fanovana, d'une longueur de 102 kilomètres. Cette cérémonie, à laquelle furent invités tous les chefs de service, fut présidée par le général Galliéni.

Le chemin de fer avait été construit sous la direction du Colonel Roques, de l'armée du génie, qui, comme le Maréchal Joffre, avait fait la plus grande partie de sa carrière aux colonies.

Le colonel Roques est devenu général de division et a succédé au général Galliéni, comme ministre de la guerre, lorsque celui-ci fut obligé de quitter le ministère, pour subir une opéraration, à la suite de laquelle il succomba.

A ce moment j'exerçai par intérim, tout en conservant le commandement de mon régiment, le commandement de la brigade, depuis le départ du général Vimard, qui avait été rapatrié.

J'avais eu une grosse déception au 14 juillet : j'espérais être nommé général de brigade. Cet espoir fut déçu.

M. Berteaux était ministre de la guerre à ce moment et il me préféra le beau-frère d'un de ses associés, comme agent de change, le colonel R. qui n'était nullement désigné pour recevoir les étoiles.

Dans les premiers jours de novembre, mon vieil ami le général de Trentinian, arriva à Tananarive et prit le commandement de la brigade.

Quelques jours après le général Galliéni me fit appeler et me posa à brûle pourpoint, la question suivante :

« Cela ne vous déplairait-il pas d'aller prendre le commandement du point d'appui de la flotte à Diégo Suarez ? »

Je lui répondis : « Il n'est pas question de savoir, mon général, si cela me plait ou ne me plait pas ; si vous désirez que j'aille à Diégo, je suis prêt à partir. »

« C'est entendu, me dit le général, j'ai besoin de vous là-bas et je compte que vous partirez le plus tôt possible. »

J'avoue que cette désignation ne me plaisait que médiocrement. Je savais que mon prédécesseur à Diégo Suarez avait eu beaucoup d'ennuis et j'aurais beaucoup préféré terminer tranquillement à Tananarive mon temps de séjour.

Quoiqu'il en soit, je me mis à faire mes préparatifs et le 24 novembre nous partions, ma femme et moi, en automobile, jusqu'à Fanovana, où nous prîmes le chemin de fer jusqu'à Brickaville, d'où nous repartions le lendemain, en chaloupe à vapeur, par le canal des Pangalanes. Nous arrivâmes à Tamatave le 26 et en repartîmes le 28, sur le Permambuco, qui nous débarqua à Diégo Suarez le surlendemain.

Je pris immédiatement le commandement de la défense du point d'appui, que me passa le colonel Ruault.

Diégo Suarez est une baie située dans la partie nord de Madagascar. Ouverte à l'est par un goulet de 3 kilomètres de largeur, qu'un îlot partage en deux passes, dont la plus méridionale est seule accessible, elle se divise à l'intérieur en quatre baies secondaires. L'ensemble constitue un port naturel de premier ordre.

Au centre, les navires trouvent de 25 à 30 mètres d'eau. Le territoire, environnant la baie de Diégo Suarez, a été cédé à la France par le traité de 1885.

D'abord colonie distincte, il forme, depuis 1896, une province de la colonie de Madagascar et a pour chef-lieu Antsirane, bâtie sur un plateau, dominant la rade. Diégo Suarez a été classé au nombre des points d'appui de la flotte.

C'est le colonel Joffre, le futur Maréchal de France, qui fut chargé de l'organisation du point d'appui et des fortifications, qu'il y avait lieu d'établir.

Il a fait de Diégo Suarez une place assez importante, mais, à mon avis, beaucoup trop étendue.

Il faudrait au moins 30.000 hommes pour la défendre et, lorsque je pris le commandement de la défense, j'en avais à peine 3.000, dont 800 européens seulement.

De plus l'armement des batteries se composait de canons d'un modèle déjà ancien.

J'avoue que je n'aurais pas voulu être chargé de défendre cette place contre une flotte composée de dreadnougths ou de super-dreadnougths.

Cette situation était d'autant plus fâcheuse qu'à ce moment la guerre russo-japonaise battait son plein et que, si les événements s'étaient compliqués, Diégo Suarez aurait pu être appelé à jouer un rôle important.

Dès ma prise de commandement, j'eus à m'occuper d'envoyer deux compagnies de tirailleurs sénégalais pour réprimer une insurrection, qui venait d'éclater dans le sud de l'île, à Faranfagana.

Quelques jours après, je dus faire partir deux autres compagnies pour la même destination et ce départ s'accomplit dans des conditions vraiment dramatiques. Ces deux compagnies étaient cantonnées à Orangéa, camp situé à l'extrémité de la rade, non loin du goulet et devaient être emmenées par un bateau que j'avais réquisitionné.

Je m'étais rendu à Orangéa, pour présider à l'embarquement de ces troupes, malgré le conseil du capitaine de frégate, commandant de la marine, qui m'avait averti que le baromètre baissait d'une façon inquiétante.

A peine le bateau, transportant les deux compagnies avait-il levé l'ancre, qu'un vent excessivement violent, se leva et que j'eus toutes les peines du monde à rentrer à Antsirane, avec ma chaloupe à vapeur.

C'était un cyclone qui se levait et un cyclone des plus violents, qui emporta presque tous les bâtiments militaires du point d'appui de Diégo-Suarez.

Il y avait, à une trentaine de kilomètres, dans la montagne, un camp important, le camp d'Ambre, que le colonel Joffre avait fait construire, pour loger la plus grande partie des troupes européennes. Ce camp était composé de baraques confortables.

Presque toutes ces baraques furent détruites par le cyclone.

Il en fut de même dans tous les cantonnements.

Il y avait en face d'Antsirane, de l'autre côté de la rade, au cap Diégo, un centre militaire, composé d'un camp d'indigènes et de l'hôpital. Là aussi les cases du camp et tous les baraquements de l'hôpital furent détruits.

Le pavillon, que j'habitais, ne fut pas épargné ; il perdit sa toiture. Presque toutes les fenêtres et presque toutes les portes furent brisées.

Nous passâmes de durs moments, pendant ce cyclone, qui dura toute la nuit et la journée du lendemain. La situation n'était pas brillante.

Dès que le temps se rétablit, je dus m'occuper de relever toutes ces ruines, mais nous n'avions que très peu de matériaux et il fallut en faire venir de Tamatave, de Majunga, et même de la Réunion.

Cette restauration fut donc très longue et occupa une grande partie de mon temps, pendant mon séjour à Diégo-Suarez.

J'étais fort inquiet au sujet du bateau, emportant mes deux compagnies de sénégalais à Farafangana, qui était parti au moment où le cyclone commençait. J'appris, quelque temps après, que le commandant de ce bateau, qui devait se rendre à destination en longeant la côte est de l'île, avait été très surpris de se trouver, après avoir été durement secoué pendant le cyclone, dans le canal de Mozambique, où il trouva une mer calme.

Le bateau dut doubler la pointe sud de Madagascar, pour se rendre à Farafangana.

Pendant mon séjour à Diégo-Suarez, j'eus à m'occuper de la flotte de l'amiral russe Rojestwenski, qui séjourna, pendant près de trois mois, dans la baie de Passandava, non loin de Diégo-Suarez. Les bateaux de l'escadre russe venaient, à tour de rôle, se ravitailler en charbon dans la rade de Diégo-Suarez, où étaient mouillés d'énormes charbonniers allemands, affrétés par la Russie.

J'eus, dans cette circonstance, l'occasion de recevoir, fréquemment à ma table, des amiraux, des commandants et des officiers de cette flotte.

Ils étaient généralement très tristes et se rendaient bien compte qu'ils étaient voués à un désastre inévitable ; ils ne le cachaient pas et le disaient à tous ceux qui voulaient l'entendre.

Cette flotte n'avait, du reste, aucune homogénéité : à côté d'excellents bateaux, se trouvaient des unités sans aucune valeur militaire.

D'autre part, les équipages étaient formés d'éléments hétérogènes, dans lesquels on trouvait des officiers et des hommes de l'armée de terre.

La présence de cette flotte, dans les environs du point d'appui, me causa beaucoup de tracas.

Les imaginations étaient si surexcitées que je reçus, du Gouvernement général de Tananarive, l'avis que des torpilleurs japonais étaient signalés dans les environs de Diégo-Suarez ; que, par conséquent, il était possible qu'un combat ait lieu entre ces torpilleurs et des éléments de la flotte russe et que je devais prendre mes dispositions pour recevoir, s'il y avait lieu, des blessés dans mon hôpital.

Je ne sais où le Gouvernement général avait puisé ce renseignement bien invraisemblable ; toujours est-il qu'il ne fut jamais question de ces torpilleurs japonais à Diégo-Suarez.

Cette flotte considérable, si près de nous, eut pour conséquence de nous affamer. Tous les commerçants vendaient leurs fonds de magasins aux Russes, à des prix formidables. Pendant près de trois mois nous manquâmes de tout et, si nous n'avions pas eu les vivres de l'administration, je ne sais trop comment nous aurions vécu.

Les commerçants alléchés, par les profits inespérés qu'ils faisaient, s'imaginèrent que cette situation allait se prolonger. Ils firent, en France, de fortes commandes, mais lorsque ces commandes leur parvinrent, l'escadre russe était partie et ils furent très embarrassés de leurs marchandises.

La flotte partit après un séjour de près de trois mois, dans la baie de Passandava, pour subir sa triste destinée et fut détruite, quelque temps après, à la bataille navale de Tsou-Shima, que gagna l'amiral japonais Togo. Il est bon cependant de faire remarquer que tous les tacticiens sont unanimes à reconnaître que l'amiral Rojestwenski, en amenant, sans encombre, une flotte de cette importance, jusqu'aux mers de Chine, s'est montré un marin remarquable et a accompli un véritable exploit.

Cet exploit est d'autant plus remarquable que cette flotte, comme je l'ai dit plus haut, manquait d'homogénéité.

Un des bateaux de cette flotte, le Smolensk, bateau atelier, qui avait échappé au désastre, vint relâcher à Diégo Suarez, après une course affolée.

Il avait quitté le lieu de combat, après avoir recueilli une quantité de marins des navires coulés.

Après s'être ravitaillé à Diégo-Suarez, ce bateau continua sa route vers l'Europe et trouva encore l'occasion de se rendre utile, en recevant à son bord, un certain nombre de passagers d'un bateau français, le Chodoc, qui avait fait naufrage au cap Gardafuy.

Il déposa ces passagers à Djibouti.

Dans le courant du mois de mai, le général Galliéni, qui rentrait en France, s'arrêta à Diégo-Suarez. Il y fut reçu officiellement et il me fit l'honneur de déjeuner chez moi, avec toute sa famille et sa suite. Le général Galliéni rentrait en France, après 8 ans de séjour à Madagascar, interrompus par un séjour de quinze mois dans la métropole.

Il ne devait plus y revenir.

Il avait trouvé, à son arrivée, Madagascar dans un désarroi complet et très troublé par une insurrection très grave.

Grâce aux habiles dispositions, prises par lui, cette insurrection avait été promptement domptée et, grâce à ses hautes qualités d'administrateur, il avait organisé, d'une façon remarquable, tous les services de la colonie. Il s'était adonné tout particulièrement à la construction du chemin de fer.

Il aurait désiré mener à bien cette entreprise et terminer la ligne de Tamatave à Tananarive, mais la maladie vint s'opposer à la réalisation de ce projet et il dut rentrer en France pour se soigner.

Il venait, du reste, d'éprouver une grosse déception. La section du chemin de fer de Brickaville à Fanovana, que nous avions inaugurée l'année précédente, venait d'être fortement endommagée par un cyclone ; la circulation avait été interrompue pour de longs mois.

Quelque temps après le départ du général Galliéni, je quittai moi-même Diégo-Suarez, le 21 juillet, mon séjour étant expiré.

Je m'embarquai sur le paquebot le « Djemmah ».

Pendant mon séjour à Madagascar le système des fiches fleurissait en France. Un journal de la colonie s'essaya, dans ce genre de littérature et fit des fiches sur tous les chefs de l'armée d'occupation. Il voulut y ajouter un peu de sel. Qu'on juge s'il y réussit ! Voici les fiches concernant le général Galliéni et me concernant :

« *Galliéni*, Joseph, général de division, a en effet semé pas mal de divisions. Républicain le matin, réactionnaire le soir, neutre la nuit. Ne met pas ses enfants chez les jésuites, mais donne leurs noms à des tunnels ; s'est compromis dans l'affaire Dreyfus, car on le soupçonne d'avoir aimé Estherassis. »

« Colonel *de Pélacot*, commandant la défense de Diégo-Suarez, Franc maçon, libre penseur, radical, socialiste, blocard, admirateur d'André. Malgré cela adore les curés, va à la messe, aux vêpres et tient son régiment d'une main ferme. Porte une croix au cou. Fera un excellent général. »

Ce n'est peut-être pas spirituel, mais, dans tous les cas, ce n'est pas très méchant.

Mon voyage de retour se fit dans des conditions normales.

En plus des escales ordinaires, Nossi bé, Mayotte, Zanzibar, Djibouti et Port Saïd, le « Djemmah » fit relâche à Monbaza.

Monbaza est une ville de l'Afrique Orientale anglaise, sur la côte est de l'île de même nom.

Cette île est située à environ 250 kilomètres, au nord de Zanzibar. Le détroit, qui la sépare du continent, n'a que 800 mètres de large.

Cette île fut possédée successivement par les Portugais et l'iman de Mascate, qui fut dépossédé par les Anglais en 1890.

Monbaza est la tête de ligne du chemin de fer, qui relie la côte au lac Victoria et est devenu le débouché de l'Afrique Orientale anglaise.

Nous débarquâmes à Marseille le 4 août.

CHAPITRE IX

Séjour en France (1905-1909)

Après un séjour de près de trois mois, en Auvergne ou à Vichy, je vins m'installer à Paris où ma présence était nécessaire pour éviter d'être supplanté, par un concurrent habile, à la promotion de la fin de décembre.

Je fus bien inspiré, car dès mon arrivée dans la capitale, j'appris qu'un jeune colonel qui, du reste, était un homme charmant et un officier de valeur, faisait agir un énorme piston pour décrocher les étoiles. Cet énorme piston était heureusement à bout de course et cette candidature échoua. Ce colonel, que j'eus sous mes ordres quand je pris le commandement de la brigade coloniale de Paris, obtint les étoiles beaucoup plus tard et fut tué pendant la guerre 1914-1918.

Je fus enfin nommé général de brigade, le 26 décembre 1905, quatre ans après la lettre par laquelle M. Léon Bourgeois m'annonçait que ma nomination allait être signée par le Ministre.

Je fus placé dans la position de disponibilité jusqu'à ce qu'une place de mon grade soit vacante.

Je n'attendis, du reste, pas longtemps, car, dans le courant de février, je reçus le commandement de la première brigade d'infanterie coloniale, avec résidence à Cherbourg. Je me trouvai dans cette situation, sous les ordres du général de division Lachouque, mon ancien chef de brigade topographique à la colonne de Tébessa, qui, quoique appartenant à l'armée métropolitaine, avait été nommé au commandement de la troisième division d'infanterie coloniale à Brest.

Il n'y resta pas longtemps d'ailleurs et fut remplacé par le général de Langle de Cary, également des troupes métropolitaines, qui ne fit que passer, et, en devenant général de division, fut réintégré dans son arme d'origine.

Le général de Langle de Cary a joué un rôle important dans les débuts de la guerre 1914-1918, où il commandait une armée, à la première bataille de la Marne !

Je me trouvai donc dans cette bonne ville de Cherbourg.

où j'avais déjà passé près de deux ans (1896-1898). Mon séjour dans cette garnison, ne fut pas de longue durée, car je fus nommé, le 26 décembre, au commandement de la 5ᵉ brigade d'infanterie coloniale à Paris.

J'étais placé, pour la quatrième fois, sous les ordres du général F. qui, après la campagne de Chine, avait été nommé général de division et commandait, à ce moment, la première division d'infanterie coloniale.

J'avoue que la perspective de me retrouver sous les ordres d'un chef, qui avait eu une attitude aussi étrange en Chine à mon égard, vint tempérer un peu le plaisir que me causait ma nomination à Paris.

Je dois ajouter, pour rendre hommage à la vérité, que pendant les deux années que je restai sous ses ordres, le général F. me traita avec de grands égards et qu'il me proposa pour général de division, avec d'excellentes notes. Nos relations, du reste, tout en étant correctes, restèrent plutôt très fraîches pendant cette période. Le seul événement à signaler, pendant cette année 1907, est la mort de mon oncle Monseigneur de Pélacot, archevêque de Chambéry, qui eut lieu à Troyes, le 5 août.

Au cours de l'année 1908 je pris part, avec ma brigade, aux manœuvres du Centre, dirigées par le général de Lacroix. Ma division faisait partie de l'armée du général Millet. Je fis la connaissance, pendant ces manœuvres, avec le général Foch, le futur maréchal de France, généralissime des armées alliées, qui était à ce moment général de brigade et chef d'État-Major du général Millet.

Le général F. fut au-dessous de tout, pendant ces manœuvres et fut débarqué quelques semaines après notre rentrée à Paris.

Il fut remplacé dans le commandement de la première division par le général Lefèvre un de mes vieux amis.

Dans le courant de janvier 1909 j'appris que j'étais nommé au commandement du corps d'occupation de Chine.

Deux ans en Chine
comme commandant du Corps d'Occupation
(1909-1911)

Je devais partir dans le courant d'avril, mais au mois de février, je subis une grave opération, qui m'obligea à demander un sursis de départ et ce n'est que le 16 août que je pris avec ma femme le train pour Moscou. J'avais obtenu l'autorisation de me rendre à Tien Tsin, qui devait être le siège de mon commandement, par le Transsibérien au lieu de prendre un paquebot. J'économisais ainsi un temps énorme et j'avais l'avantage de traverser toute l'Europe centrale et la Sibérie.

J'organisai mon voyage de façon à visiter Cologne, Berlin, Varsovie et Moscou.

Mon premier arrêt fut Cologne, très belle ville, que j'avais déjà visitée en 1883 et dont j'avais admiré la superbe cathédrale.

Berlin, capitale de la Prusse et de l'empire d'Allemagne que nous visitâmes ensuite et où nous pûmes rester, pendant trois jours, ne m'enthousiasma pas.

Cette ville n'a rien de séduisant ni d'original.

Les monuments, que l'on y voit, ont tous un caractère de lourdeur et une complication d'architecture, que l'on retrouve dans toutes les constructions allemandes.

Le château royal, lui-même, est un vaste édifice rectangulaire sans aucun cachet.

Tout dans cette ville semble avoir été sacrifié à l'art militaire.

La Sprée, qui traverse Berlin, ne contribue pas à l'embellissement de la capitale. Les eaux de cette rivière sont presque constamment noires et nauséabondes.

Berlin s'est beaucoup agrandi depuis quelques années, et au moment où nous le visitâmes, on était en train de construire une avenue kolossale qui devait le réunir à Postdam.

Cette capitale s'étend au milieu d'une plaine sablonneuse, aride, triste et si parfaitement plate que ses eaux n'ont presque pas d'écoulement.

Berlin possède un certain nombre de musées. Parmi ceux-ci

la Galerie Nationale et le Musée de l'Empereur Frédéric qui contiennent de très beaux tableaux. Une des choses les plus intéressantes de Berlin est le Tiergarten, qui se trouve à l'ouest de la porte de Brandebourg. C'est un immense parc, situé entre Berlin et Charlottenbourg, qui sont reliées par la Charlottenburger-Chaussée, qui croise l'allée de la Victoire.

Cette allée de la Victoire, Siéges-allée, est une superbe avenue, ornée de statues en marbre de trente-deux souverains de Prusse et de Brandebourg.

Derrière chaque statue se trouve un exèdre en marbre décoré de deux hermes de contemporains célèbres.

L'allée de la Victoire conduit à la Place Royale, au milieu de laquelle se dresse la colonne de la Victoire, Siégessœule, en granit, grès et bronze de 61 m. 50 de hauteur.

Sur huit degrès s'élève un socle carré, à bas reliefs, rappelant les dernières campagnes de la Prusse. Au-dessus est une galerie, décorée d'une mosaïque, qui représente la guerre de 1870-1871 et l'établissement de l'empire d'Allemagne. Au-dessus une grosse colonne cannelée, ornée de canons danois, autrichiens et français tout dorés. Au sommet une Victoire également dorée.

La porte de Brandebourg, qui donne accès au Tiergarten, se trouve à l'extrémité de l'avenue Les Tilleuls, unter den Linden, la partie la plus brillante et la plus animée de Berlin, a été bâtie de 1789 à 1793. Elle est percée de 5 ouvertures, séparées par de puissantes colonnes doriques.

Le sommet est couronné d'un quadrige de la Victoire, en cuivre repoussé, qui pris par les Français, en 1807, a été replacé en 1814.

Nous consacrâmes une journée à la visite de Potsdam où nous nous rendîmes par autobus.

La route de Potsdam est monotone. Elle traverse une région sablonneuse et aride, parsemée de maigres bois de pins et de bouleaux.

A Potsdam, nous visitâmes l'église de Garnison, où se trouve le tombeau de Frédéric le Grand et où nous eûmes la douleur de voir exposés les drapeaux de l'armée française pris en 1870 par les Allemands.

On raconte que Napoléon Iᵉʳ vint visiter le tombeau de Frédéric le Grand et qu'il emporta l'épée de ce grand capitaine, précieuse relique disparue depuis, sans qu'on ait jamais pu la retrouver.

Il y a encore à Potsdam le Nouveau Palais (1763-1769), le Marmor Palais (1787-1796), le Château Royal,. dit la Résidence et, aux environs immédiats, le parc et le château de Sans Soucy (1743).

Les châteaux de Potsdam ont la prétention de rappeler les somptuosités de Versailles. C'est une prétention ridicule.

C'est à Potsdam que je pus voir les instruments d'astronomie de l'observatoire de Pékin, qui furent enlevés en 1901, par les Allemands.

Le corps expéditionnaire français avait également pris à cette époque, un certain nombre d'instruments d'astronomie à cet observatoire, qui furent expédiés à Paris par le général F. et que le gouvernement français restitua aux Chinois.

Notre séjour, à Berlin et à Potsdam, nous donna une haute idée de la puissance militaire et de la forte administration de l'Allemagne, mais nous fortifia, dans l'opinion que nous avions déjà, du manque absolu de goût artistique de cette nation.

En quittant Berlin nous nous dirigeâmes vers Varsovie. où nous séjournâmes 24 heures.

Varsovie est une très jolie ville qui, avant la guerre 1914-1918, était le chef-lieu de gouvernement général de la Pologne russe.

La Pologne, ayant été reconstituée, cette ville est actuellement le chef-lieu de la république polonaise.

Elle est située sur la Vistule, avec un très beau pont, qui la relie au faubourg de Praga, où se trouve la gare de Brest. Son aspect est fort gai ; elle est animée et est une des cités les plus industrieuses.

Varsovie possède plusieurs monuments remarquables, de belles places, des jardins bien entretenus et de nombreuses églises, dont la plus ancienne, la cathédrale Saint-Jean, remonte au XIIIe siècle.

Au sud-est de la ville se trouvent le Belvédère et le parc Lazienski.

C'est à Moscou que nous devions prendre le Transsibérien. Partis à 7 heures 30 du matin, le dimanche 23 août, de Varsovie, nous arrivâmes à Moscou le lendemain à 1 h. 25 de l'après-midi.

Nous passâmes trois jours entiers dans cette ville, si intéressante, et nous fûmes enchantés de tout ce que nous y vîmes.

Moscou est une très grande ville, sur la rive gauche de la Moskowa, la seconde capitale de la Russie, la capitale religieuse, si on peut s'exprimer ainsi.

Elle est entourée par une ligne de boulevards, qui ont remplacé les anciens remparts de terre.

Aux environs de la ville et surtout sur les hauteurs qui la dominent, sont de vastes parcs ; les jardins, les maisons de plaisance ou les palais de la haute aristocratie russe, qui y réside l'hiver, de préférence à Pétrograd.

Tout au centre de la ville, au nord de la boucle de la Moskowa, qu'il domine d'une trentaine de mètres, se trouve le Kremlin.

Le Kremlin est la partie vraiment intéressante de Moscou. De forme presque triangulaire, il est entouré d'un mur haut de douze mètres et long de 2.200 mètres.

Il renferme un grand nombre de monuments historiques, dont les plus importants sont les anciennes églises.

Dans la cathédrale de l'Assomption, érigée sous Iwan III et renfermant l'image de Notre-Dame de Vladimir, peinte, d'après la tradition par Saint Luc, étaient sacrés les souverains russes.

La cathédrale de l'Annonciation, fondée au commencement du XVIe siècle, renferme des peintures intéressantes. C'est dans cette église qu'étaient baptisés et que se mariaient les anciens tsars.

L'église de l'archange Saint-Michel, surmontée de coupoles dorées, renferme les tombeaux de la plupart des anciens souverains moscovites.

Elle a été bâtie au commencement du XVIe siècle.

Dans son voisinage se trouve la Tsar-Kolokal, la plus grande cloche connue, d'une circonférence de 12 mètres, d'une hauteur de 7 mètres, y compris le globe et la croix du sommet. Cette cloche est placée devant l'Ivan Véliky, sur un socle de granit d'environ un mètre de hauteur.

Elle est cassée dans la partie inférieure. Le morceau détaché haut de plus de deux mètres et pesant 11.000 kilos, est maintenant à la base du piédestal.

Il y a encore dans le Kremlin, le couvent Voznessensky ou

de l'Ascension, couvent de femmes, fondé en 1389, par Eudoxie, femme du Grand Duc Dimitry IV. Donskoï, qui se retira dans le couvent, après la mort de son mari et y mourut en 1407.

A côté du couvent se trouve le palais Nicolas, ou petit Palais du Kremlin, élevé par Catherine II.

Près de ce palais se trouve le couvent de Tchoudov, ou des Miracles, couvent d'hommes fondé en 1365.

Un peu plus loin on remarque l'IvanVéliky, ou clocher de Jean le Grand achevé en 1600. Il a 97 mètres de haut. Du haut de cette tour on a une très belle vue.

Au second étage de l'Ivan Véliky se trouve le Riche trésor des Patriarches.

On remarque encore au Kremlin le Grand Palais Nicolas, monument imposant, construit de 1838 à 1849, la Granovitaïa Palata, ou palais à facettes, qui a été construit sous Ivan III de 1473 à 1490 et le Térem ou palais du Belvédère, bâti en 1636. Ce palais se compose de 5 étages, construits en retrait les uns sur les autres.

Une des choses, les plus intéressantes du Kremlin, est l'Oroujeinaïa Palata, ou palais des Armures, qui renferme le trésor.

Il y a encore à voir au Kremlin la grande caserne, le Synode, l'Eglise des douze apôtres, le tribunal et l'arsenal. Cet arsenal a été construit de 1702 à 1736. Les Français le firent sauter en 1812 et il a été reconstruit sous Nicolas Ier. C'est un immense bâtiment sans caractère. Devant la façade sont placés les canons pris en 1812. Il y en a 875 dont 366 français, 189 autrichiens, 123 prussiens, 70 italiens, etc... Une des portes du Kremlin, la porte Spaskaia ou du Sauveur, est surmontée de l'image du Sauveur, apportée de Smolensk en 1647, par le tsar Alexis Mikhaïlowitch. Devant cette image se trouve une lampe informe, dans une lourde monture en métal, suspendue à une forte chaîne. Alexis ordonna que personne ne passerait sous cette porte sans se découvrir, et à l'époque où je visitai le Kremlin, cet ordre n'était jamais transgressé. Le Kremlin est séparé de la vieille ville au nord, par la vaste place Krasnaïa ou place Rouge.

L'entrée principale de cette partie de la ville du côté ouest est la porte Ibérienne.

Cette porte a deux passages. Entre les deux passages se

trouve la chapelle Ibérienne, ou de la vierge d'Ibérie, bâtie en 1669.

Cette chapelle est une des plus célèbres de la Russie. L'empereur s'y rendait toujours, en arrivant à Moscou, avant d'entrer au Kremlin. Il n'est pas un Russe, passant auprès de cette chapelle, qui ne fasse un ou plusieurs signes de croix.

On remarque sur la place Rouge, une église de construction très bizarre, la cathédrale Saint-Basile, élevée sous Ivan le Terrible de 1554 à 1557, en souvenir de la prise de Kazan.

En dehors du Kremlin il n'y a rien de bien remarquable à Moscou. Il faut cependant citer l'Eglise du Sauveur, qui est la plus belle église de cette ville. Cette église, qui est située sur la rive gauche de la Moskowa, est vraiment très belle. Elle a été construite de 1837 à 1883.

Le Transsibérien, n'ayant qu'un seul train par semaine, le mercredi, nous ne pûmes rester à Moscou que trois jours et nous partîmes le mercredi 25 août.

Ce train hebdomadaire était composé de deux voitures de première classe, deux voitures de deuxième classe, d'un wagon restaurant et d'un fourgon à bagages. Les wagons appartenaient à la Compagnie internationale des wagons lits.

Chaque compartiment comprenait deux couchettes et, entre deux compartiments, se trouvait un petit cabinet de toilette.

Ces wagons lits étaient sensiblement pareils à ceux qui circulent sur les lignes de chemins de fer européens, avec quelques légères différences.

Ils étaient un peu plus larges puisque la voie des chemins de fer russes est plus large que celle des chemins de fer européens. Il y avait en outre, au-dessus du couloir, dans chaque compartiment, un emplacement qui permettait de mettre les nombreuses valises, dont on a besoin pour un long voyage, puisque de Moscou à Pékin, on restait 12 jours en chemin de fer.

La nourriture était généralement bonne.

L'établissement du transsibérien, commencé en 1895, s'est poursuivi sans interruption jusqu'en 1901. Cette route continentale, présente pour la Russie, une importance militaire capitale, dont la guerre avec le Japon a permis de constater l'efficacité.

Grâce au transsibérien la Russie a pu transporter en Mandchourie et alimenter une armée très considérable. Au point de vue économique elle est dans une situation exceptionnelle. Elle traverse, en effet, la région de la Sibérie, la plus colonisable, à la lisière de la forêt et de la steppe et elle dessert de nombreuses régions minières et métallurgiques. Le transsibérien traverse l'Oural, le deuxième jour après le départ de Moscou et des fleuves très importants, tels que le Volga, l'Istich, affluent de l'Obi, l'Yenissei. Il dessert quelques villes importantes : Samara, Tchéliabinsk, bifurcation de la ligne Pétrograd, Omsk, Irkoutsk, qui est une ville de plus de cinq cent mille habitants.

Irkoutsk se trouve sur l'Angara inférieur, qui se déverse à une cinquantaine de kilomètres de là, dans le lac Baïkal. Ce lac est une immense nappe d'eau douce. Ses rives sont escarpées et montagneuses, surtout à l'ouest et au sud. Pendant plusieurs années le transsibérien traversait le lac au moyen de grands ferry-boats, sur lesquels le train entier pouvait être placé, et, pendant l'hiver, on plaçait sur la glace une voie permettant la circulation normale.

Au moment, où je fis, pour la première fois, le voyage sur le Transsibérien, on avait construit la voie ferrée au sud du lac, ce qui permettait d'en éviter la traversée.

Cette partie du voyage est certainement la plus intéressante, car, pendant 5 ou 6 heures, on surplombe le lac, dont les eaux transparentes permettent de voir le fond. On a, en outre des vues superbes sur les hautes montagnes, qui entourent le lac et dont les sommets sont, presque toujours, couverts de neige.

Deux jours après avoir quitté Irkourtsk on arrive à Kharbine, après avoir traversé les steppes de Mongolie. A Kharbine les voyageurs pour la Chine quittent le transsibérien, qui continue jusqu'à Vladivostock et prennent un train russe, qui les conduit à Kouan Tchen Tzée.

Dans cette gare ils transbordent sur un train japonais, qui les conduit à Moukden.

Moukden est remarquable parce qu'elle est la patrie de la dynastie mandchoue, qui a régné en Chine jusqu'à la révolution de 1911.

Aux environs de cette ville se trouvent les tombeaux des ancêtres impériaux.

Cette ville, essentiellement chinoise, est occupée, depuis la guerre des Boxeurs, par des troupes japonaises, qui sont censées garder le chemin de fer.

De Moukden, part la ligne du transmandchourien, qui mène à Antung.

Moukden est également le point de départ de la ligne de Pékin, qui était desservie, à cette époque, par les Chinois, sous la direction d'un Anglais.

Je trouvai à la gare de Moukden un wagon spécial, qui était aimablement mis à ma disposition par le directeur de la compagnie et qui me permit de terminer mon voyage dans des conditions parfaites de confortable.

Un des officiers de mon état-major était venu au devant de moi jusqu'à ce point.

Le lendemain 6 septembre, nous débarquâmes à Tien-Tsin, où se trouvait mon quartier général.

Nous étions donc restés en wagon onze jours et douze nuits. Je dois dire que, grâce à la bonne installation de la compagnie des wagons lits et à la bonne nourriture qu'on y trouvait, nous n'étions nullement fatigués, ni ma femme, ni moi.

La partie la plus fatigante était certainement le trajet de Kharbine à Tien-Tsin, au cours duquel on change trois fois de train.

Me voici donc à Tien-Tsin, que j'avais quitté en 1900. Je fus tout heureux de retrouver la concession française, que j'avais laissée presque totalement en ruines, complètement restaurée.

Toutes les maisons avaient été reconstruites et un joli pont métallique avait été jeté sur le Peï Ho, pour remplacer le pont de bateaux, qui faisait communiquer la concession avec la gare.

Je pus constater d'énormes changements à l'extrémité nord de la concession française, qui autrefois touchait presque au faubourg de la cité chinoise.

A la place des vilaines maisons chinoises s'élevaient les très belles maisons de la concession japonaise, édifiées depuis la guerre de 1900.

Le Consul de France de cette époque, le Comte du Cheylard, avait également profité des événements, pour faire attribuer à la France une large surface, qui agrandissait beaucoup à l'ouest la concession française.

Plusieurs nations européennes, qui n'avaient pas des concessions, s'étaient fait attribuer par les Chinois, depuis la guerre, des terrains sur lesquels ils avaient édifié des concessions.

C'est ainsi que les Russes avaient installé leur concession, sur la rive gauche du Peï Ho, au sud de la gare.

Les Italiens s'étaient installés sur la même rive, au nord de la gare et les Autrichiens au nord des Italiens.

Cette dernière concession se reliait à la ville chinoise par un pont, nouvellement jeté sur le Peï Ho.

Les Belges, de leur côté, avaient pris possession d'un grand village chinois, sur la rive gauche et sur lequel ils avaient arboré leur pavillon.

Quant aux Allemands, ils avaient créé une concession sur la rive droite du fleuve, au sud de la concession anglaise. Toutes ces concessions formaient des petites villes, ayant chacune sa municipalité et sa police.

La cité chinoise, de son côté, s'était complètement transformée, sous la direction du gouvernement provisoire, que nous avions créé le 15 juillet 1900, le lendemain de notre prise de possession de cette ville.

Ses énormes remparts avaient été démolis et un boulevard très large avait été créé, qui faisait le tour de la ville et donnait de l'air à ses rues étroites.

D'autre part, la cathédrale catholique qui avait été détruite en 1900, avait été reconstruite.

J'eus le grand plaisir, en arrivant à Tien-Tsin, de retrouver des personnes que j'avais connues pendant le siège de 1900. Plusieurs sœurs de l'hôpital, et surtout Monsieur Desrumeaux, procureur de la Mission des Lazaristes, qui remplissait les fonctions de Curé de l'Eglise Saint-Louis.

Monsieur Desrumeaux, m'avait accompagné dans la marche sur Pékin et avait dirigé le service des coolies, tout en me servant d'interprète.

J'avais conservé, pour ce prêtre dévoué, le plus respectueux attachement et je fus très heureux de le revoir.

Je m'attendais aussi à retrouver à Tien-Tsin le Père Ducrest, procureur de la mission des Pères Jésuites. J'appris qu'il était mort quelques jours avant mon arrivée.

Le corps d'occupation, dont je pris le commandement, était composé d'un régiment d'Infanterie coloniale, le 16e que j'avais installé en octobre 1900, d'une batterie d'artillerie et de tous les services accessoires.

Les troupes étaient réparties de la façon suivante : 7 compagnies avec l'artillerie et les magasins à l'arsenal de l'est, à 3 kilomètres de Tien-Tsin, sur la rive gauche de Peï Ho, une compagnie à Tien-Tsin, à l'Amirauté chinoise, une compagnie répartie en Chung Liang Chen et Tong Kou, sur la ligne du chemin de fer, une compagnie entre Chi Van Tao et Shan Haï Kouang sur les bords de la mer, deux compagnies à Pékin, pour la garde de la Légation.

Le détachement, qui occupait Chi Van Tao, était destiné à recevoir les militaires, débarquant dans ce petit port, pendant les mois d'hiver, alors que la rade de Takou était gelée.

Celui de Shan Haï Kouang avait pour mission de garder les locaux, qui servaient à la villégiature d'été. Il occupait une jolie caserne, construite depuis peu par un de mes prédécesseurs.

Au moment de mon arrivée à Tien-Tsin, les troupes étrangères avaient été considérablement réduites. Il ne restait plus, dans cette ville, que les troupes anglaises, composées d'un régiment de troupes métropolitaines et un régiment de troupes indiennes. Ces troupes étaient commandées par un brigadier général. Il y avait également à Tien-Tsin un général japonais, qui commandait les troupes japonaises cantonnées à l'arsenal de l'ouest et un détachement allemand commandé par un lieutenant.

Les autres nations n'avaient pas de troupes à Tien-Tsin et avaient simplement des détachements, pour la garde de leur légation à Pékin.

Je pris possession, à mon arrivée, du quartier général qui était installé dans une maison bien modeste, peu convenable pour loger un général français, surtout lorsqu'on la comparait aux belles villas, occupées par les généraux anglais et japonais.

La maison que j'occupais se trouvait entre deux belles maisons, dans lesquelles étaient installés des commerçants allemands.

La concession française est, en effet, très grande et comme il y a peu de Français, beaucoup de maisons et surtout de magasins étaient occupés par des Allemands, qui trouvaient plus avantageux de s'installer dans la concession française, dont les quais sont bien aménagés et qui se trouve près de la gare, que de rester dans la concession allemande, qui n'était encore qu'insuffisamment aménagée et qui se trouvait loin du chemin de fer.

Quelque temps après ma prise de commandement, le chargé d'affaires de France en Chine, M. Boissonnas obtint pour moi une audience du Régent Prince Tch Ouen, père du nouvel empereur Kounag Su, et frère cadet de l'empereur Kouang Su, mort dans des circonstances très extraordinaires l'année précédente.

Le jeune empereur Pou Yi avait trois ans et demi. L'avènement de cet enfant et la nomination du Régent furent l'œuvre d'une coterie triomphante et le résultat d'un véritable tour de force.

Les décrets d'investiture furent rédigés et signés par l'Impératrice, quelques instants avant sa mort.

Mon audience eut lieu avec le cérémonial habituel.

Depuis les événements de 1900 les réceptions des Européens avaient lieu dans un pavillon du Palais impérial.

Nous arrivâmes, M. Boissonnas et moi, à la Porte Toung Hoa Men, porte de l'est. Là nous trouvâmes des chaises à porteur à la livrée impériale, qui nous transportèrent au pavillon où avait lieu la réception.

Nous fûmes reçus dans ce pavillon par un haut mandarin, qui nous fit entrer dans une pièce, dans laquelle était servie une collation réconfortante et, lorsque l'heure de l'audience fut arrivée, nous fûmes conduits dans un salon, où M. Boissonnas me présenta au Régent. Après quelques paroles insignifiantes, qui me furent adressées en chinois par ce haut personnage et qui furent traduites par un interprète de la Légation, nous nous retirâmes, après avoir fait les trois saluts protocolaires et nous fûmes reconduits à la porte de l'est avec le même cérémonial qu'à l'arrivée.

Au cours de ce premier voyage que je fis à Pékin, je fus agréablement surpris, en voyant les changements considérables, qu'avait subis la capitale depuis 1900.

Tout d'abord le chemin de fer qui, à cette époque, avait sa gare terminus, Ma chia pou, à 1.500 mètres environ au sud de la muraille de la ville chinoise, avait pénétré dans cette ville, par une brèche pratiquée dans le rempart et une gare avait été construite, près de la porte de Tsien Men, au pied de la muraille de la ville Tartare.

Le quartier des légations étrangères avait été complètement reconstruit, et on en avait fait une sorte de forteresse avec une enceinte, dont la garde était confiée aux troupes étrangères.

Chaque légation était elle-même entourée de murs et possédait une caserne, occupée par les troupes constituant sa garde.

Il est assez plaisant de constater que le secteur, qui devait défendre la garde de la légation de France, était en liaison avec le secteur, dont la défense était confiée à la garde de la légation d'Allemagne.

Je me demande comment en 1914, lorsque la guerre fut déclarée un *modus vivendi* fut établi entre les troupes de ces deux légations.

Il n'y avait pas que le quartier des Légations qui était changé : la ville elle-même avait été très **assainie** par de grandes artères, qui la traversaient dans **tous** les sens.

Au lieu des **rues étroites**, qui existaient en 1900 et dans lesquelles on **rencontrait** des fondrières profondes pleines de boue ou **de poussière**, on avait fait des chaussées bien entretenues et sur lesquelles les voitures européennes et même les automobiles pouvaient circuler.

Lors de ce voyage à Pékin nous fûmes aimablement reçus, ma femme et moi, à la Légation de France, par M. Boissonnas, premier secrétaire, qui était à ce moment chargé d'affaires, en attendant l'arrivée de M. de Margerie, qui venait d'être nommé Ministre de France à Pékin.

Nous profitâmes de notre séjour dans la capitale pour visiter les monuments les plus intéressants.

Avant de commencer ces visites, je tins à me rendre à la mission catholique du Pé Tang, où je savais que je n'aurais pas le plaisir de retrouver Monseigneur Favier, mort depuis quatre ans. J'espérais bien y rencontrer Monseigneur Jarlin, qui lui avait succédé.

J'avais connu en 1900, Monseigneur Jarlin, qui avait été l'âme de la défense du Pé Tang et j'avais conservé de lui un excellent souvenir.

Ma femme et moi, nous reçûmes un excellent accueil de ce vénérable prélat, qui voulait bien conserver le souvenir des quelques services, que j'avais rendus à la Mission, lors de l'expédition.

Je retrouvai encore au Pé Tang, quelques-uns des prêtres que j'avais connus en 1900.

Nous obtînmes l'autorisation de visiter le Palais d'été, où nous nous rendîmes en automobile et où nous fûmes reçus par

La Cathédrale Catholique
du Pé Tang.

le mandarin, qui en avait la garde. Ce palais d'été, qui se trouve à deux lieues de Pékin a été construit depuis l'incendie de l'ancien palais, qui eut lieu en 1800, lors de l'expédition de Chine. Cet ancien palais était, en réalité, composé d'une multitude de palais, réunis les uns aux autres.

Ces palais formaient la résidence impériale, où le souverain demeurait toute l'année, à l'exception de deux ou trois mois d'hiver, qu'il passait à Pékin.

L'incendie de 1860 avait laissé de beaux restes ; certaines constructions étaient un peu endommagées, les arbres étaient debout et de nombreux vases, ponts, balustrades, colonnettes en marbre décoraient encore les jardins.

Depuis lors tout a disparu : vendu par les gardiens ou volé de nuit par la population.

On a brisé les belles sculptures de marbre, pour prendre le fer qui réunissait les pierres entre elles; on a coupé tous les arbres pour en faire du bois de chauffage; on a vendu les briques, les tuiles vernissées, enfin à peu près tout.

Après l'expédition les palais étaient réparables, en partie du moins ; on n'a rien réparé.

Aujourd'hui, il reste à peine trace de toutes ces constructions et on a construit, sur le revers de la colline, un nouveau palais, qui est loin de valoir l'ancien.

Les constructions sont assez belles, mais ce qu'il y a de plus remarquable, c'est la situation de ce palais, qui a à ses pieds un très beau lac, sur lequel on a construit un pont très original, pour se rendre à un petit îlot, qui se trouve au milieu du lac.

A l'extrémité du lac et au pied de la colline, se trouve une énorme jonque de marbre.

Pendant ce séjour à Pékin nous visitâmes également le temple du ciel, T'ien-T'au.

Ce temple est situé au sud-est de la ville chinoise. C'est un immense enclos de 5.760 mètres de pourtour.

Il a été bâti par l'empereur Young Lo de la dynastie des Ming.

On y adorait dans les premiers temps, le Ciel et la Terre, mais il ne fut bientôt consacré qu'au Ciel seul.

Plusieurs enceintes divisent ce grand emplacement. Le grand temple est circulaire et couronné de trois toitures su-

Le Temple du Ciel.

perposées, en tuiles bleues ; une boule dorée les surmonte. On aperçoit de partout les toits du temple du ciel.

L'empereur se rendait au temple, trois fois par an, pour adorer le ciel et lui rendre compte de son administration.

A l'Ouest du temple du ciel se trouve celui de l'agriculture. Sien Noung T'au, moins vaste, mais également très important par les rites qui s'y observaient.

Le premier jour de la seconde période du printemps le souverain se rendait chaque année, au temple de l'agriculture, avec une suite nombreuse et commençait à tracer un sillon de l'est à l'ouest et revenait quatre fois, ce qui faisait huit sillons.

Le Président du Ministère des Finances se tenait à sa droite avec le fouet ; à sa gauche se tenait le premier mandarin de la province, avec la semence qu'un troisième semait derrière l'empereur.

Les grains récoltés à l'automne et conservés dans les magasins ne devaient servir qu'aux offrandes.

Un des monuments les plus intéressants de Pékin est l'observatoire, qui fut construit au XVIII⁰ siècle, par le Père Jésuite Verbiest.

Ce religieux reçut l'ordre de faire fondre des instruments pour cet observatoire.

Tous ces instruments étaient montés sur de magnifiques dragons en bronze, du travail le plus soigné ; des piédestaux en marbre les supportaient et, comme beauté d'exécution. ils ne laissaient rien à désirer.

Sans le moindre abri et, depuis plus de 200 ans, ils n'avaient nullement souffert des intempéries.

Au moment de l'expédition de 1900 les Allemands s'emparèrent d'une partie de ces instruments et les envoyèrent à Potsdam, où je les vis à mon passage.

Le général F. prit possession de ce qui restait et envoya les instruments à Paris, où le gouvernement français refusa de les recevoir et donna l'ordre de les renvoyer en Chine.

D'après une clause du traité de paix. du 28 juin 1919. les Allemands doivent restituer à la Chine les instruments dont ils s'étaient emparés.

Dès mon retour à Tien-Tsin je m'occupai de faire élever, au cimetière de la concession française. un monument à la mémoire des militaires et marins morts en Chine pour la France.

Ce monument très simple. consiste en une pyramide en pierres de taille. érigée sur un caveau, dans lequel j'avais l'intention de réunir les ossements de toutes les victimes du siège de Tien-Tsin. Les corps de tous les militaires. qui avaient été tués, à cette époque, avaient été enterrés dans le jardin du télégraphe chinois.

Ces corps avaient été exhumés, lors de la reconstruction de la concession française et déposés au cimetière de cette concession. Pendant tout mon séjour en Chine je crus de mon devoir de me rendre le jour de la fête des morts et le 11 juillet, jour anniversaire de la prise de la cité chinoise, avec mon état-major et les officiers du corps d'occupation devant cette colonne pour rendre hommage à ces victimes de la guerre.

Au mois de novembre, je fus convoqué par le Ministre de France, pour assister aux obsèques de l'impératrice douairière Tseu Hi.

Cette cérémonie eu lieu le 9 novembre.

L'impératrice Tseu Hi était la fille d'un maréchal Tartare. Elle portait alors le nom de Ye-ho-na-la.

Elle devint la concubine de l'Empereur Hien-Foung, qui mourut en 1861. Elle lui donna en 1856 un enfant mâle, alors que l'épouse légitime était restée stérile.

Cette dernière mourut fort opportunément.

Tseu Hi resta seule maîtresse de l'empire et fit nommer empereur son fils sous le nom de Toung Tche, qui mourut également épuisé par une vie de débauche, encouragée par sa mère, qui, par ce moyen perfide, conserva le pouvoir.

Elle exerça trois fois la régence. C'est au cours de sa troisième régence qu'elle reçut le titre Tseu-Hi Maternelle et Propice. Elle fit alors un coup d'état audacieux et choisit elle-même son neveu Tsaï Tien, comme successeur au trône.

Ce dernier régna, après la mort de Toung Tche, sous le nom de Kouang Su, Glorieuse Succession.

Il n'avait que cinq ans et aucun droit à la couronne.

Il était fils d'un de ses amants, le prince Tch-Ouen, un des frères de l'empereur Hien-Foung.

Tseu Hi était très intelligente et autoritaire, mais belle et débauchée. Cette impératrice protégea ouvertement les Boxeurs en 1900. Kouang Su, n'ayant pas d'enfants, elle choisit le fils du prince Touan, comme héritier de la couronne.

En 1898 l'empereur, qui avait été converti aux idées réformistes, avait résolu de s'emparer de la vieille impératrice et de ses partisans. Avertie par Yuan Chi Kai, qui trahit Kouang Su, Tseu Hi fit trancher la tête à tous les mandarins novateurs et l'Empereur fut enfermé dans un pavillon du Palais et replacé sous la plus étroite tutelle.

L'Impératrice reprit alors le pouvoir, qu'elle n'abandonna plus jusqu'à sa mort, qui eut lieu le 15 novembre 1908. Elle avait 47 ans de règne lorsqu'elle mourut.

On sait que l'empereur Kouang Su mourut vingt-quatre heures avant Tseu Hi.

Cette mort subite laissa ouvertes toutes les suppositions et l'opinion générale est que la vieille impératrice ne voulut pas que l'empereur put lui survivre et donna l'ordre de le faire disparaître avant sa mort. Il y a lieu toutefois de remarquer que Kouang Su était très malade depuis quelque temps.

Tseu Hi, le jour même de sa mort, désigna pour succéder à l'empereur, un enfant de 5 ans, Pou Yi, sous la régence de son père, le prince Tch Ouen, deuxième du nom, frère de Kouang Su.

On supposait généralement que l'Impératrice douairière désignerait le Prince Pou Louan, pour succéder à l'empereur défunt et rendrait ainsi l'empire à la branche aînée de la famille impériale.

Avant l'enterrement de l'impératrice, dans les premiers jours de septembre 1909, conformément aux rites qui prescrivent de brûler tous les objets ayant appartenu au défunt, une reproduction exacte en papier de tous les objets fut édifiée à Pékin et aux Si-Ling, cimetière impérial. C'est ainsi que deux immenses bateaux contenant des pagodes, des mausolées, des personnages de toute sorte, reproduits en papier de couleur, avec un étonnant degré de perfection, furent brûlés le jour de la fête des morts. Les deux bateaux avaient coûté chacun près de 500.000 taëls, soit environ 1.500.000 francs.

Les obsèques de l'empereur Kouang Su avaient eu lieu en mai 1909, par un clair soleil. Les funérailles de Tseu Hi, au contraire, se firent par un jour nuageux et gris le 9 novembre 1909.

Ces dernières furent célébrées avec une grande solennité.

Le catafalque était soutenu par 80 porteurs. En avant marchaient le Prince Régent, les premiers mandarins, les membres du Grand Conseil, accompagnés des secrétaires. Puis venait un corps de troupe, suivi d'un grand nombre de chameaux, conduits par des Mongols et portant les tentes et les autres objets nécessaires au campement de nuit, qu'il fallait installer chaque soir, pendant le trajet de Pékin aux Si-Ling, situés à 150 kilomètres de la capitale. Derrière les Mongols, des serviteurs portaient les riches ombrelles d'honneur offertes à Tseu Hi à l'occasion de son retour d'exil en 1901.

Catafalque de l'Impératrice Tseu Hi.

Ensuite venaient les dignitaires lamas et après eux, des fonctionnaires impériaux portaient des vases sacrés mandchoux, des symboles boudhistes et des bannières brodées.

On remarquait aussi 3 splendides carrosses doublés de soie jaune impériale, ornés de dragons et de phénix, ainsi que deux palanquins de gala, semblables à ceux où montait l'impératrice douairière les jours de grande cérémonie.

Les six chefs des ennuques suivaient le cortège.

Le corps diplomatique en grand uniforme, et en certain nombre d'officiers des corps d'occupation étrangers avaient pris place derrière le régent et les personnages officiels.

Les frais des funérailles de l'empereur s'étaient élevés à 459.910 taëls, soit environ 1.500.000 francs. Ceux de l'Impératrice Tseu Hi furent d'environ un million et demi de taëls, soit plus de 4.500.000 francs.

Comme le coût des obsèques en Chine est proportionné à la

Le Corps diplomatique.

Les Officiers étrangers.

situation du défunt, il était naturel que les dépenses causées par la mort de Tseu Hi fussent bien supérieures à celles faites pour la mort de l'empereur Kouang Su.

Mon existence s'écoulait paisiblement à Tien-Tsin lorsque j'eus la mauvaise chance, au commencement de décembre, de me fracturer le péronné de la jambe droite, en faisant une chûte dans l'escalier de ma maison.

Cet accident stupide m'immobilisa pendant plusieurs semaines, mais, grâce aux bons soins que je reçus, je fus assez vite rétabli.

Pendant que j'étais encore alité, j'eus la grande joie de recevoir un télégramme, m'annonçant que j'étais élevé à la dignité de Grand Officier de la Légion d'Honneur. J'étais loin de m'attendre à cette excellente nouvelle, quoique je fusse un des plus anciens commandeurs de l'armée, parce que je savais que l'on donnait très rarement cette distinction à des généraux de brigade.

Par le fait, j'étais, à ce moment, le seul général de brigade de l'armée active qui en était gratifié.

J'avais à Tien-Tsin d'excellentes relations avec les résidents français et aussi avec les membres de la colonie étrangère. Une des familles que je fréquentais, avec le plus de plaisir, était la famille Détring.

M. Détring, allemand d'origine, avait épousé une autrichienne, qui était bien la femme la plus charmante que l'on puisse rêver.

Le ménage avait 5 filles, dont quatre étaient mariées avec un éclectisme remarquable. L'aînée avait épousé un ancien major allemand, la deuxième un ancien major anglais. Ces deux ménages habitaient Tien-Tsin et les deux maris étaient à la tête d'exploitations minières.

La troisième fille avait épousé un commandant italien, et la quatrième un officier anglais. La cinquième devait également épouser un peu plus tard, un officier anglais.

M. Détring avait été, pendant longtemps, commissaire des douanes chinoises et avait été mêlé aux négociations du traité de Tien-Tsin en 1885, à la suite desquelles il avait été nommé Officier de la Légion d'Honneur.

Dès qu'il apprit ma nomination de Grand Officier il donna un grand dîner en mon honneur, dans sa superbe installation près du champ de courses. Il vint au-devant de moi, à mon arrivée, et me reçut en m'adressant les paroles suivantes : « L'Officier de la Légion d'Honneur est très honoré de recevoir le nouveau Grand Officier ».

J'aurais été très heureux de cette réception, malheureusement en levant la tête, j'aperçus, dans le hall qui précédait les salons, un tableau qui rafraîchit mon enthousiasme. C'était une grande photographie du fameux tableau, représentant la proclamation, comme empereur d'Allemagne de Guillaume 1er, roi de Prusse, dans la galerie des glaces à Versailles.

A cette époque je ne me doutais pas que, le 28 juin 1919, la défaite de l'Allemagne serait consacrée dans cette même galerie.

J'avais également des relations très cordiales avec le brigadier général Watters, qui commandait les troupes anglaises et avec les officiers de régiment des Inniskilling's.

Le général Watters m'offrit un jour de visiter des casernements de ses troupes, offre que j'accueillis avec un grand empressement.

Le lendemain, à l'heure convenue, je me rendis aux casernements anglais ; j'étais à cheval avec mon officier d'ordonnance, lorsque je vis arriver, au devant de moi, le général Watters, suivi de deux officiers. Le général me demanda s'il me serait agréable de passer en revue ses deux régiments et me dit qu'escomptant ma réponse, il avait fait installer ses troupes sur un champ de manœuvres, voisin des casernements.

Cette offre gracieuse me fit le plus grand plaisir et je l'acceptai avec enthousiasme.

Je montais un superbe cheval européen, qui avait été amené en Chine en 1900, par le chef d'État-Major du corps expéditionnaire. Ce cheval était très âgé, mais il avait encore une superbe apparence.

Je me présentai donc devant les troupes anglaises dans de bonnes conditions et je passai sur leur front au petit galop.

Au défilé, j'admirai la belle tenue et la correction de la marche des Inniskilling's. Le régiment indigène, qui venait ensuite, avait également une très belle tenue, mais il défila d'une façon plutôt médiocre.

Après la revue j'invitai le Colonel des Inniskilling's à faire une visite, avec son régiment, à mes casernements de l'arsenal de l'est, pour un jour de la semaine suivante.

Cette visite fut également très intéressante. Le bataillon du 16e régiment d'Infanterie coloniale et la batterie d'artillerie étaient déployés sur le terrain de manœuvre. Lorsque le régiment anglais arriva il défila devant les troupes françaises, puis il fut déployé en ligne vis-à-vis de ces troupes. On fit ensuite former les faisceaux et les troupes se mélangèrent.

Les officiers se rendirent au mess, pour sabler le champagne, pendant que les sous-officiers et ses soldats recevaient des rafraîchissements.

Lorsque l'heure du départ du régiment anglais fut arrivée, les troupes françaises firent la haie jusqu'à la porte de l'arsenal et leurs camarades anglais défilèrent entre leurs rangs.

Cette fête fut très réussie.

L'Illustration fit, sur cette visite des troupes anglaises, un article intéressant accompagné de jolies photographies.

Le Colonel des Inniskilling's m'invitait souvent, au nom de ses officiers, à dîner à leur mess.

Les officiers de ce régiment avaient chaque semaine, une réception, à laquelle assistaient tous les officiers, même les officiers mariés.

Cette réception offrait toujours un caractère solennel : la musique jouait pendant tout le repas, et, au moment où on versait le champagne un officier désigné d'avance, prononçait les deux mots suivants : The King. Tous les convives se levaient alors et élevaient leur verre, pendant que la musique jouait l'hymne national.

Je dois signaler, au sujet de la musique, un incident assez amusant, qui eut lieu la première fois que je dînai chez les Inniskilling's. Le Chef de musique, probablement pour me faire honneur, fit jouer l'air de la Reine Hortense : partant pour la Syrie... Je fus très égayé par cet incident et j'expliquai au colonel Davidson, qui en fut très surpris, que cet air n'était plus l'hymne national français depuis déjà quarante ans.

Il me fut donné d'assister également à une fête militaire très intéressante.

Le régiment des Inniskilling's est un régiment irlandais et chaque année, il célèbre solennellement, le 17 mars, la fête de Saint-Patrick.

La partie la plus intéressante est la revue, au cours de laquelle il y a une cérémonie curieuse.

A un moment donné le commandant de chaque compagnie, suivi du plus ancien sous-officier, sort du rang et vient se placer à une trentaine de mètres en avant de sa compagnie, puis au son d'un air très gai, le capitaine, suivi du sous-officier, marche en sautillant jusqu'à sa compagnie, où il reprend sa place.

Les troupes anglaises, qui sont des troupes de métier, ma-

Revue des Troupes indigènes anglaises devant le Brigadier général Cooper.
Tien-Tsin (Mars 1911)

nœuvraient à cette époque avec toute la raideur de nos anciens règlements d'avant 70.

J'avais également d'excellentes relations avec le général Japonais.

Je lui demandai un jour de visiter ses casernements, installés sur les terrains de l'ancien arsenal de l'ouest. Il s'y prêta de bonne grâce, mais dans la visite qu'on me fit faire, on se garda bien de me montrer les magasins. Je savais que la plus grande partie des Japonais, qui habitent la concession japonaise, étaient des militaires en congé ou des réservistes dont les armes et les vêtements se trouvaient dans les magasins des casernements. C'est probablement pour cette raison qu'on ne me montra pas ces magasins.

Il existait, dans la province du Chan Si une compagnie de chemin de fer française, qui avait construit une ligne s'embranchant à Che Kia Tchouang, sur la ligne de Pékin-Hankeou et qui conduisait à T'ai Yuen Fou, capitale du Chan Si.

J'avais eu l'occasion, à plusieurs reprises, de procurer à cette compagnie des employés, pris parmi des sous-officiers ou des soldats du corps d'occupation, libérables ou placés en congé renouvelable.

Le directeur de cette compagnie, M. Millorat, eut l'aimable pensée, au mois d'avril, de m'inviter avec ma femme et le ménage du commandant de la garde de la Légation à Pékin, à venir faire une excursion sur la ligne du Chan Si.

Le siège de cette compagnie était à Che Kia Tchouang.

Pour nous rendre à destination il nous fallait passer par Pékin, où je trouvai un wagon spécial, mis à ma disposition par la Direction de la Compagnie de la ligne Pékin-Hankeou.

Nous nous rendîmes, dans les conditions les plus confortables à Che Kia Tchouang, où nous fûmes accueillis admirablement par M. Millorat et tout le personnel français de la Direction.

Le lendemain nous partîmes, avec le Directeur, dans un train spécial et nous allâmes jusqu'au point terminus de la ligne T'aï Yuen Fou, capitale du Chan Si.

M. Millorat avait eu l'aimable attention d'embarquer, dans notre train, une voiture et des chevaux, ce qui nous permit de visiter cette grande ville et ses environs qui sont intéressants.

La ligne de Che Kia Tchouang à T'aï Yuen Fou traverse un pays très accidenté, qui a nécessité, pour la construction du chemin de fer, une grande quantité d'ouvrages d'art, tunnels ou ponts.

Le charbon est très abondant dans cette région et on rencontre beaucoup d'exploitations très rudimentaires. Nous rentrâmes le surlendemain à Che Kia Tchouang et nous prîmes congé de nos aimables hôtes.

Tours a étages aux environs de T'aï Yuen Fou, capitale de la province du Chan Si.

Pour rentrer à Pékin, nous prîmes le chemin des écoliers.

Grâce à notre wagon spécial, que l'on attachait à la queue du train, nous pouvions nous arrêter où nous voulions.

On détachait le wagon, dans la gare où nous avions l'intention de séjourner et on le plaçait sur une voie de garage. Ce wagon contenait un salon, deux chambres avec quatre lits et une cuisine.

Nous avions amené avec nous un cuisinier et un boy : nous avions donc liberté de manœuvre complète.

Notre premier arrêt fut à Pao Ting Fou, où nous fîmes une visite à Monseigneur Fabrègues, vicaire apostolique de la province, qui nous invita très aimablement à déjeuner. Nous partîmes le lendemain de Pao Ting Fou et nous nous arrêtâmes à la station de Léang Ken Tchouang, pour aller visiter les tombeaux des Si Ling.

Les sépultures impériales de la dynastie des Ts'ing se trouvent, l'une à l'est les Toung-Ling, l'autre à l'ouest, à trois journées de Pékin, les Si Ling.

Les tombeaux des Si Ling, que nous visitâmes, se trouvent à environ 8 kilomètres du chemin de fer. Nous nous y rendîmes au moyen de charettes chinoises. Ce moyen de transport est bien le plus épouvantable, que l'on puisse imaginer.

La charrette chinoise est une espèce de guérite à jour, portée sur un essieu en bois et montée sur des roues massives et très fortes. On se fait difficilement une idée des secousses que l'on ressent, lorsqu'on voyage ainsi sur des chemins qui ne sont qu'une succession de fondrières.

Les tombeaux des Si Ling sont dispersés dans une vaste plaine.

Chaque tombeau consiste en général, en un énorme tumulus, qui recouvre le cercueil du prince défunt et en des constructions en marbre, pagodes ou arcs de triomphe, précédés par des avenues très longues, le long desquelles sont érigées des statues très hautes, représentant des mandarins ou des animaux. Nous vîmes, entre autre, le tombeau du dernier empereur Kouang Su, qui était alors en construction.

Le lendemain de cette visite, nous rentrâmes à Pékin, et après nous y être reposés pendant deux jours, nous reprîmes le chemin de Tien-Tsin.

Quelque temps après, le 7 mai, eut lieu à l'arsenal de l'est, la fête sportive annuelle. Cette fête réunissait ordinairement toutes les colonies étrangères de Tien-Tsin. Cette année 1910, notre fête fut moins brillante que les années précédentes, parce que un télégramme, annonçant la mort du roi Edouard VII, arrivé dans la matinée, nous priva de la présence des Anglais.

La chaleur commença à se faire sentir sérieusement au commencement de Juin.

La température dans le Nord de la Chine, est extrême dans les deux sens. Elle atteint, jusqu'à 18 et 20 degrés centigrades au-dessous de zéro, pendant l'hiver et, au cours de l'été, le thermomètre monte fréquemment jusqu'à 36 et 37 degrés.

Malgré le très grand froid, qui règne pendant près de cinq mois, l'hiver est la saison des sports et des réceptions. Cela tient à ce qu'il fait généralement un soleil splendide et à ce que le vent souffle rarement. Il ne pleut presque jamais pendant l'hiver et la neige ne fait que de très rares apparitions.

Pendant l'été, au contraire, on souffre beaucoup de la chaleur et toutes les personnes, qui peuvent s'absenter, vont sur les bords de la mer., les civils généralement à Chi Van Tao, les militaires à Shan Haï Quang, où chacun des corps d'occupation a des casernements.

Les étrangers, qui habitent Pékin, vont de préférence dans les collines au nord de la capitale, où se trouve une température supportable.

Le corps d'occupation français avait un joli casernement, avec une installation pour le général commandant et des maisons pour les officiers, qui venaient à tour de rôle, s'y reposer avec leurs familles.

Les hommes de troupe, des détachements de l'intérieur, venaient également passer tous de 20 à 25 jours à Shan Haï Quang. Les casernements français se trouvaient à une petite distance de cette ville, presque sur le bord de la mer, à l'endroit où la grande muraille de Chine prend naissance.

Cette muraille, qui s'étend sur une longueur de 600 lieues, fut construite par l'empereur Tsin Chi Hoang Ti, vers 247 avant Jésus-Christ, pour arrêter les invasions des Tatars Mandchoux.

Elle fut formée d'énormes briques et elle a une épaisseur d'une douzaine de mètres. Elle commence à la mer qu'elle surplombe à pic.

Nous allâmes nous installer, le 10 juin, à Shan Haï Kouang les officiers de mon état-major et moi.

Le quartier général était installé dans un yamen. qui était autrefois la résidence du chef chinois, commandant les forts de Shan Haï Kouang.

Cette installation était agréable et suffisamment confortable.

Grande Muraille de Chine.

En même temps que nous. les troupes anglaises du corps d'occupation et un détachement italien de la garde de la Légation, commandé par des officiers de marine, étaient venus s'installer sur le bord de la mer.

La vie mondaine continuait donc et nous nous retrouvions tous les soirs sur la plage.

Nous faisions également de fréquentes excursions dans les

montagnes des environs, où se trouvaient des sites très pittoresques.

Je revins à Tien-Tsin pour passer la revue des troupes d'occupation françaises le 14 juillet.

Notre fête nationale était généralement célébrée avec beaucoup de solennité. Après la revue il y avait réception ouverte au quartier général, où étaient admises toutes les personnes qui se présentaient et où on sablait force bouteilles de champagne, autour d'un buffet bien garni.

Quelques jours après notre retour à Shan Haï Kouang, je reçus un télégramme m'annonçant la mort d'un oncle de ma femme.

Une lettre, qui nous parvint quelque temps après, nous faisait savoir que ma femme héritait de cet oncle avec une de ses cousines.

Notre présence en France étant indispensable, pour le règlement de cet héritage, je demandai au Ministre un congé de trois mois, qui me fut accordé sous la condition bien entendu, que je ferais le voyage à mes frais.

Nous prîmes le transsibérien le 3 octobre et nous débarquâmes à Moscou le 14.

Au lieu de faire le trajet, par Berlin et Cologne, pour rentrer en France, nous traçâmes notre itinéraire par Vienne, Venise, Vérone, Milan et le Simplon.

Nous repassâmes par Varsovie, que nous traversâmes simplement pour aller d'une gare à l'autre et nous arrivâmes à Vienne le 17 octobre.

Vienne, capitale de l'Autriche, est une très grande ville, mais dont la réputation est, à mon avis, surfaite.

La ville intérieure, aux rues étroites et tortueuses, coupées parfois de larges perspectives, est entourée par le large Boulevard du Ring, établi en 1858 sur l'emplacement des anciens remparts.

Le Graben, rue large et courte qui remplace un ancien fossé, est bordé de riches magasins. A l'un des angles de cette large voie, se dresse un vieux tronc de mélèze, couvert de clous, le Stock in Eissen, le tronc de fer arbre sacré, qui marque la limite extrême de la forêt de Viennerwald, au temps où l'empereur Marc-Aurèle, expirait dans la forêt de Vindobonn.

Au delà du Ring, bordé d'hôtels particuliers élégants et des principaux monuments, les quartiers neufs sont mieux percés.

La promenade du Prater, s'étend sur le bord du Danube, en face du Marchefeld.

Le jour où nous visitâmes cette promenade, nous assistâmes au retour des courses et nous pûmes admirer de splendides attelages.

Les monuments de Vienne, sont, pour la plupart, assez modernes et peu élégants.

Le seul vraiment remarquable est la cathédrale de Saint-Etienne (1300-1510), qui contient le sarcophage de Frédéric III et le tombeau du Prince Eugène.

La Hofburg, ou palais impérial, est une grande bâtisse qui n'a aucun caractère ; elle porte surtout la marque du XVIII siècle.

Au moment de notre passage on construisait un nouveau palais à côté de l'ancien.

Une visite à l'église des Capucins, où se trouvent les sépultures impériales, s'imposait.

Cette église, très modeste, se trouve sur une petite place. Les capucins, qui ont la garde du caveau impérial, le font visiter. Ce caveau, dans lequel les cercueils princiers sont disséminés sans ordre apparent, n'a rien de majestueux. Seul le tombeau de Marie-Thérèse, immense, somptueux, surchargé de statues, d'ornements, d'attributs, domine les 120 sarcophages impériaux.

Le bon capucin, qui nous accompagnait, vit de suite que nous étions français et appela notre attention sur les cercueils de Marie-Louise et de son fils le roi de Rome, dont les Autrichiens avaient fait le duc de Reichstadt. Ces cercueils en bronze, étaient posés tout simplement par terre, comme du reste, la plupart des autres cercueils. Nous vîmes, en passant celui de l'impératrice Elisabeth, misérablement assassinée en Suisse et celui de son fils l'archiduc Rodolphe, disparu dans le drame mystérieux de Mayerling.

Non loin de la Hofburg, se trouve l'église des Augustins, paroisse du Palais et dans laquelle on remarque le tombeau, merveilleusement sculpté par Canova, de la grande duchesse Marie-Christine, fille de Marie-Thérèse.

On nous avait bien recommandé de visiter l'admirable trésor impérial. le Schutzkammer.

Ce trésor est contenu dans trois salles exiguës et modestes de la Hofburg ; il est remarquable par la valeur pécuniaire des gemmes extraordinaires qu'il contient et par la valeur artistique de tous les objets qu'il renferme. Des merveilles de toutes sortes passèrent sous nos yeux, mais notre attention fut particulièrement attirée sur le berceau du Roi de Rome. en argent doré, incrusté de nacre, du plus pur style empire. chef-d'œuvre d'Odiot, le célèbre argentier français de l'époque. Ce berceau, on se le rappelle, fut donné par la ville de Paris.

Il serait bien à désirer que le traité de paix imposé à l'Autriche exige que ce berceau soit restitué à la France.

La veille de notre départ nous nous rendîmes à Schaenbrunn. Cette résidence favorite des Hasbourg, est située à l'extrémité d'un faubourg de Vienne.

Ce palais que le vieil empereur habitait presque continuellement, est un grand bâtiment sans caractère. insipide et monotone.

Le parc est plus beau que le palais. En face du palais, une fontaine monumentale occupe la base de la colline. dont la fameuse Gloriette couronne le sommet. Ce portique, d'une centaine de mètres de longueur. aux arcades ouvertes, constitue simplement un fond de tableau, majestueux décor pour les habitants-du château.

De son toit en terrasse la vue embrasse Vienne tout entière et sa campagne immédiate.

Après un arrêt de quatre jours. dans la capitale de l'Autriche, nous nous dirigeâmes sur Venise, où nous arrivâmes, après une nuit passée en chemin de fer.

Au moment où nous quittâmes la gare, pour monter dans une gondole, un orage éclata, avec une pluie diluvienne, qui ne cessa pas, pendant notre trajet de la gare à l'hôtel. Cette arrivée plutôt maussade à Venise. me causa une impression fâcheuse. dont je me ressentis pendant tout notre séjour dans cette ville. dont les poètes ne cessent de chanter le ciel ensoleillé.

Venise, célèbre par sa situation exceptionnelle, est construite sur trois îles principales.

Ses maisons élevées sur une forêt de pilotis, trempent leurs pieds dans la lagune même.

Elle est sillonnée de canaux, qui remplacent les rues et qui sont franchis par de nombreux ponts.

Le grand canal, long de plus de trois kilomètres et large de 50 mètres en moyenne, est parcouru par de petits bateaux à vapeur et par les célèbres gondoles, qui tiennent lieu de voitures.

Le grand canal est bordé de plus de 150 palais du style byzantin du XVe siècle.

J'avoue que je ne fus pas émerveillé par ces canaux, où coule une eau sale et noire, sur laquelle flotte un tas d'horreurs, ni du reste par l'aspect de ces palais, dont les murs lépreux s'enfoncent dans l'eau.

Il paraît que l'intérieur de ces palais est très beau. Je veux bien le croire, mais il ne m'a pas été donné d'y pénétrer. Ce que j'ai admiré, par exemple, sans restriction, ce sont les innombrables églises, que l'on trouve à Venise, et, en particulier, la basilique bysantine de San Marco.

Ces églises, parmi lesquelles il faut remarquer Santa Maria de la Salute, contiennent des merveilles, comme tableaux, comme tombeaux, magnifiquement sculptés, dans lesquels sont ensevelis la plupart des grands hommes, dont Venise s'ennorgueillit.

Une merveille également est la place Saint-Marc, entourée de constructions à arcades, et sur laquelle se trouvent les basiliques de San Marco, et les Procurati vecchia et nuove.

Au moment où je visitais Venise, le fameux campanile qui s'était écroulé en 1902, était en reconstruction et était presque achevé.

En retour d'équerre sur la place Saint-Marco, se trouve la Piazetta, bornée par le Palais Ducal.

Deux colonnes de granit supportent l'une le lion de Saint-Marc, l'autre un Saint-Théodore assis sur un crocodile.

Il faut remarquer également, sur le grand canal, le magnifique pont du Rialto.

Le Palais Ducal ou Palais des Doges fut fondé en 800 et reconstruit au XVe siècle.

C'est une merveille, un peu étonnante au premier abord. Deux galeries superposées, de style gothique, en forment l'extérieur.

Le palais contient des peintures superbes du XVIe et XVIIe

siècles, dont la plupart sont des œuvres de Teintoret, de Palma le Jeune et du Paul Véronèze.

Au premier étage on remarque la salle du Grand Conseil, qui contient les deux séries de tableaux relatives aux doges Sébastien Ziani et Dandolo.

Le pont des Soupirs relie le Palais aux fameuses prisons appelées les Plombs et les Puits.

En quittant Venise, nous nous rendîmes à Vérone.

Cette ville est située dans une belle plaine, à cheval sur l'Adige. C'est une belle ville, entourée d'une enceinte fortifiée, percée de belles portes.

Elle conserve, grâce à des vieilles maisons et à de somptueux palais gothiques, l'aspect d'un ville du moyen-âge. La cathédrale, de caractère imposant, est du X⁰ siècle. Vérone possède encore plusieurs églises intéressantes, de belles arènes et un arc de triomphe des Antonins.

Vérone était une des quatre places, qui formaient le fameux quadrilatère et dont les trois autres étaient Peschiera, Mantoue et Legnano.

Nous aurions voulu, en quittant Vérone, aller visiter le champ de bataille de Solférino.

On nous avait conseillé de descendre à la station de San Martino la Battaglia, où nous pourrions trouver une voiture pour nous conduire sur le champ de bataille.

Ce renseignement était erroné, car il nous fut impossible de trouver un véhicule quelconque à cette gare. Nous fûmes obligés de nous contenter de visiter les monuments funéraires, élevés sur le champ de bataille de San Martino, où pendant que les Français remportaient la victoire de Solférino, les Piémontais livraient une bataille indécise.

Les Italiens ont construit, sur ce champ de bataille, une colonne très élevée, dans laquelle on monte par un escalier en spirale.

Au sommet de cette colonne se trouve une terrasse, d'où l'on aperçoit, assez loin malheureusement, le terrain du champ de bataille de Solférino.

Sur les murs intérieurs de cette colonne, les Italiens ont fait peindre, à fresques, les incidents de la bataille, que livrèrent les Piémontais, mais ils ont eu le mauvais goût d'oublier la présence des Français, qui livrèrent la bataille voisine, qui décida cependant du sort de la Lombardie.

Pour nous rendre à Milan, nous traversâmes la plaine large, bien arrosée et bien cultivée de la Lombardie.

Milan est une grande ville, qui se compose de deux parties : la vieille ville, entourée par le Naviglio et la nouvelle ville.

Les rues sont presque partout tortueuses, les places irrégulières, toutes les grandes voies appelées Corsi sont belles.

Le lieu de rendez-vous des Milanais, le soir, est la galerie Victor-Emmanuel, passage vitré de proportions grandioses. Il existe peu de monuments remarquables à Milan, qui fut pourtant une capitale à plusieurs reprises.

Il faut cependant citer la cathédrale ou Dôme. Commencée en 1386 elle est encore à peine achevée. La durée de cette construction explique le peu d'unité de son plan.

Cette cathédrale, toute de marbre, est une église gothique, en forme de croix. La tour, qui surmonte la coupole, est à 108 mètres au-dessus du sol.

L'intérieur contient nombre de toiles de prix et d'objets d'orfèvrerie.

Le corps de saint Charles Borromée, qui a consacré l'église en 1577, est conservé dans une chapelle souterraine.

Le trajet en chemin de fer de Milan au Simplon, est excessivement intéressant.

Dans le nord de la Lombardie, la plaine se relève dans les contre-forts des Alpes.

La voie du chemin de fer longe, pendant quelque temps, la rive sud du lac Majeur.

On aperçoit, à petite distance, à un kilomètre environ, les Iles Borromées, à hauteur de Pallanza.

Isola Bella est le plus fameux de ces îlots, très justement réputés par leur situation pittoresque.

La vue, que l'on a, à ce moment, est charmante, car on voit l'ensemble du lac et des montagnes, jusqu'aux cimes neigeuses des Alpes.

On arrive assez rapidement à Domo Dossola, qui n'est pas éloigné de l'entrée du tunnel du Simplon.

Ce tunnel, dans les Alpes Pennines, a 2009 mètres de longueur et fait communiquer un affluent de la Tosa, qui se déverse dans le lac Majeur, avec la haute vallée du Rhône.

Il débouche à Brieg.

Partis de Milan le 26 à midi, nous arrivâmes à Paris le surlendemain à 7 heures du matin, 23 jours après notre départ de Tien-Tsin.

Mon congé de trois mois fut employé par les formalités à remplir pour le règlement de la succession de notre oncle.

Pendant ce congé, j'appris, par différentes lettres qui me furent adressées de Tien-Tsin, que le sous-intendant chef du service administratif du corps d'occupation, qui était un vilain personnage, et auquel j'avais donné de mauvaises notes, qu'il méritait largement, était en train de monter une affaire, qui devait, par la suite, me causer des désagréments.

Profitant de mon absence et surtout de la faiblesse du lieutenant-colonel C., qui exerçait l'intérim du Commandement, il avait transmis au Ministre un rapport, dans lequel il dénonçait l'existence de masses noires dans le corps d'occupation.

Ces masses m'avaient été laissées par mon prédécesseur. Elles avaient été formées, au moment de la création d'occupation, par la vente d'objets chinois trouvés à l'arsenal de l'Est, et étaient alimentées par la vente des herbes, poussant sur le terrain de cet arsenal et de vieux sacs.

Ces masses étaient très utiles pour pourvoir à l'achat d'une foule d'objets, non réglementaires et qui pouvaient être utiles aux différents corps de services du corps d'occupation.

Dès mon arrivée à Tien-Tsin, j'avais, dans une lettre particulière prévenu de leur existence le général Directeur des troupes coloniales au Ministère de la Guerre, qui m'avait donné le conseil de m'en débarrasser le plus tôt possible.

Fort de ce conseil, j'avais affecté une partie de ces fonds en subventions à l'œuvre des tombes, au break des officiers d'infanterie, à l'achat d'une voiture et de meubles pour le quartier général et de différents objets mobiliers, pour l'installation du logement du général à Shan Haï Kouang.

Tout cela n'était pas régulier, je le veux bien et j'aurais trouvé tout naturel que le sous-intendant chargé de veiller aux intérêts de l'Etat, me demandât de liquider ces masses, en les versant au Trésor, mais, en agissant ainsi, j'aurais certainement attiré les foudres ministérielles sur mes prédécesseurs, qui les avaient créées.

Cet officier félon se garda bien d'attirer mon attention sur cette situation irrégulière et, dans un but de vengeance, préféra avoir recours à une délation, en profitant de mon absence, pour signaler cette irrégularité au Ministre. Il fit même mieux, car il écrivit à ce sujet à Charles Humbert, directeur du *Journal*, qui fit dans ce journal un article sensationnel.

Ce sous-intendant était bien digne de s'entendre avec ce forban de la Presse, ce grand redresseur de torts, qui fut traduit en Conseil de Guerre en 1919, pour commerce avec l'ennemi et qui ne fut acquitté qu'à la minorité de faveur, ce qui veut dire que 4 voix sur 7 l'ont reconnu coupable de ce crime.

Cet article du *Journal* parut pendant mon voyage de retour en Chine.

A l'expiration de mon congé, je comptais, pour me rendre à mon poste, reprendre le Transsibérien et j'avais même pris mon billet à l'avance et retenu ma couchette.

Quelques jours avant mon départ je fus prévenu que le train transsibérien ne dépassait pas Irkoutsk, en raison de l'épidémie de peste pneumonique, qui sévissait en Mandchourie et en Chine septentrionale en ce moment.

Je fus donc obligé de prendre la voie de mer et de refaire toutes les escales, que j'avais faites si souvent déjà. Parti de Paris le 27 janvier, je n'arrivai à Tien-Tsin que le 9 mars.

Je mis donc 42 jours pour faire ce voyage, que j'aurais effectué en 14 jours, si j'avais pu prendre la voie de terre. Je m'embarquai à Marseille sur le paquebot des Messageries Maritimes « l'Ernest Simons ».

J'eus la bonne fortune de trouver à bord le docteur Yersin, qui se rendait à Nha Trang, sur la côte d'Annam, où il avait installé un laboratoire, pour l'étude de la peste. C'est là qu'il découvrit, en 1894, le bacille de cette terrible maladie. Il me proposa de m'inoculer un vaccin contre la peste, dont il est l'inventeur célèbre.

J'acceptai ses offres, et, à deux reprises, il me vaccina.

Ce long voyage s'effectua sans incident et je revis Port Saïd, Aden, Colombo, Singapour, Saïgon, Hong Kong, et Shangaï. A Shangaï je quittai l'Ernest Simons, pour prendre passage sur un paquebot allemand de la Hambourg Américain Line, le Sikiang, qui devait me transporter à Tien-Tsin.

Nous fîmes une escale de huit heures à Tsing Tao, dans la baie de Kia Tchéou.

Cette baie est située sur la côte méridionale de la péninsule de Chan-Toung.

L'Allemagne avait profité du meurtre de quelques missionnaires pour se faire céder cette baie à bail en 1897 et pour établir sa suprématie sur la grande province de Chan Toung. Elle avait établi, dans cette baie, un port admirablement outillé et fondé une ville, Tsing Tao, qui, en peu de temps, avait pris un développement considérable.

Pendant les quelques heures de notre escale, j'admirai les splendides constructions, civiles et militaires, de cette ville. Les Allemands avaient fait de ce port, situé en face de Port-Arthur, un point d'appui très curieux et avaient installé autour de cet établissement des forts importants. Au moment où l'Angleterre, à la suite de la violation de la neutralité de la Belgique par l'Allemagne, se décida à prendre part à la guerre de 1914, le Japon, qui était lié à l'Angleterre, par un acte offensif et défensif, déclara la guerre à l'Allemagne et vint attaquer Tsing Tao, qui malgré une sérieuse résistance, fut pris au bout de quelques jours.

Cette perte du seul point d'appui, que l'Allemagne possédait dans les mers de l'Extrême Orient et qu'elle avait organisé avec tant de soins, lui fut extrêmement sensible.

Le traité, signé le 28 juin 1919, à Versailles, transfère au Japon les droits de l'Allemagne sur la baie de Kiao Tchéou, malgré la protestation de la Chine qui a refusé de signer le traité.

En revenant à Tien-Tsin, je repris le commandement du corps d'occupation, qui avait été exercé, très mollement en mon absence, par le lieutenant colonel C., qui avait un caractère faible et une santé très délicate.

Quelques jours après mon retour, j'appris, par un cablogramme, que le Ministre envoyait à Tien-Tsin une mission de contrôle, pour faire une enquête sur les faits dénoncés par le sous-intendant.

Je crois devoir faire remarquer que le Ministre n'avait pas jugé à propos, pendant mon séjour à Paris, de me demander les explications qui, j'en suis certain, auraient permis de régler cette situation qui était, au fond très simple.

Il préféra envoyer une mission de contrôle dont le voyage coûta à l'Etat plus de 50.000 francs.

Il est vrai qu'il y avait au Ministère un directeur des troupes coloniales, qui vit, dans cette affaire, une superbe occasion de se débarrasser des deux seuls concurrents sérieux qui lui barraient la route des trois étoiles, le général Sucillon, mon prédécesseur en Chine, et moi.

Je n'avais plus guère que sept mois à passer en Chine. J'y retrouvai d'excellents amis, qui s'efforcèrent d'égayer ma solitude, mais mon séjour fut empoisonné par la lutte que j'eus à soutenir contre les agissements de ce gredin de sous-intendant et d'un capitaine de mon état-major, qui ne pouvait me pardonner de ne pas l'avoir apprécié à la valeur qu'il s'attribuait.

J'assistai, pendant ce séjour à deux fêtes intéressantes, l'une donnée à son Yamen par Tchoung Koaï Long, vice-roi de Peï Tche Li.

A la suite d'un banquet offert aux généraux commandant les corps d'occupation étrangers et au corps consulaire, au cours duquel nous bûmes d'excellents vins, que ce haut mandarin avait achetés pour recevoir le Kronprinz d'Allemagne. qui devait faire une visite au jeune empereur, mais dont le voyage fut supprimé en raison de l'épidémie de peste, nous assistâmes à une fête chinoise très intéressante.

L'autre fête fut donnée à Pékin à la Légation de France par Monsieur de Margerie, en l'honneur du Prince Héritier de Siam et de la princesse sa femme.

Je passai l'été, comme l'année précédente à Shan Haï Kouang et je rentrai à Tien-Tsin, le 31 août, pour préparer mon retour en France.

Avant mon départ je voulus faire mes adieux au chargé d'affaires M. Georges Picot, et faire une excursion que j'avais projetée depuis longtemps.

Je n'avais pu assister à l'inauguration du chemin de fer construit par les Chinois, de Pékin à Kalgan, et je le regrettais vivement, car le trajet, au moins, jusqu'à la passe de Nan K'aou est très intéressant.

Je voulus, avant de rentrer en France, faire cette excursion. Le commandant Vaudescal, commandant de la gare de la Légation, qui parlait couramment le chinois, s'offrit pour m'accompagner et j'acceptai cette offre avec empressement. Le commandant Vaudescal, officier très distingué, fut tué en 1914, tout au commencement de la guerre.

La ligne de Pékin à Nan K'aou traverse une région montagneuse des plus sauvages.

Nous descendîmes à la station de Nan K'aou et nous déjeunâmes à Pa ta Long, à la sortie de la passe, sur la grande muraille de Chine.

Le soir nous allâmes coucher au village de Nan K'aou et le lendemain nous montâmes à cheval, pour aller visiter les tombeaux des Ming, qui se trouvent à une quinzaine de kilomètres de ce village.

Les dynasties des Léao et des Kin avaient leurs sépultures dans les montagnes de l'Ouest, à environ 200 kilomètres de Pékin : celles-ci n'ont jamais été fort remarquables et il n'en reste plus que des ruines.

Les tombeaux des Ming sont au contraire de vrais monuments, encore très bien conservés.

Ils sont situés entre treize collines, à 180 kilomètres de Pékin, vers le nord.

Le plus grand et le plus beau de ces tombeaux, auquel on accède par une longue avenue est celui de Young Lo. Un arc de triomphe magnifique apparaît tout d'abord : il ne mesure pas moins de cinquante pieds de haut sur quatre-vingts de large ; il est tout en marbre et divisé en cinq ouvertures, séparées par des piliers carrés. Quatre kilomètres plus loin se trouvent trois portes avec une inscription qui ordonne de descendre de cheval en cet endroit, puis un beau pavillon de trente pieds d'élévation, tout en marbre blanc, avec quatre colonnes sculptées. Enfin, trois autres portes donnent accès au véritable tombeau. Entre l'arc de triomphe et ces portes on voit, de chaque côté de l'avenue, appelée Chang Lou, la route sainte, toute une enfilade de personnages et d'animaux monolithes, vraiment extraordinaires, soit comme travail, soit comme dimension.

A mon retour de Pékin, je visitai plusieurs monuments intéressants, le temple des Lamas, le temple de Confucius, la tour du tambour, la pagode du mulet, puis, aux environs du Palais d'Eté, la pagode de Phi ha Tsen et la fontaine de Jade.

Après avoir fait mes adieux à Monsieur François-Georges

Picot, chargé d'affaires, en l'absence de Monsieur de Margerie, et à tous mes amis de Pékin, je rentrai à Tien-Tsin, où j'avais à faire mes derniers préparatifs de départ.

Le jour de mon retour, j'assistai à un dîner donné en mon honneur, par le général japonais Abé. Mon vieil ami le général Aoki, attaché militaire du Japon en Chine, qui, on se le rappelle, avait été blessé à côté de moi, le 13 juillet 1900, jour de la bataille de Tien-Tsin, était venu à Pékin, pour prendre part à ce dîner, qui fut servi à la japonaise.

C'était la première fois que je mangeais des mets japonais. Je dois avouer, en toute sincérité, que je ne les appréciai que médiocrement.

Je n'appréciai pas davantage d'ailleurs l'obligation de m'asseoir sur mes talons, car nous n'avions pas de siège et le repas était servi sur de petites tables qui s'élevaient à environ 0 m. 20 du plancher.

Pendant le repas, nous fûmes servis par d'aimables et gentilles Geisha, jeunes danseuses japonaises. Chacun de nous en avait une, qui lui était affectée spécialement. Celle qui avait soin de moi était charmante et très attentionnée.

Pendant que je mangeais elle venait s'asseoir auprès de moi, et, suivant les habitudes japonaises, je lui offrais à boire, dans ma petite tasse, le saké qu'elle venait d'y verser.

Le saké est un vin de riz, pas très fort, que l'on boit chaud dans des petites tasses. Le goût n'en est pas désagréable, comme celui du choumchoum annamite ou du vin de riz chinois.

Après le repas les Geisha dansèrent des danses japonaises, auxquelles se mêlèrent les officiers japonais et le général Abé lui-même.

C'était très amusant !

J'avais formé le projet d'aller faire un petit voyage au Japon et d'aller prendre ensuite, pour rentrer en France, le Transsibérien à Vladivostock, mais je craignais d'être fort embarrassé pour me tirer d'affaire au Japon, où la langue courante pour les Européens est l'anglais, que je ne possédais pas suffisamment.

Je savais, d'autre part, que l'aumônier catholique des troupes anglaises, le Père Grobel, avec lequel j'entretenais des relations suivies, avait formé lui aussi le projet de se rendre au Japon.

Je lui proposai de se joindre à moi, ce qu'il accepta avec un grand plaisir.

Le père Grobel avait fait une partie de ses études ecclésiastiques au grand séminaire de Saint-Sulpice et parlait couramment le français.

J'allais donc avoir un excellent compagnon de voyage. Cet excellent homme est mort à l'armée anglaise pendant la guerre de 1914-1918.

J'avais le plus grand désir de visiter Port-Arthur, et la chose était facile, car à Tien-Tsin il y avait un service régulier, assuré par des paquebots allemands, entre ce port et Dalny.

Nous établîmes notre itinéraire de façon à visiter Port-Arthur, traverser la Mandchourie méridionale et nous rendre au Japon par la Corée.

Je connaissais intimement le général japonais Akashi, commandant la gendarmerie japonaise en Corée, qui m'avait invité à plusieurs reprises à aller le voir. C'était pour moi, une excellente occasion de visiter Séoul, capitale de la Corée.

Nous nous embarquâmes, le père Grobel et moi, le 23 septembre, sur le paquebot allemand « Statssecretar Kraske », qui en trois heures, par une mer superbe, nous conduisit à Dalny.

Pour nous rendre dans ce port nous longeâmes de très près la côte et nous pûmes voir très distinctement l'avant-port et les défenses du front de mer de Port-Arthur. Dalny, Daïren en japonais, est le port commercial de Port-Arthur.

Les Russes l'avaient construit à grands frais et y avaient établi des constructions considérables.

C'est le terminus du chemin de fer South Mandchouria. A Dalny, nous prîmes le train pour Port-Arthur, en même temps qu'un groupe d'officiers anglais, conduit par le brigadier général Cooper, qui avait voyagé avec nous, sur le paquebot et qui allait également visiter Port-Arthur.

Ma visite avait été annoncée officiellement par le gouvernement japonais au gouverneur civil de Port-Arthur, Monsieur Shirani, qui, en l'absence du gouverneur militaire, avait envoyé à la gare un officier pour me recevoir.

Cet officier me rendit compte qu'il avait reçu l'ordre de se tenir à ma disposition et de s'entendre avec moi pour les excursions que je désirais faire et qu'il se ferait un devoir d'organiser matériellement. Nous arrêtâmes ensemble l'ordre de nos visites de la façon suivante :

Le lendemain, dans la matinée, visite du musée de la guerre; après-midi visite de la colline de 203 mètres. Le surlendemain visite du monument des Japonais, du front Est et du front Nord.

Le groupe des officiers anglais devait se joindre à nous. Des officiers du génie étaient désignés pour nous accompagner, pour nous documenter sur les opérations du siège.

Port-Arthur est situé à l'extrémité sud de la presqu'île de Liao Toung, dans la Mandchourie méridionale, au fond d'une baie à l'entrée du golfe du Peï Tche Li et du golfe du Liao Ho.

Les Japonais, après la guerre sino-japonaise de 1884-1885, l'occupèrent et l'évacuèrent quelque temps après.

Auparavant ils démolirent les fortifications élevées par les Chinois.

Les Russes en 1898 vinrent s'y installer, en vertu d'un bail concédé par les Chinois et y établirent une importante station navale, fortifiée par un front de mer et un front de terre.

Conformément au plan arrêté la veille, le lendemain de notre arrivée, dès la première heure, des breaks japonais vinrent nous prendre à l'hôtel et nous menèrent visiter le musée de la guerre, dans lequel ont été réunis tous les souvenirs se rapportant au siège.

Dans l'après-midi nous nous rendîmes à la colline de 203 mètres et nous pûmes nous rendre compte des difficultés, que rencontrèrent les Japonais pour s'emparer de cette position importante, dont dépendait le sort de Port-Arthur. L'occupation de la côte 203 permettait, en effet, de bombarder la ville et de prendre à revers tous les ouvrages des fronts Nord et Est.

Le soir, à notre retour, nous allâmes faire une visite à M. Shirani, qui nous invita à un banquet pour le lendemain.

Notre journée, ce jour-là, fut très remplie. Nous débutâmes par la visite du monument, élevé par les Japonais, à la mémoire des morts du siège.

Ce monument consiste en une grande colonne, érigée sur un mamelon, qui domine toute la région. Nous continuâmes par la visite des ouvrages des fronts Est et Nord.

Nous visitâmes successivement les forts de Kikouan Est, Kikouan Nord, Badaï, Nizazen, Sherazen. Ces forts étaient presque complètement détruits et il ne restait guère que des pans de mur et des casemates effondrées.

Nous déjeunâmes dans une casemate, à moitié détruite, du fort Kikouan Nord, dans laquelle le général Koudratenko, qui était l'âme de la défense de Port-Arthur, trouva la mort. Le général Koudratenko était fort estimé dans l'armée russe pour son savoir et son énergie. Sa mort fut un très grand malheur car il est probable qu'il aurait empêché la capitulation de Port-Arthur.

Lorsqu'on a visité cette place on se rend compte, en effet, que la capitulation n'était pas indispensable, au moment où elle fut signée. Il y avait encore dans les magasins des vivres en grande quantité et beaucoup de munitions et il semble que le général Stessel, mon ancien compagnon d'armes du siège de Tien-Tsin, aurait pu résister encore, pendant quelque temps, à l'ouest et au nord-ouest de Port-Arthur. Dans ces conditions on n'est pas surpris de la condamnation, qui lui fut infligée par le Conseil de Guerre, chargé de se prononcer sur la capitulation de cette place.

L'acte d'accusation, lu dans la première séance du 10 décembre 1907, dit que « le Général Stessel, n'avait aucune raison pour capituler le 1er janvier 1905, vu la force de la garnison, l'état de la défense de la place et les réserves en munitions et en vivres. »

Les Japonais ne nous invitèrent pas à visiter le front de mer, qui était resté à peu près intact et qu'ils ont, paraît-il, beaucoup amélioré.

Il semble qu'ils aient abandonné l'idée de défendre Port-Arthur par des ouvrages de fortification permanente. Au moment où je l'ai visité, ils n'avaient pas relevé les anciens forts russes et n'avaient fait aucun travail de défense du côté de la terre.

Le banquet, qui nous fut offert par le gouverneur civil, fut très solennel et servi à l'européenne. La musique d'un régiment japonais joua pendant le repas, et après le toast porté par le Gouverneur à la France et à la Grande-Bretagne, joua les hymnes français et anglais.

Le lendemain de ce banquet nous prîmes, le Père Grobel et moi, le train qui nous mena à Dalny, puis à Moukden, où nous couchâmes.

A l'aurore du jour suivant, nous reprîmes à Moukden le chemin de fer de la Mandchourie méridionale qui, en trois heures, nous amena à la station de Penchiru, d'où partait une ligne à voie étroite, que les Japonais avaient établie, pendant la guerre russo-japonaise, pour transporter le matériel et les munitions.

C'était presque un tramway qui parcourait un trajet très intéressant et qui gravissait les montagnes les plus sauvages.

Nous arrivâmes à Antung, à 9 heures du soir, après un voyage de près de dix-sept heures de chemin de fer. Je crois que les Japonais ont, depuis cette époque, transformé cette ligne de chemin de fer en ligne à voie normale. Antung est une petite ville chinoise, située sur le Yalou, fleuve que les Japonais traversèrent, au commencement des hostilités, après une bataille très meurtrière. Ce fleuve est large et a un courant très rapide.

Au moment de notre passage à Antung, on était obligé de traverser le Yalou en chaloupe à vapeur et c'est ainsi que nous le traversâmes pour aller prendre le train de Séoul, à la station de Shingishu.

Un magnifique pont était en construction, sous la direction d'un ingénieur japonais, qui me déclara que cet ouvrage serait terminé à une certaine date et qui me promit qu'il m'enverrait une carte postale à Paris, le jour où le pont serait inauguré.

Je dois ajouter que cet ingénieur a tenu sa promesse et que, quelques mois après, je reçus un paquet de cartes postales, représentant tous les détails de la cérémonie d'inauguration.

La Corée, pays du matin calme, est un pays essentiellement agricole. Son sol fournit le riz, qui est la principale nourriture des habitants, et, dans le nord, des céréales. Les habitants sont pauvres. Les guerres, les exactions administratives, la dépopulation, ont fait laisser en friche la plus grande partie du sol, qui possède cependant des richesses minières considérables.

La Corée fut conquise, au XVIe siècle, par les Chinois, qui lui laissèrent sa dynastie, mais qui lui imposèrent un tribut.

Elle devint ainsi la vassale de la Chine, jusqu'à la guerre sino-japonaise de 1894, qui éclata parce que le Japon voulait que ce pays fut complètement libre, alors que la Chine entendait le mettre sous son protectorat.

Le traité de Shinomosaki, qui mit fin à cette guerre, après la défaite des Chinois, proclama l'indépendance de la Corée.

Cette indépendance ne fut que relative car le Japon conserva une grande influence dans ce pays, ce qui excita la rivalité de la Russie, qui avait la prétention d'avoir les coudées franches en Corée.

C'est cette rivalité qui fut cause de la guerre russo-japonaise, qui se termina par la victoire des Japonais.

Les conséquences de cette victoire furent que la Corée fut placée sous le protectorat du Japon, qui trouva le moyen, par une révolution de palais, de se débarrasser de l'empereur et d'annexer purement et simplement tout le pays. Aujourd'hui la Corée est une colonie japonaise.

Le chemin de fer, de Shingishu à Séoul, traverse d'abord une région montagneuse, qui existe dans le nord de la Corée, puis arrive dans les plaines, où se trouve la capitale.

Au moment où j'arrivai à Séoul le gouverneur général de la Corée était le général Teraoutchi, que j'avais connu à Tien-Tsin en 1900, époque à laquelle il était sous-chef de l'Etat-Major général.

Il est devenu, quelque temps après mon passage en Corée, président du Conseil des Ministres.

Je trouvai à la gare de Séoul mon ami le général Akashi, qui m'exprima les regrets du général Téraoutchi, qui avait été obligé de partir pour Tokio, mais qui avait donné l'ordre, avant son départ, de me recevoir officiellement.

Je fus donc, pendant tout mon séjour, l'hôte du gouverneur général de la Corée et, en outre, grâce à l'amabilité du général Akashi, je trouvai toutes les facilités pour visiter la ville.

Cet officier général donna, le lendemain de mon arrivée, un grand dîner en mon honneur.

Il se produisit, à l'occasion de ce dîner, un incident assez amusant.

J'avais voyagé, sur le bateau qui m'avait conduit de Tien-Tsin à Dalny, avec un major bavarois et je l'avais retrouvé à Séoul.

Ce major, qui était un homme bien élevé et intelligent, se

trouvait à la gare, au moment de mon arrivée et était venu me saluer.

L'officier d'ordonnance du général Akashi, le voyant causer avec moi, avait cru qu'il faisait partie de ma suite et lui avait envoyé une invitation pour le dîner qui m'était offert. Je ne sais comment cette erreur fut découverte ; toujours est-il qu'un officier japonais vint retirer au major son invitation.

Cet incident nous amusa beaucoup.

Séoul est une ville très étendue, contenue dans une enceinte considérable, faite de blocs de granit et renfermant des collines pierreuses. C'est un fouillis de maisonnettes très basses, que coupent deux seules avenues, avec des fondrières.

Ces avenues sont mal entretenues et remplies d'une population grouillante.

Il y a peu de monuments remarquables à Séoul. Il existe un vieux palais, avec une porte monumentale délabrée, qui a été abandonné par la Cour en 1894. Les jardins de ce palais sont assez beaux.

Le palais neuf, construit au XIXe siècle, est un immense quadrilatère. C'est dans ce palais qu'habitait le jeune roi, au moment où je visitai Séoul.

Il y a, en outre, une très belle tour à sept étages.

Je ne voulus pas partir de Séoul sans aller faire une visite à l'évêque français, Monseigneur Mutel, qui fut heureux de voir un compatriote et qui me fit visiter l'établissement de la Mission.

Pendant tout mon séjour en Corée et, dans la capitale en particulier, je fus l'objet des attentions les plus délicates de la part des officiers japonais.

Au cours du trajet de Séoul à Fusan des officiers de gendarmerie vinrent me saluer, à chaque station, et plusieurs d'entre eux m'apportèrent des fruits délicieux.

C'est dans le port de Fusan, que je m'embarquai pour me rendre au Japon sur le paquebot « Tsou Shima Maru » qui me débarqua à Shinomosaki, dans la grande île de Nippon, après une traversée d'une dizaine d'heures, au cours de laquelle nous passâmes près de l'île de Tsou Shima, dans les parages de laquelle les Japonais livrèrent la bataille navale, qui anéantit, en 1905, la flotte russe de l'amiral Rojestvenski, et mit fin à la guerre russo-japonaise.

En quittant Shinomosaki nous nous rendîmes à Miyagima, petite ile charmante, très boisée et dans laquelle se trouvent plusieurs temples intéressants, dont celui de la pagode et celui aux mille cuillères, ainsi nommé parce qu'il contient mille cuillères en bois, qui ont été déposées en ex-voto par des soldats, après la guerre russo-japonaise.

Dans les parcs de Miyagima, on rencontre des cerfs et des daims, qui vivent en liberté et qui ne sont nullement effarouchés par la présence des hommes, dans la main desquels ils viennent prendre du pain.

Le trajet de Miyagima à Kyoto dure douze heures et se fait dans des wagons assez confortables.

Le capitaine Bertin, attaché militaire français au Japon, avait très aimablement annoncé mon arrivée à deux officiers français, qui faisaient un stage dans l'armée japonaise, le capitaine Devatenne et le lieutenant Paquin.

Ces deux officiers vinrent au-devant de moi à la gare et se mirent à ma disposition, pour me faciliter la visite de Kyoto.

Je dois, en passant, donner un souvenir ému à ces deux officiers distingués, qui ont été tués pendant la guerre 1914-1918.

Kyoto est la ville sainte du Japon ; c'est l'ancienne capitale, qui possède la sépulture des empereurs.

Elle contient de vieux temples boudhistes, où se trouvent les peintures du fameux moine Kabo Daishi, l'introducteur du boudhisme au Japon. Guidés par un interprète, attaché au capitaine Devatenne, nous visitâmes, le premier jour, le temple intéressant de Chionin, situé dans le parc Moruyanna, d'où l'on a une vue superbe.

Nous vîmes également un temple très orné, contenant un grand Boudha et nous terminâmes notre visite de ce jour par une promenade au jardin zoologique, qui est peu intéressant, mais qui se trouve dans un site très agréable. Le lendemain notre première visite fut pour le temple de Kyomitzu-Darae, temple populaire, dédié à la déesse Kwannen, qui est situé dans un très beau site et qui contient la statue d'une divinité, usée par le frottement des fidèles. Il y a, à côté de ce temple, une fontaine, où les pèlerins viennent prier, en se plaçant sous un filet d'eau, qui tombe sur leur tête d'une hauteur de près de trois mètres.

Nous vîmes ensuite le musée impérial, qui contient des statues, des armes japonaises et des kakimonos très anciens.

En quittant ce musée, nous visitâmes le temple Saujusanyendo, contenant 2002 images de la déesse Kwannon et 1.000 statues pareilles en bois, le tombeau d'Hideyos hi, le conquérant de la Corée, près duquel se trouve la Mainizuka, monticule, sous lequel sont enterrées les oreilles des Coréens vaincus par Hideyoshi.

Nous nous rendîmes ensuite au Daïbutsu, statue énorme de Boudha accroupi et à l'école des Geisha, où des petites filles reçoivent une éducation spéciale, qui les prépare à leur futur métier de danseuse.

Le Ginkakuji, pavillon d'argent, que nous visitâmes ensuite, est une ancienne résidence d'un Shogun au XVI° siècle, qui contient des appartements intéressants et un beau jardin. Nous vîmes encore le temple boudhiste Koradani, les temples Kitano, Tonmanga, le Botchuden, où avaient lieu des exercices d'escrime et de jiu-jitzu et nous terminâmes notre tournée par une visite au Kinkaku ji, pavillon d'or, dans un beau site, à une heure de tramway de Kyoto.

Notre troisième journée fut consacrée à la visite des temples Higoshi-Hougwan-ji et Nishi-Hougwan-ji et du palais Nijo, qui était, sous l'ancien régime, la résidence des Shoguns. Ce palais est très grand, avec des peintures intéressantes.

Le Gosho, palais impérial, est beaucoup moins beau et moins intéressant.

Sous l'ancien régime, tout le pouvoir était entre les mains des Shoguns, sorte de maires du Palais. Les Mikados, ou empereurs furent relégués dans leur palais de Kyoto, n'ayant d'autre rôle que celui de rois fainéants.

Ce régime dura jusqu'à la révolution de 1867, à la mort de l'empereur Komeï.

L'empereur Montsou-Hito, qui lui succéda, soutenu par les Samouraïs, obligea le Shogun à abdiquer. A la suite de cette révolution la capitale de l'empire fut transportée de Kyoto à Yédo, qui reçut le nom de Tokio.

A partir de ce moment, le Japon marcha à pas de géants dans la voie de la civilisation.

Nara qui se trouve à une heure et demie de chemin de fer

de Kyoto, peut être également considérée comme une ville sainte.

Sa situation, au milieu d'un grand parc, dans lequel, comme à Miyagima, des cerfs et des daims vivent en liberté et sont familiers à ce point qu'ils viennent manger, dans les mains, les galettes qu'on leur offre, est de toute beauté.

Il existe à Nara des temples très anciens et un musée plus riche encore que celui de Kyoto.

L'ascension du mont Wakakusa, d'où l'on a une vue splendide, est très intéressante.

Aux environs, dans la plaine remplie de monuments et de souvenirs, on trouve l'antique sanctuaire d'Horin-ji, le plus ancien des temples boudhistes du Japon, fondé au Xe siècle et le monastère féminin de Chugu-ji, où sont conservées deux des plus belles œuvres de la sculpture japonaise, la statuette de Shoko ku-Taishi, enfant de la Kwanon, en bois couleur ébène, dont le profil mystérieux demeure inoubliable.

En quittant Nara nous nous rendîmes à Nagoya, qui se trouve dans une région montagneuse.

Le palais de Nagoya est très intéressant. C'est une forteresse, avec une triple enceinte, dans laquelle les Shoguns pouvaient se retirer en cas de danger.

Deux dauphins en or, d'après la tradition, sont aux extrémités du toit.

Nous visitâmes également le temple des 500 boudhas et nous vîmes sur une place, un monument élevé en souvenir de la guerre sino-japonaise.

Nagoya est une grande ville industrielle.

Il faut environ onze heures pour se rendre de Nagoya à Tokyo.

A mon arrivée à la gare, je trouvai le capitaine Bertin, attaché militaire auprès de la légation de France et un colonel d'état-major du ministère de la guerre venus au-devant de moi.

Je fus heureux de faire la connaissance du capitaine Bertin, fils de l'ingénieur de la marine, devenu membre de l'Académie des sciences, qui présida à la création de la marine militaire japonaise et à l'organisation des arsenaux.

Le capitaine Bertin, né au Japon, où il avait de nombreuses

relations, me pilota, pendant mon séjour à Tokyo, avec une grande amabilité.

Le colonel d'état-major, que je trouvai à la gare, était envoyé par mon ami le général Fukushima mon camarade de combat à la prise de Tien-Tsin.

Le général Fukushima était, à ce moment, absent de Tokyo et avait chargé le colonel de se mettre à ma disposition. Je remerciai cet officier et je lui rendis sa liberté, en lui faisant remarquer que le capitaine Bertin avait bien voulu m'offrir de me faire les honneurs de la capitale.

Tokyo est, depuis la révolution de 1867, la capitale de l'empire du Japon ; c'est l'ancienne Yédo.

C'est moins une ville qu'une énorme réunion de bourgades. Il existe cependant un quartier européen, autour du boulevard Ginza.

Il y a peu de monuments remarquables, à part la masse imposante du Siro, l'ancienne forteresse des Shoguns formée de blocs énormes non cimentés et comprenant cinq lignes de défenses successives, au centre de laquelle se trouve le palais de l'empereur.

La première journée de mon séjour à Tokyo fut consacrée à la visite du temple Zo jo ji et des mausolées des Shoguns Tokugawa. Tous ces monuments se trouvent dans Shiba Park.

Au delà de ce parc, se trouve le temple des 47 Ronins, avec leur sépulture.

C'est une histoire bien touchante que celle de ces 47 Ronins, serviteurs d'un prince, qui outragé par un favori de l'empereur, le frappe de son sabre et est condamné à faire Hara-kiri, c'est-à-dire à s'ouvrir le ventre. Ses serviteurs, après sa mort, se dispersent après avoir fait le serment de le venger.

Après mille péripéties, ils finissent par tuer l'assassin de leur maître.

Les Japonais ont conservé le culte de ces fidèles Samouraïs : ils entretiennent leurs tombes, sur lesquelles brûlent en permanence les baguettes rituelles.

En 1913, une pièce, rappelant cette histoire, a été représentée à l'Odéon de Paris, sous le titre : l'Honneur Japonais.

La matinée de ma deuxième journée fut consacrée à des visites au Ministre de la Guerre, le baron Shimoto, qui voulut bien me donner une audience, à Monsieur Clausse, chargé d'affaires à l'ambassade de France, en l'absence de l'ambassadeur de France, Monsieur Gérard et à Monseigneur Bon, évêque de Tokyo.

Dans l'après-midi je visitai l'intéressant musée militaire, le très beau parc, ancienne résidence des Shoguns, dans lequel se trouve l'arsenal et le Kano-Park, qui contient le temple Kyo-Doishi, dédié à quatre Shoguns, dont trois tombes sont près du parc. Je vis ensuite le Daï busu, énorme statue en bronze en plein air de Boudha accroupi,

Le lendemain je pris le train pour me rendre à Nikko, qui se trouve à cinq heures de chemin de fer de Tokyo. Pendant ce voyage, j'aperçus le fameux Fujiyama, ce volcan que les Japonais reproduisent sur beaucoup de leurs images.

Nikko, est certainement la ville la plus intéressante du Japon, en raison de ses temples, qui attirent de nombreux visiteurs. Située dans une région très pittoresque, au milieu de sites admirables, cette ville possède également des mausolées somptueux de shoguns de la dynastie des Tokugawa, qui, par la beauté et la profusion de leurs ornements, ont inspiré le dicton japonais : « qui n'a pas vu Nikko, ne peut dire merveilleux. »

A la sortie de la ville se trouve le pont sacré, le Mihashi, pont très pittoresque en bois de couleur rouge, sur lequel l'empereur peut seul passer.

Les temples les plus intéressants sont Sanbutsudo ou temple des trois Boudhas. Dans la cour de ce temple se trouve le Sorinto, colonne en cuivre aux armes des Tokugawa, les temples et les tombeaux de Jeyasu et de Jemitsu. Le temple de Jeyasu est dans un site admirable, au milieu de cèdres magnifiques.

Le lendemain de mon arrivée à Nikko, je fis, avec le Père Grobel, l'excursion du lac Chuzenji. Un tramway conduit jusqu'au pied de la montagne en 30 minutes. On fait ensuite généralement l'excursion à pied en trois heures, par une route, qui traverse des forêts très belles et qui mène jusqu'au lac, situé dans un très beau site.

L'époque à laquelle nous fîmes cette promenade, était très propice, elle nous permit d'admirer les fameux érables dont la couleur, d'un rouge éclatant, donne, à l'automne, une physionomie toute particulière à la campagne japonaise.

C'est à Nikko que le Père Grobel me quitta.

Il était obligé de retourner à Tien-Tsin, par un bateau partant le lendemain de Yokohama.

J'employai la troisième journée de mon séjour à Nikko à visiter en détail les magnifiques temples, que je n'avais vus que superficiellement à ma première visite et je fus ébloui par la richesse des ornements, des sculptures, et des souvenirs historiques, contenus dans ces temples. Je rentrai à Tokyo dans la soirée de ce jour.

Je restai encore, pendant deux jours, dans cette capitale, où j'avais à voir bien des choses intéressantes, que je n'avais pu voir à mon premier passage.

C'est ainsi que je visitai le musée impérial, où se trouvent des merveilles (arts, arts décoratifs, porcelaines, armes). Ce musée se trouve à l'extrémité de Tokyo dans le parc Uyéno.

J'assistai à une représentation au Théâtre impérial. Cette représentation se composait d'un opéra, qui ne me donna pas une haute idée de la musique japonaise, de comédie moderne et de comédie ancienne avec danseuses japonaises.

Les danses et la comédie moderne furent peu intéressantes. Il n'en fut pas de même de la comédie ancienne, qui me fit un plaisir extrême.

Dès mon retour à Tokyo j'avais reçu la visite du général Fukushima, de retour dans la capitale, qui vint m'inviter à un dîner, qu'il donnait en mon honneur, au club de la noblesse.

Le général invita à ce dîner trois généraux, qui parlaient français et une quinzaine d'officiers, qui avaient assisté, sous ses ordres, à la prise de la cité chinoise de Tien-Tsin.

J'avoue que je fus très sensible à cette délicate attention. Au cours de ce banquet les toasts, les plus chaleureux, furent portés à la France, au Japon et à l'union franco-japonaise.

C'est pendant mon séjour à Tokyo que j'appris que la Chine venait de faire une révolution.

Cette révolution était imminente depuis longtemps et, au cours du dîner qui me fut offert à Tien-Tsin, avant mon départ par le général Abé, le général Aoki, attaché militaire du Japon en Chine depuis une douzaine d'années et qui était très au courant de ce qui se passait dans l'Empire céleste, m'avait annoncé qu'une révolution se préparait, mais il ne la prévoyait pas avant le printemps de l'année suivante.

Née sur les rives de Yang Tse Kiang, l'insurrection se propagea d'abord dans la vallée de ce grand fleuve.

Le gouvernement fit tous ses efforts pour s'y opposer par la force des armes, puis essaya d'en arrêter l'essor, en faisant les concessions les plus larges à la politique constitutionnelle. Toutes ces concessions furent inutiles et le mouvement insurrectionnel ne cessa de s'étendre et de se développer. La Cour, de son côté, sentant l'empire lui échapper, octroya précipitamment une constitution monarchique libérale et chargea Yuan-Chi-Khaï de former un ministère d'hommes nouveaux, à l'exclusion des membres de la famille impériale.

Malgré toutes ces concessions le mouvement révolutionnaire ne s'arrêta pas et, le 29 décembre 1911, les délégués des comités révolutionnaires de seize provinces, réunis à Nankin, élirent Sun Yat Sen, qui venait de débarquer à Shangaï retour d'Europe, président provisoire de la République chinoise.

Je quittai Tokyo le lendemain du dîner offert par le général Fukushima et je m'arrêtai une journée à Yokohama.

Yokohama est, en quelque sorte, le port de Tokyo. On s'y rend en quarante-cinq minutes par chemin de fer. C'est une grande ville commerçante, qui n'offre aucun intérêt pour le touriste. Il y a un grand quartier européen, formé, en majeure partie, par des maisons de commerce.

Je quittai Yokohama le soir même pour me rendre à Tsuruga, où je devais m'embarquer pour Vladivostock.

Le trajet de Yokohama à Tsuruga ne manque pas d'intérêt. On longe, pendant assez longtemps, le lac Byva, dans une région couverte de rizières et de mûriers, puis on traverse une chaîne de montagnes pittoresques, avant d'arriver à Tsuruga.

Je pris passage, dans ce port, sur le « Simbirk », paquebot de la flotte volontaire russe, bateau peu confortable et dont je conserve un mauvais souvenir.

Ce bateau tenait fort mal la mer et, comme il faisait un très mauvais temps, je ne quittai pas ma couchette pendant la traversée, qui dura 45 heures.

C'est certainement, de beaucoup, la traversée la plus pénible que j'ai faite pendant ma longue carrière coloniale. Nous arrivâmes néanmoins à bon port à Vladivostock et, dès que les formalités de douane furent terminées, je montai dans le train du transsibérien, qui devait me transporter à Moscou, **en** moins de neuf jours.

Parti de Vladivostock le 18 octobre à 4 h. 30 du soir, j'arrivai à Moscou le 27 à 9 h. 45 du matin.

J'eus, pendant ce voyage, pour unique compagnon français, un brave homme, qui avait passé plus de trente ans au Japon où il avait tenu un hôtel à Yokohama. Il était bien commun, mais il était très amusant par son bagout méridional.

Il était originaire de Grasse.

Il me raconta, en partant de Vladivostock, une anecdote, qui lui était arrivée dans sa jeunesse, dans cette ville.

Il était gérant du mess des officiers de la garnison. Ces messieurs faisaient bombance, mais ne payaient pas souvent, malgré ses instances réitérées, le champagne qu'ils buvaient. Au bout d'un certain temps le brave gérant se trouva sans argent et adressa une réclamation au gouverneur qui, pour toute réponse, le fit enfermer dans un cachot de la citadelle, où il resta jusqu'à ce qu'il fit la promesse de ne plus réclamer le paiement de ce qui lui était dû. Il se hâta de faire cette promesse, mais il prit le premier bateau partant pour le Japon, où il fit une assez jolie fortune.

Mon voyage, au travers de la Sibérie, que je faisais pour la troisième fois, au moins depuis Kharbine, se fit sans incident.

En passant dans cette dernière ville, je vis les quartiers, qui avaient été brûlés, après l'épidémie de peste pulmonaire, qui l'avait ravagée au commencement de cette année 1911.

Je ne restai à Moscou que deux jours pour me reposer et j'employai ces deux jours à visiter en détail le Kremlin que j'avais déjà visité à mes deux voyages précédents. Je vis aussi l'Oroujeinaia Palata ou palais des armures, qui renferme le trésor.

Ce palais est un musée considérable, un des plus riches d'Europe, qui contient de nombreuses salles, dans lesquelles on trouve, outre des armes et des armures de toutes sortes et de tous les temps, parmi lesquelles sont de nombreuses pièces historiques, une collection remarquable d'objets d'orfèvrerie et le trésor, dans lequel on remarque les très riches couronnes et les costumes de couronnement, ayant appartenu à Pierre le Grand et à de nombreux Tsars ou Tsarines.

Je profitai de mon voyage de retour en France, pour donner

satisfaction au désir, que j'avais depuis longtemps, de visiter Munich et le Tyrol.

Je traçai donc mon itinéraire de retour par Varsovie, Vienne, Munich, Inspruck, Zurich et Paris.

En quittant Moscou, je me rendis directement à Vienne, sans m'arrêter à Varsovie.

Je restai deux jours dans la capitale de l'Autriche et j'en profitai pour visiter les Ecuries impériales que je n'avais pas vues à mon passage l'année précédente. Ces écuries possèdent des collections uniques au monde. Harnais de gala, harnais de sacre, harnais de la procession de la Fête-Dieu, où la croix rouge et bleue est rehaussée par de délicates orfèvreries de vermeil, harnais de deuil lugubrement beaux, rivalisant avec les selles.

Certains tapis de selle sont recouverts tout entiers de demi-perles fines de belle grosseur.

Tout aussi intéressante la collection des armes à feu de la famille impériale, fusils de chasse de Marie-Thérèse, et des derniers empereurs, pistolets du duc de Reischtadt, du malheureux archiduc Rodolphe, de l'empereur Maximilien du Mexique.

Aux étages supérieurs s'aligne la fabuleuse collection des carrosses, qu'un énorme monte-charge dépose dans la cour en un clin d'œil.

J'assistai à la parade, qui avait lieu, tous les jours, dans la Franzenz platz, cour principale de la Hofbourg, sous les fenêtres de l'Empereur, à l'occasion de la relève de la garde du palais. Cette parade, à laquelle assistait une musique militaire, qui jouait pendant que l'on faisait la relève des sentinelles, était une cérémonie très populaire, qui attirait toujours beaucoup de monde.

J'eus l'occasion, en revenant de cette parade, d'apercevoir l'empereur qui rentrait au Palais.

Il se trouvait avec un aide de camp, dans une victoria, attelée de chevaux blancs et, sur le siège de laquelle il y avait à côté du cocher, un chasseur avec un chapeau à panache.

En quittant Vienne, je me dirigeai sur Munich.

La capitale du royaume de Bavière est une très jolie et très grande ville, située sur la rive gauche de l'Isar. La vieille ville a conservé des rues tortueuses et des maisons à pignons du moyen âge.

Ces rues sont coupées et éclairées par de larges voies modernes et de belles places, sur lesquelles se trouvent de beaux monuments.

Le Palais Royal, « la Résidence » est un très grand bâtiment sans style.

Parmi les autres monuments il y a lieu de remarquer le vieil hôtel de ville, une très belle clyptothèque, contenant un riche musée de sculpture, l'ancienne et la nouvelle Pinacothèque, musées contenant de très beaux tableaux, la cathédrale Notre-Dame, Frauenkirchn, du XVe siècle, l'église Saint-Michel, dans laquelle on remarque le tombeau d'Eugène de Beauharnais, beau-fils de Napoléon 1er, vice-roi d'Italie, qui était gendre de Maximilien Joseph, l'église des Théatins, du XVIIe siècle, qui renferme le caveau de la famille royale et qui est la paroisse de la Cour.

Je passai deux jours dans cette ville élégante, où la vie était réellement confortable à cette époque et où les habitants ont une apparence de bonhommie, que l'on ne trouve pas chez les Allemands du Nord.

Inspruck, où je me rendis en quittant Munich, est une gentille petite ville de 25.000 habitants.

Elle est située sur l'Inn, non loin de son confluent avec la Sill, dans une belle vallée qu'entourent des hauteurs boisées, sur le chemin de fer qui unit l'Europe centrale et l'Italie.

Elle commande la montée du Brenner.

La région que l'on traverse en chemin de fer, pour se rendre de Munich à Inspruck est très pittoresque.

C'est un pays de montagnes, dans lequel se trouvent quelques jolis lacs.

Avant d'arriver à Inspruck on suit, pendant quelque temps, la vallée de l'Inn.

Il y a, dans cette jolie petite ville, quelques monuments intéressants.

Tout d'abord l'église des Franciscains, du XVIe siècle, dans laquelle on remarque le magnifique tombeau de Maximilien Ier, qui fit construire l'église.

Ce tombeau est une des œuvres les plus curieuses de la Renaissance.

Il se trouve au milieu de la nef et est entouré de vingt-huit statues colossales de contemporains et d'ancêtres de l'empereur.

Le château impérial, qui se trouve à côté de l'église, est une construction de style rococo, élevée de 1766 à 1770. Il y a lieu de remarquer encore à Inspruck le Golden dachl au toit d'or, riche tourelle en cuivre fortement doré, bâtie en 1425.

Aux environs immédiats de la ville se trouve le Mont Isel, où est installé le tir des chasseurs tyroliens. Au sommet de ce mont, qui n'est pas très élevé, se trouve un plateau, d'où on a une vue très belle sur la ville et sur la vallée de l'Inn.

Sur ce plateau a été érigée une statue d'André Hofer, chef des Tyroliens, fusillé en 1810 à Mantoue, par les Français.

Je ne restai que 24 heures à Inspruck, puis je me dirigeai sur Zurich.

Le chemin de fer remonte la vallée de l'Inn et traverse les montagnes du Tyrol.

Il passe à Landeck, station du chemin de fer de l'Arlberg, qui relie Bregenz, sur le lac de Constance, à Inspruck. Après Landeck on remonte la vallée de la Rosana, puis, après avoir passé Flirsch, on traverse le tunnel de l'Arlberg, qui a 10.240 mètres de long, sous le col de l'Arlberg.

On passe ensuite à Blundez, petite ville dans un beau site, puis on arrive à Feldkirch, que domine le vieux chateau de Schuttenbourg.

La voie de chemin de fer débouche à Feldkirch.

Cette petite ville se trouve sur l'Ill, qui va se jeter dans le Rhin un peu plus loin.

Le trajet de Feldkirch à Zurich est très beau. On s'arrête d'abord à Buchs, où se trouve la douane suisse. On remonte ensuite la vallée du Rhin jusqu'à Mels. Là on s'engage dans la large vallée de la Séez, que l'on descend jusqu'à Wallenstadt.

A partir de cette ville la voie longe le lac de Wallenstadt, qui a 5 kilomètres de longueur sur 2 kilomètres de largeur et qui est véritablement superbe.

A l'extrémité ouest du lac se trouve la charmante petite ville de Weesen.

En quittant Weesen on se dirige sur Lachen, à l'extrémité orientale du lac de Zurich.

Le lac de Wallenstadt est en communication avec le lac de Zurich par le canal de la Linth.

A partir de Lachen la voie suit continuellement la rive sud du lac.

C'est un trajet véritablement merveilleux de 39 kilomètres de longueur.

Après un déjeuner chez un commerçant chinois à Tien-Tsin.

Le lac de Zurich a 40 kilomètres de longueur et de 3 à 4 kilomètres de largeur. Il est alimenté par la Linth, qui prend le nom de Limmat à sa sortie Ouest.

Ses rives s'élèvent en pentes douces, couvertes de vignes, d'arbres fruitiers et de bois.

Parsemées de maisons, de villas, de fabriques, elles semblent être d'immenses faubourgs de Zurich.

Le fond du paysage est formé par la longue chaîne des Alpes.

Zurich est une grande ville, de près de 200.000 habitants. Elle est le chef-lieu du canton de ce nom.

C'est la ville la plus importante de la Suisse.

Située à l'extrémité nord du lac, elle est traversée par la Limmat, qui la partage en deux parties : la grande ville sur la rive droite, la petite ville sur la rive gauche. La situation de Zurich est très belle. Des hauteurs qui la dominent on voit le panorama de la ville, puis les deux rives du lac, qui s'élèvent doucement, semées de villages, de clochers, de blanches villas, au milieu des vignes et des vergers.

Cette ville est un centre industriel très important.

Le seul monument remarquable est le Gross-Munster, église construite du XIe au XIIIe siècle et affectée actuellement au culte protestant.

Il existe à Zurich un musée récent, le Musée National Suisse, qui renferme des objets pour servir à l'étude de la civilisation et de l'art en Suisse, depuis les temps préhistoriques.

Je quittai Zurich, où j'avais passé deux jours, le 5 novembre à 2 h. 30 du soir et j'arrivai à Paris le même jour à 11 h. 35, quarante-quatre jours après avoir quitté Tien-Tsin.

Je venais de faire un voyage des plus intéressants, au cours duquel j'avais parcouru la Mandchourie, la Corée, le Japon et l'Europe de l'est à l'ouest.

CHAPITRE X

Passage au cadre de réserve

Le lendemain de mon arrivée à Paris, j'appris deux choses, qui furent loin de me faire plaisir. La veille avait paru dans *Le Journal* un article de Charles Humbert, très violent contre moi.

J'appris également que le capitaine D., cet officier de mon état-major, qui, mécontent des notes que je lui avais données, avait lié partie avec le Sous-Intendant L., venait d'être nommé à l'État-Major particulier de Monsieur M., Ministre de la Guerre, grâce à l'appui d'un ancien attaché militaire en Chine, son ami, qui était le camarade de promotion de Saint-Cyr de ce dernier.

Je n'eus pas de peine à prévoir que cet officier profiterait de cette situation pour agir contre moi.

Je m'en aperçus bientôt, car, dans le courant du mois de janvier 1912, je fus convoqué par le général Joffre, alors chef d'état-major général de l'armée, qui me communiqua un rapport, qui avait été établi contre moi, au cabinet du Ministre et qui me demanda les observations que j'avais à apposer aux faits énoncés dans ce rapport. Je m'aperçus immédiatement que ce factum avait été établi sous la dictée ou tout au moins sous l'inspiration du capitaine D. J'étais assez habitué à son style puisque cet officier avait été, pendant deux ans, à mon état-major.

Des faits, des notes étaient relatés que, seul, cet officier avait pu connaître, par le fait même de sa situation. Le général Joffre, en me communiquant le rapport, me donna connaissance en même temps de mon dossier du personnel qui n'était pas complet. Il manquait les notes de deux années.

Je le fis remarquer au général, qui me répondit qu'il allait les réclamer au ministre et qu'il me les communiquerait le jour où je lui apporterais ma réponse au rapport, dont il m'avait donné connaissance.

Je fus sur le point de lui répondre qu'il était inutile que je lui remette cette réponse, parce que j'étais persuadé qu'elle ne servirait à rien et que la décision du Ministre était certainement déjà prise.

Cela était d'autant plus probable que, dès que j'avais eu connaissance du complot qui se tramait contre moi, j'avais écrit au Ministre pour lui demander une audience et que je n'avais pas reçu de réponse.

Réflexion faite, comme je ne voulais pas qu'on puisse m'accuser d'indiscipline, je rédigeai cette réponse et je la portai au général Joffre.

Elle contenait tous les arguments, qui pouvaient justifier ma conduite et elle aurait certainement suffi à convaincre le Ministre, si sa religion n'avait pas été surprise par son entourage et si ma condamnation n'avait pas été arrêtée à l'avance.

Lorsque je remis ma réponse au général je m'aperçus qu'il était très gêné. Il me dit, qu'à sa grande surprise, le Ministre ne lui avait pas envoyé les documents, qui manquaient à mon dossier du personnel.

Je fus moi-même très étonné, mais je n'insistai pas auprès du général Joffre, me réservant de tirer profit par la suite, de cette infraction au règlement, qui prescrit de communiquer aux officiers, objets d'une enquête, *tous* les documents figurant dans leur dossier du personnel. La sanction du rapport établi au Ministère ne se fit pas attendre et je n'en fus pas surpris.

Par décision présidentielle je fus placé en disponibilité, le général Sucillon reçut un blâme, mon ancien chef d'état-major, le capitaine Roux, ennemi intime, parce que son chef, du capitaine D., fut placé en non activité ainsi que le sous-intendant Véron, prédécesseur du sous-intendant L.

A la surprise générale le général Lefèvre, prédécesseur en Chine du général Sucillon et qui avait été le créateur des masses noires incriminées, ne fut pas inquiété. La raison est, peut-être, qu'étant déjà général de division, il ne portait pas ombrage au général, Directeur des Troupes Coloniales, qui avait, par contre, à redouter la concurrence du général Sucillon et la mienne pour la troisième étoile. Cela lui réussit, du reste à merveille, car une vacance s'étant présentée, peu de temps après, il fut nommé général de division.

Il me serait facile, en effet, de prouver que le général L. n'avait qu'un mot à dire pour remettre les choses à leur place et prouver au Ministre que le général Sucillon et moi étions victimes de la haine du capitaine D., qui avait à se venger de ses deux anciens chefs, qui l'avaient apprécié à sa juste valeur.

Ce mot il ne le dit pas. C'est peut-être très humain, mais ce n'est pas très crâne.

J'avais comme amis, deux personnes que j'avais connues en Nouvelle-Calédonie.

Ces deux amis, avaient eu l'occasion de déjeuner avec Charles Humbert, délégué de cette colonie, au moment où ce délicieux journaliste commença sa campagne contre moi.

Au cours de ce déjeuner Charles Humbert raconta qu'il venait de recevoir une lettre du Sous-Intendant L. qui allait lui permettre de casser les reins au général commandant le corps d'occupation en Chine, qui était un clérical renforcé et qui donnait de mauvaises notes aux officiers qui ne pensaient pas comme lui.

Mes amis lui répliquèrent qu'ils me connaissaient depuis longtemps et qu'ils savaient que, si j'étais un catholique pratiquant, j'avais l'esprit très large et qu'ils étaient certains que les renseignements qui lui avaient été envoyés, étaient complètement inexacts. Ces deux amis avaient d'autant plus de mérite à faire cette déclaration que l'un d'eux était israélite et que l'autre était protestant.

Charles Humbert ne tint aucun compte de ces déclarations et commença sa campagne, qu'il continua avec acharnement, peut-être pour donner des gages à son parti.

Il était bien dans son rôle, ce farouche tombeur de généraux, ce grand redresseur de torts, qui, après avoir été accusé d'intelligences avec l'ennemi pendant la guerre de 1914-1918, finit par comparaître devant un conseil de guerre pour commerce avec l'ennemi, où il fut acquitté à la minorité de faveur ainsi que je l'ai dit dans le chapitre précédent.

Il était digne de s'entendre avec le Ministre de la Guerre M. M.... qui fut accusé d'être l'amant de l'espionne Mata Hari, fusillée pendant la guerre.

Les lettres de M. M... trouvées chez cette femme et produites au procès ne laissent que peu de doutes à ce sujet.

Charmant régime, dans lequel le Ministre de l'Intérieur, le célèbre M. M.... est condamné pour forfaiture et le Ministre de la guerre, convaincu d'être l'amant d'une espionne !

Dès mon retour à Paris, mes amis vinrent me prévenir du fait dont ils avaient été témoins.

J'adressai une réclamation au Ministre pour protester contre les agissements du sous-intendant L. qui, non content d'envoyer des renseignements à Charles Humbert, pour faire ses articles, lui avait communiqué une lettre de service confidentielle qui fut publiée dans le *Journal*.

Cette réclamation n'aboutit pas.

Quelque temps après ma mise en disponibilité, mon ami, M. B. vint me prévenir qu'un capitaine d'infanterie coloniale, le capitaine M., qui avait ses entrées au Cabinet du Ministre, lui avait dit que l'on était très ému au Ministère parce qu'on avait appris que j'allais intenter une action devant le Conseil d'État, pour demander l'annulation de la mesure prise contre moi.

Il ajoutait que je ferais bien de persister dans mon intention, parce qu'il savait pertinemment que si on ne m'avait pas communiqué toutes les pièces de mon dossier du personnel, c'est parce qu'il y avait dans ce dossier, un document que l'on ne voulait pas me mettre sous les yeux.

J'avais confié le soin de mes intérêts à Mᵉ Marcilhac, avocat au Conseil d'État et à la Cour de Cassation.

Cet éminent jurisconsulte n'eut pas de peine à démontrer au Conseil d'État que la loi avait été violée à mon détriment et malgré une plaidoirie très chaude du représentant du Ministre, le Conseil d'État rendit le 4 avril 1914 un arrêt cassant la décision ministérielle me plaçant en disponibilité.

Il s'était passé un temps assez long entre ma mise en disponibilité et l'arrêt rendu par le Conseil d'État.

Dans cet intervalle j'avais été replacé en activité et menacé par une destination coloniale, j'avais demandé mon passage, par anticipation, dans la deuxième section du cadre de l'État-Major général de réserve.

Sur ces entrefaites, Son Altesse Sérénissime le Prince Albert Iᵉʳ de Monaco, me demanda de venir auprès de lui comme premier aide de camp.

Après avoir obtenu l'autorisation du Ministre de la Guerre, j'acceptai cette situation et, depuis ce moment, j'eus l'honneur de servir auprès de ce Prince, qui, par ses travaux scientifiques et, en particulier par ses recherches sur l'océanographie, s'est acquis une renommée universelle, qui l'a fait élire Membre correspondant de l'Académie des Sciences. Quelque temps après l'arrêt du Conseil d'Etat j'appris, par hasard, que le Ministre avait annulé une punition que j'avais infligée, dans la plénitude de mes droits, au sous-intendant L. et que les notes que j'avais données à ce fonctionnaire de l'intendance et au Capitaine D. avaient été également annulées.

Je m'empressai de protester énergiquement auprès du Ministre contre cette nouvelle infraction aux règlements militaires.

Le Ministre m'ayant répondu, d'une façon évasive, je renouvelai à plusieurs reprises, cette protestation en insistant, chaque fois, d'une façon énergique, pour obtenir satisfaction. Le Ministre, visiblement gêné par mes démarches réitérées, finit par m'écrire qu'il ne me répondrait plus.

C'était une façon bien commode de régler une question embarrassante, Je le lui fis remarquer dans la lettre suivante, qui mit fin à notre correspondance :

« J'ai l'honneur de vous accuser réception de votre lettre du 18 octobre courant N° 17007 K dans laquelle vous me faites connaître qu'il n'y a pas lieu de modifier les conclusions de votre lettre du 7 octobre et vous m'informez qu'il ne me sera plus répondu aux demandes nouvelles, que je pourrais vous adresser à ce sujet.

« Je prends bonne note de cette décision.

« Il est certain que le silence est une solution, la meilleure que l'on puisse prendre quand on est embarrassé.

« Je tiens néanmoins à vous manifester ma surprise de constater qu'une administration, soi-disant républicaine, n'a pas le courage d'avouer les motifs d'une décision que, jusqu'à preuve du contraire, j'ai le droit de considérer comme injuste et de nature à porter atteinte à la discipline. »

Je ne pouvais pas en rester là. Il y allait de ma dignité de poursuivre cette affaire.

Quelques jours après, j'adressai au Président de la Chambre des Députés, une pétition qui fut étudiée par la Commission des pétitions. Son rapporteur M. Néron, député de la Haute-Loire, déposa des conclusions qui furent adoptées par la Commission et qui sont ainsi conçues :

« Monsieur le Général de Pélacot, du cadre de réserve, ancien commandant du corps d'occupation de Chine, Grand Officier de la Légion d'honneur, se plaint d'avoir été victime d'une violente campagne de presse, qui a eu pour résultat sa mise en disponibilité, malgré ses très beaux services.

« La Commission, en renvoyant à Monsieur le Ministre de la Guerre, la pétition de Monsieur le Général de Pélacot, est d'avis qu'il y a lieu d'examiner celle-ci avec la plus grande attention : elle prie Monsieur le Ministre de la Guerre d'entendre au besoin l'intéressé pour donner à cette affaire la suite qu'elle comporte. »

Ce document est daté du 14 novembre 1913 :

Entre temps, j'avais appris que M. Painlevé, député de la Seine, avait été mis au courant de cette affaire et qu'il avait été indigné de l'attitude du sous-intendant L. et surtout du capitaine D.

Un de mes amis m'ayant mis en relations avec M. Painlevé, j'eus avec ce parlementaire une entrevue, au cours de laquelle il me dit qu'il était très documenté sur le capitaine D. et sur certains actes édifiants de cet officier. Il me promit de s'occuper très sérieusement de me faire rendre justice et d'obtenir des sanctions contre les deux officiers félons. Les événements politiques ont probablement fait perdre de vue cette affaire à M. Painlevé. Depuis il a été Ministre de la Guerre pendant la guerre mondiale, mais il avait des questions plus sérieuses à régler et je comprends qu'il ait perdu de vue sa promesse. Si les hasards de la politique le ramènent au pouvoir, peut-être aura-t-il la curiosité de se faire présenter le dossier de cette affaire et d'en examiner les dessous peu propres.

J'avais bon espoir que je finirais par obtenir satisfaction, mais cet espoir ne dura pas longtemps car je ne reçus pas de convocation du Ministre.

J'allais donc recommencer de nouvelles démarches lorsque l'horizon politique se rembrunit et la guerre avec l'Allemagne éclata.

Mon affaire fut naturellement perdue de vue et j'estime qu'il est trop tard pour la faire revivre. Il y a des questions plus graves à traiter.

J'eus cependant, dans le courant du mois d'août 1914, alors que j'étais mobilisé, la satisfaction de recevoir une lettre de M. M..., redevenu Ministre de la Guerre, pas pour longtemps heureusement pour la France, m'informant qu'un arrêt du Conseil d'Etat avait cassé la mesure qui avait été prise à mon égard.

Ces souvenirs devaient, dans mon esprit, s'arrêter à la date où, sur ma demande, je fus placé par anticipation au cadre de réserve.

Ma nouvelle situation, de premier aide de camp du prince de Monaco, m'ayant permis d'assister à quelques cérémonies intéressantes et, d'autre part, la guerre de 1914, à laquelle je pris part, pendant quelques mois dans ses débuts, m'ayant permis de rendre encore quelques services à mon pays, j'estime qu'il est peut-être intéressant que je les continue, jusqu'à la ratification du traité de paix avec l'Allemagne.

Au mois de novembre 1912, le Prince m'envoya à Bruxelles, pour le représenter aux obsèques de la Comtesse de Flandre, mère du roi Albert Ier de Belgique, qui eurent lieu le 30. Ces obsèques furent très solennelles, et j'eus l'occasion de voir de près, dans cette circonstance, le Kronprinz d'Allemagne, le prince Ruprecht de Bavière, le prince Ferdinand de Roumanie, le futur roi de cette nation et plusieurs autres princes allemands, parents de la Comtesse de Flandre.

La cérémonie religieuse eut lieu, dans la belle cathédrale de Sainte-Gudule et fut présidée par son Eminence le cardinal Mercier, achevêque de Malines, qui pendant la guerre de 1914-1918, eut une attitude si digne à l'égard des Allemands envahisseurs de son Pays.

Après la cérémonie religieuse le corps de la Princesse fut transporté à Laëken et fut déposé dans la crypte de l'église Notre-Dame, qui renferme les sépultures de la famille royale.

A l'issue des funérailles, un grand déjeuner eut lieu au Palais Royal de Bruxelles, auquel assistèrent tous les Princes, le corps diplomatique et les représentants officiels des Princes étrangers et des Etats.

La réception, qui suivit le déjeuner, eut lieu dans une grande galerie, et au cours de cette réception les envoyés extraordinaires furent présentés au Roi.

Sa Majesté, qui est l'ami intime du Prince de Monaco, s'entretint quelques instants avec moi et me pria de remercier son Altesse Sérénissime de l'attention qu'il avait eue de se faire représenter aux obsèques de sa mère. Pendant que les réceptions avaient lieu, des groupes se formaient et des conversations s'engageaient.

Les princes allaient d'un groupe à l'autre et se mêlaient aux conversations.

Seul, le Kronprinz d'Allemagne restait isolé, la main sur son sabre et ne parlant à personne.

Il me produisit une impression fâcheuse. Déjà, pendant l'office à la cathédrale, j'avais été frappé de son attitude déplacée. Quoique se trouvant très près du Roi, il ne cessait de s'agiter, de se retourner, de regarder à droite et à gauche et d'adresser la parole à son voisin, le prince Ruprecht de Bavière, qui lui, au contraire, avait une tenue très digne.

Pendant que je me trouvais seul et que j'observais ce spectacle, un peu nouveau pour moi, je fus abordé par un major de dragons autrichiens, qui me salua dans les termes suivants : « Permettez-moi, mon Général, de me présenter à vous. Je suis le duc de Vendôme, beau-frère du Roi.

« Vous ne sauriez croire, combien j'ai été heureux, ce matin, d'apercevoir un général français dans le cortège. J'ai demandé des explications sur votre présence à Monsieur Klobukowski, Ministre de France et j'ai tenu à venir vous saluer.

« Vous êtes peut-être surpris de voir un prince français en tenue de major autrichien. Ce grade honoraire m'a été donné par l'empereur François-Joseph et, puisqu'il m'était interdit de servir dans l'armée de mon pays, j'ai cru devoir l'accepter. »

La conversation se continua ensuite sur divers sujets et, à un moment où nous parlions de la parenté de la Comtesse de Flandre, le Prince me dit : « Parlons plus bas, car nous sommes entourés d'Allemands ».

Je reçus à l'occasion de ces obsèques, le grand cordon de la Couronne de Belgique.

Quelque temps après je fus désigné par son Altesse Sérénissime pour aller la représenter aux obsèques du Prince Luitpold, Régent de Bavière, qui eurent lieu le 19 décembre 1912, à Munich.

Le Prince Luitpold qui venait de mourir le 12 décembre, à l'âge de 92 ans, gouvernait la Bavière depuis 1886, au nom de son neveu Othon Ier, le malheureux roi fou. Ce prince fit les guerres de 1866 et 1870.

Converti, depuis Sadowa, au germanisme prussien ce fut lui

qui, à Versailles, acclama le premier le roi Guillaume Ier comme empereur d'Allemagne.

La fin tragique de son neveu le roi Louis II, noyé dans le lac de Starnberg en 1886, la folie incurable de son autre neveu Othon Ier, lui valurent l'exercice du pouvoir comme régent du Royaume.

Je trouvai, en arrivant à la gare de Munich, le lieutenant de cavalerie Von Spiedel, qui était attaché à ma personne pendant mon séjour dans cette ville, comme service d'honneur.

Cet officier, fort aimable et fort bien élevé, parlait couramment le français et appartenait à une famille, qui était en situation à la Cour.

Il me facilita beaucoup ma mission.

Le service du protocole avait fait remettre à chacun des envoyés extraordinaires, un petit dossier, dans lequel se trouvaient tous les renseignements relatifs à la cérémonie du lendemain et aux obligations qui incombaient à chacun.

Dans ce dossier se trouvait également la liste des Princes et des Princesses, chez lesquels il y avait lieu de déposer des cartes.

Le lieutenant Van Spiédel voulut bien se charger de faire remettre les miennes à ces personnages et se mit à ma disposition pour me faire visiter quelques-unes des curiosités de Munich.

Une voiture de la Cour avait été mise à ma disposition, ce qui facilita beaucoup les courses que j'avais à faire.

Le lieutenant Von Spiédel me fit visiter deux très beaux musées.

Le lendemain de mon arrivée eurent lieu les obsèques du Prince Régent.

La réunion des délégations avait lieu à la Résidence, Palais Royal.

Je traversai, pour me rendre au salon du corps diplomatique, dans lequel était ma place, une suite de grandes salles remplies de fonctionnaires et d'officiers bavarois.

Le salon du corps diplomatique se trouvait à côté d'un autre salon réservé aux Princes.

Nous vîmes arriver successivement, dans ce salon, tous les Princes régnants d'Allemagne, l'archiduc Ferdinand d'Autriche, qui devait être assassiné en 1914 et dont l'assassinat fut le prétexte, ou tout au moins la cause indirecte de la guerre

mondiale, le roi de Saxe, qui avait l'air ahuri et qui portait
à la main son bâton de maréchal et le roi des Belges. Enfin
parut le Kaiser, en tenue de chasseur bavarois, qui s'avança
la tête haute et fière, l'air sévère et qui fut reçu à l'entrée du
salon par le nouveau régent, le Prince Louis, qui devait être
proclamé le 12 novembre 1913, roi de Bavière par le Langtag,
la folie du roi Othon ayant été reconnue incurable.

Guillaume II était accompagné de ses quatre plus jeunes
fils. Le Kronprinz n'assistait pas à cette cérémonie. Le Kaiser
salua, d'une façon très cordiale, le roi de Saxe et le roi des
Belges et il me sembla qu'il faisait un accueil plutôt froid
à l'archiduc Ferdinand.

On prétendait à cette époque que les relations entre ces deux
personnages étaient assez tendues.

Quelques instants après l'arrivée de Guillaume II le cortège se forma et on se rendit, en traversant tout le palais, a
la chapelle ardente, dans laquelle était déposé le cercueil du
prince Luitpold.

Le cortège suivit ensuite les artères principales de la ville,
entre une haie de troupes et se rendit à l'église des Théatins,
où devait avoir lieu la cérémonie religieuse.

Après cette cérémonie le cortège se disloqua.

Les instructions, qui nous avaient été remises, indiquaient
qu'un repas devait être offert, à 4 heures du soir, à la Résidence, aux princes allemands et aux représentants des princes
et des états étrangers.

Nous fûmes reçus dans un immense salon, où bientôt se
trouvèrent réunis tous les personnages, qui avaient assisté aux
obsèques du Régent.

Je me trouvais un peu isolé, moi, général français, au milieu
de tout ce monde, où dominaient les Allemands. Je me livrais
à ces réflexions lorsqu'un gros général bavarois m'aborda et
me tint le propos suivant en assez bon français : « Monsieur,
ma femme vient de me demander si vous n'étiez pas un général français et m'a prié, dans ce cas, de vous présenter à elle ».

Je lui répondis qu'en effet, j'étais bien général français, et
et que je serais très honoré d'être présenté à sa femme. Je
le priai, en même temps, de me dire qui il était. Il me répondit : « Je suis le duc Charles Théodore, de la maison de Ba-

vière, je porte l'uniforme de général, mais je ne suis pas militaire, et je m'occupe surtout de science. »

Il me présenta à la duchesse qui parlait couramment le français, qui était fort aimable et fort intriguée par ma présence.

Le Prince de Monaco m'avait prié de le rappeler au souvenir du duc d'Urach, son cousin germain.

Le prince est fils du prince Guillaume de Wurtemberg, duc d'Urach, et de la princesse Florentine de Monaco. Il a été élevé pendant de longues années, à Monaco et à Marchais et il put se considérer un moment comme pouvant hériter, par lui ou par ses enfants de la Principauté. Il était en 1912, général de brigade dans l'armée allemande et il a commandé un corps d'armée pendant la guerre de 1914-1918.

Je demandai à la duchesse, avec laquelle je venais de causer de vouloir bien me désigner le duc d'Urach et je me présentai à lui pour lui donner le souvenir du prince de Monaco.

Il me reçut peu chaleureusement et me pria de remercier le Prince de son souvenir et de lui présenter ses hommages.

Au cours de cette réception je remarquai le changement d'allure du Kaiser. Il avait abandonné cette attitude sévère, qu'il avait le matin en arrivant au Palais. Il avait même l'air fort aimable et causait avec les dames, qui se trouvaient là, allant de l'une à l'autre. Le repas, qui suivit cette réception, fut donné dans une immense salle aux parois de marbre.

Une longue table en fer à cheval reçut l'Empereur, les souverains, les princes, les princesses et les envoyés extraordinaires. Je me trouvais placé entre deux personnages allemands, qui ne parlaient pas le français, ce qui me permit de garder le silence et de faire des observations. Le repas fut somptueux et servi dans de la vaisselle plate en vermeil, qui fut remplacée au dessert, par un service en porcelaine de Sèvres, sur laquelle étaient représentés les châteaux de France.

J'imagine que ce service avait été donné au roi de Bavière par Napoléon Ier.

Après le repas, il y eut une grande réception, au cours de laquelle le nouveau Régent se fit présenter les envoyés extraordinaires. Je fus présenté par M. Jules Cambon, ambassadeur de France.

Le Prince Louis échangea avec moi quelques paroles et me

pria de remercier le Prince de Monaco de l'attention qu'il avait eue de se faire représenter aux obsèques de son père.

Ce prince avait 67 ans, portait des lunettes et avait un air hirsute, qui convient mal à la dignité royale. Sous la régence de son père sa plus grande occupation était la chasse.

Il affirma toujours des sentiments particularistes. Il fit cependant la guerre de 1886, au cours de laquelle il reçut une blessure, qui l'éloigna du service actif.

Il avait neuf enfants : trois fils et six filles.

Au cours de cette réception le Prince héritier Ruprecht vint causer avec moi.

Il me produisit une excellente impression et j'avoue que j'éprouvai, par la suite, une grosse déception lorsque je vis que, pendant la guerre de 1914-1918, il avait toléré dans le groupe d'armées qu'il commandait, les procédés barbares en usage dans l'armée allemande.

Il tranchait, par son allure franche et aimable, sur les autres princes bavarois qui avaient l'air lourd et embarrassé : je remarquai même parmi eux, un être chétif, revêtu d'un uniforme de général et qui avait l'air complètement ahuri : c'était je crois, un frère du prince Ruprecht.

Dans le courant de 1913, après un séjour de près d'un mois, que je venais de faire au Palais de Monaco, j'eus le désir d'aller faire une visite à mon frère, qui était chef d'état-major du général commandant la cavalerie en Algérie.

Je voulais profiter de cette visite pour faire un voyage circulaire en Algérie et en Tunisie et revoir ce pays, que je n'avais pas revu depuis plus de trente ans.

Je m'embarquai à Marseille le 12 avril sur le paquebot « La Ville d'Alger » de la compagnie transatlantique et je commençai mon voyage par Oran.

Je rencontrai sur ce bateau le Prince Don Carlos d'Espagne, avec sa femme la princesse Louise d'Orléans, qui se rendaient au Maroc, je crois, après un arrêt en Algérie.

J'avais déjà vu ce prince à Munich aux obsèques du Régent de Bavière, où il représentait le Roi d'Espagne.

Je fus ravi de me retrouver sur cette terre d'Algérie, que j'aime tant et je fus émerveillé de la transformation de la ville d'Oran.

Mon voyage se continua par Alger, où je restai trois jours

avec mon frère, puis par Biskra, Batna, où je visitai les ruines si intéressantes de Timgad, Constantine, Bône, où je retrouvai mon ami Revertégat, au mariage duquel j'avais assisté trente ans auparavant, dans cette même ville.

Je me rendis ensuite à Tunis et j'eus le plaisir, au départ de Bône, de traverser en chemin de fer le terrain dont j'avais fait la carte en 1883.

Je n'étais pas revenu à Tunis depuis 1881. Il m'eut été difficile de reconnaître cette ville, qui est devenue une grande ville européenne.

Le quartier de la marine qui, à cette époque, était un terrain vague, était maintenant couvert de très belles maisons et de monuments importants.

Les quartiers indigènes et en particulier les Souks, n'avaient pas beaucoup changé, mais ils avaient été aérés et surtout ils étaient tenus proprement. Après avoir fait les excursions classiques du Palais du Bardo, à Carthage et à Saint-Louis, je m'embarquai sur le paquebot le « Carthage », qui me ramena à Marseille le 26 avril.

Mon voyage avait été rapide, mais j'avais été bien heureux de revoir tous ces pays, où j'avais vécu quelques années de ma jeunesse.

Au mois d'avril 1914 je fus invité par le Prince de Monaco à venir passer quelque temps au palais de Monaco, avec ma femme, et à assister aux fêtes, qui furent données pour le 25e anniversaire de son avènement au trône.

Ces fêtes furent très brillantes et furent couronnées par une grande réception, dans les très beaux salons du Palais, au cours de laquelle je fis la connaissance de M. de Schoen, ambassadeur d'Allemagne en France, qui devait quelques mois après remettre la déclaration de guerre à notre ministre des affaires étrangères.

Quelques jours après notre retour à Paris, nous partions, ma femme et moi, pour faire en Angleterre un petit voyage, que nous avions projeté depuis longtemps.

Cette année 1914, dont les derniers mois devaient être si terribles et si angoissants pour la France, s'écoulait paisiblement et à Paris on ne songeait qu'à s'amuser et à danser le tango, lorsque le 28 juin, on apprit l'assassinat à Seravejo de l'archiduc Ferdinand, héritier présomptif de l'empire d'Autriche-Hongrie et de sa femme, assassinat qui fut le prétexte, recherché depuis longtemps, par l'Autriche poussée par l'Allemagne, de présenter à la Serbie un ultimatum inacceptable, qui devait déclancher la guerre mondiale.

Je me trouvais le 26 juillet à Lourdes, où j'étais venu assister au Congrès Eucharistique, lorsque j'appris, par les journaux, que cet ultimatum venait d'être envoyé à la Serbie.

Je n'eus pas, à ce moment, l'ombre d'un doute et je fus tellement convaincu que cette brutale mise en demeure allait amener la guerre que je rentrai chez moi, à la campagne, pour attendre les événements.

Mon attente ne fut pas de longue durée, car le premier août la mobilisation fut décrétée.

CHAPITRE XI

Guerre contre l'Allemagne (1914-1918)

Après mon passage au cadre de réserve, j'avais reçu un ordre de mobilisation, me prescrivant de me rendre, le premier jour de la mobilisation, à Alençon, où je devais prendre le commandement de la 166ᵉ brigade d'infanterie territoriale.

Pour me conformer à cet ordre, je quittai ma propriété de Chavagnac, le 2 août et, après m'être arrêté quelques heures à Paris, pour prendre mes effets militaires, j'arrivai à Alençon le lendemain à 7 heures du soir. La mobilisation de la 166ᵉ brigade était terminée le 5 et je partis ce jour-là pour Paris, où ma brigade devait faire partie de la garnison du camp retranché.

Mon quartier général fut établi à la caserne de Reuilly et mes deux régiments furent répartis dans les casernes de Reuilly de Clignancourt, des Tournelles et dans les forts du Nord et de l'Est de Paris, depuis Saint-Denis jusqu'à Joinville-le-Pont.

Je m'occupai, pendant tout le mois d'août, de l'instruction des hommes de ma brigade et de la remise en mains de ces territoriaux, qui avaient complètement perdu l'esprit militaire.

Les officiers, sauf deux ou trois officiers supérieurs de l'armée active retraités, étaient pour la plupart, aussi ignorants que leurs hommes, des règlements militaires.

Ils apportaient beaucoup de bonne volonté, mais il était difficile de faire quelque chose de bien avec de pareils éléments.

J'avoue que ce n'est pas sans anxiété que j'envisageai la possibilité de conduire au feu cette brigade.

Les Allemands approchaient cependant de Paris et très vraisemblablement nous allions être engagés avant peu.

Je reçus, en effet, le 1ᵉʳ septembre, l'ordre de partir avec ma brigade pour Béthencourt au nord de Paris et de mettre en état de défense le secteur qui se trouvait en avant de la lisière nord de la forêt de Montmorency. La 166ᵉ brigade avait été constituée, avant le départ de Paris, en brigade mixte, comprenant les deux régiments d'infanterie, un groupe d'artillerie et un régiment de cavalerie.

Je partis de Paris le 2 et j'arrivai le 3 à Béthemont. Je m'occupai, dès le jour de mon arrivée, de la mise en état de défense de tout le terrain entre la forêt de Montmorency au sud et la forêt de l'Isle-Adam au Nord.

Au moment où j'arrivai à Béthencourt, la première armée allemande, commandée par le général von Kluck, marchait sur Paris.

Le 4 septembre, elle avait ses avants-postes dans la région de Senlis et de Compiègne.

Je pouvais donc m'attendre à me trouver en sa présence, un jour ou l'autre, lorsque j'appris que von Kluck, abandonnant la vallée de l'Oise et sa marche sur Paris, se dirigeait au sud-est, vers la Marne.

J'avoue que je poussai un large soupir de satisfaction, car j'étais persuadé que les Allemands entreraient dans la capitale sans aucune difficulté.

La défense du camp retranché de Paris n'était nullement organisée et sa garnison était réduite à 3 ou 4 divisions territoriales, qui étaient certainement composées de braves gens, mais qui étaient incapables de résister aux troupes organisées allemandes.

Le général Galliéni, gouverneur militaire de Paris, avait bien affirmé, dans la proclamation qu'il avait lancée au moment où le gouvernement partait pour Bordeaux, que chargé de la défense de Paris, il pousserait cette défense jusqu'au bout, mais cette proclamation, si elle avait maintenu le moral de la population à un niveau très élevé, ne lui donnait pas les moyens de résistance qu'il n'avait pas.

Le général commandant la zône nord, dont ma brigade faisait partie, était mon camarade de promotion de Saint-Cyr, le général Mercier-Milon.

Il m'avait confié le soin de surveiller les ponts de l'Oise, depuis le pont de Beaumont, que l'on avait fait sauter, jusqu'à Pontoise.

Tous ces ponts étaient minés et j'avais placé, auprès de chacun d'eux, un détachement du génie, chargé de les faire sauter si l'ennemi approchait. Entre temps j'avais installé mon quartier général à Bessencourt, un peu en arrière de Béthemont.

La cavalerie faisait des reconnaissances journalières. Le 6 septembre, un peloton de dragons, qui s'était avancé jusqu'au pont de Beaumont, avait reçu des coups de fusil.

Il y avait donc encore, dans ces parages, des coureurs ennemis. Quelques-uns de ces coureurs pénétrèrent même jusque dans la forêt de l'Isle-Adam, car mes cavaliers ramenèrent deux chevaux allemands, avec leurs harnachements, qu'ils avaient trouvés dans la forêt.

L'armée von Kluck, s'étant éloignée de Paris, cela nous donna plus de tranquillité et nous permit de continuer et de perfectionner la mise en état de défense de la forêt de Montmorency et de ses abords.

Sur ces entrefaites, je reçus ma nomination au grade de général de division à titre temporaire, et, quelques jours après, je reçus le commandement de la 86ᵉ division d'infanterie territoriale, dont le quartier général était à Saint-Brice en Forêt.

Cette division faisait également partie de la zône nord du camp retranché et ses avants-postes prolongeaient à l'est ceux de la 166ᵉ brigade.

Pendant que j'exerçais le commandement de la 86ᵉ division je mis tous mes soins à perfectionner la mise en état de défense du front qui lui était affecté.

L'ennemi s'était éloigné dans le sud-est, mais ses coureurs parcouraient toujours la région qui était devant nous.

Ils vinrent même jusqu'à Luzarches, où ils tuèrent, d'un coup de fusil, un maréchal des logis de dragons, qui était en reconnaissance.

Le 27 septembre je reçus l'ordre de me rendre à Châlonssur-Marne, pour me mettre à la disposition du général Foch, commandant la 9ᵉ armée.

Le surlendemain, je me présentai à ce général, qui me désigna pour le commandement de la 52ᵉ division de réserve, qui occupait Reims et dont le général venait d'être tué.

Le général Foch me donna une automobile pour me rendre à Reims et me conseilla de m'arrêter au fort de Montbré, où j'avais des chances de rencontrer le général Humbert, qui commandait le groupement dont faisait partie la 52e division.

Je suivis ce conseil et je trouvai, en effet, le général Humbert sur une terrasse du fort, d'où il avait des vues très étendues sur le front que son groupement avait à défendre.

Je ne connaissais pas le général, mais il avait appartenu, pendant quelques années, à l'Infanterie coloniale et j'en avais entendu dire beaucoup de bien.

Je savais, en outre, qu'à la bataille de la Marne, où il commandait la division marocaine, il s'était couvert de gloire et avait fortement contribué à la victoire.

Je fus donc heureux de faire sa connaissance.

C'était un homme jeune et très aimable, avec lequel j'eus d'excellents rapports, pendant tout le temps que je restais sous ses ordres.

Il me mit, en quelques mots, au courant de la situation et cela lui fut d'autant plus facile que nous avions sous les yeux la plus grande partie du terrain, sur lequel nous devions agir.

Une partie du front de ma division échappait cependant à nos vues, toute celle qui se trouvait à l'ouest de Reims.

Le général m'expliqua le rôle de cette division, qui consistait, avant tout, à couvrir cette grande ville au nord et à l'ouest.

Elle se reliait à l'est à la Butte de Tir, que nous apercevions du fort, à la 42e division, commandée par le général Grossetti.

A l'ouest de Reims, la 52e division, dont j'allais prendre le commandement, était en liaison avec une division du 3e corps, commandée par le général Mangin.

Muni de tous ces renseignements, je quittai le général Humbert et je me rendis au quartier général de la 52e division, qui était installé dans une grande usine, située dans le faubourg de Vesle.

Le faubourg de Fléchambeau, par lequel je pénétrai à Reims, était à peu près intact et la jolie petite église de ce faubourg, Sainte-Clotilde, n'avait encore reçu aucun obus.

Le général Siben, qui commandait par intérim la 52e division, me rendit compte, en me remettant le commandement, du rôle spécial de la division, qui était de défendre la ville contre les attaques incessantes des Allemands, qui occupaient des positions très rapprochées et en particulier les forts de

Brimont, de Fresne, de Vitry-les-Reims, de Beru et de Nogent l'Abbesse.

Le front de la division s'étendait depuis la Neuvilette, sur les cavaliers de Courcy à l'ouest, jusqu'à la Butte de Tir à l'est en passant par la ferme Pierquin et le village de Bétheny. Les Allemands ne cessaient de bombarder la ville et leurs postes avancés venaient jusqu'au Linguet, groupe de maisons sur la route, à deux kilomètres environ du faubourg Cérès, qui était déjà en partie détruit.

La cathédrale et tout le quartier qui l'entoure étaient tout particulièrement visés.

Cette splendide église, où les rois de France venaient se faire sacrer, était déjà très endommagée, le toit s'était effondré, la tour ouest qui, au moment de la déclaration de guerre, était entourée d'un échafaudage en bois, avait été calcinée par l'incendie de cet échafaudage et les statues, qui l'ornaient, étaient pour la plupart détruites. L'intérieur lui-même avait été très abîmé, car au moment où le bombardement commença, de nombreux blessés allemands y étaient abrités, couchés sur de la paille qui prit feu et dont les flammes calcinèrent les pierres de plusieurs pilliers et les charmantes statuettes qui ornaient la face intérieure de la façade.

Les vitraux étaient en partie détruits, mais la voûte n'était pas encore percée.

La situation de la ville était précaire, car elle n'était défendue par aucun ouvrage.

Aucune tranchée sérieuse n'était encore construite et les troupes de la défense n'étaient abritées que par des petits fossés qu'elles creusaient, au petit bonheur, avec leurs outils portatifs.

Deux points d'appui sérieux étaient cependant organisés, mais la droite de la division ne s'appuyait sur aucun ouvrage et avait devant elle un terrain complètement découvert, qui, s'il facilitait le tir, donnait aussi à l'ennemi la possibilité de prononcer des attaques dangereuses.

Dès ma prise de commandement, je passai une inspection détaillée du front, que je devais défendre et j'avoue que je fus un peu effrayé de la situation. Ces inspections sur le front n'étaient pas sans danger et c'est en revenant de visiter un des points de la ligne que mon prédécesseur avait été tué. Aucun cheminement ne permettait de se rendre aux avant-postes, en plein jour, car l'ennemi avait des vues sur tout le terrain découvert en avant de Reims.

On était obligé de se faufiler d'un arbre à l'autre, le long des fossés des routes.

Les Allemands, installés dans les tranchées, avaient d'excellentes lunettes et tiraient sur tous les mouvements qu'ils apercevaient.

Dès que je me fus rendu compte de la situation je donnai l'ordre au commandant du génie de la division d'étudier un système de tranchées, qui permettait de se rendre aux avant-postes par des cheminements défilés et aux généraux de brigade de faire couvrir les avant-postes, par une ligne de tranchées ininterrompue, de la droite à la gauche.

Tout le monde se mit au travail et, au bout de quelques jours, le front nord de Reims était garni d'un système de solides tranchées, qui lui ont permis de résister pendant quatre ans aux attaques des Allemands.

Pendant le mois d'octobre la division eut des alertes fréquentes, mais elle n'eut à faire à aucune attaque bien sérieuse.

De mon côté, je fis, en collaboration avec le général Mangin, une petite opération qui réussit très bien.

Les Allemands occupaient, sur les cavaliers de Courcy, un pont, qui leur permettait de passer d'une rive à l'autre du canal et qui facilitait leurs attaques. Le général Mangin et moi nous nous entendîmes pour prononcer une attaque de ce côté, afin de nous emparer de ce pont, qui devait par la suite nous rendre de grands services.

Cette attaque réussit très bien et avec des pertes légères. Le 25 octobre le général Humbert vint à mon quartier général et me dit qu'il avait reçu l'ordre de se rendre, avec son État-major, sur l'Yser et que j'étais désigné pour le remplacer dans le commandement du Secteur de Reims.

Je reçus, en effet, quelques heures après, une lettre de service, me conférant ce commandement très important, qui équivalait à un commandement de corps d'armée.

Il comprenait, en effet, trois fortes divisions, la 51e division, la 52e division et la division marocaine, plus quelques régiments de territoriaux non endivisionnés.

Ce secteur occupait un front de 24 kilomètres environ et s'étendait de la Neuvilette à l'ouest jusqu'à Prunay à l'est.

Le quartier général était établi à Rilly-la-Montagne, au pied de la Montagne de Reims.

J'avoue que je fus un peu effrayé de la grosse responsabilité qui allait m'incomber, d'autant plus que le général Humbert, emmenant tout son état-major, j'allais avoir à faire face à une situation difficile, avec un état-major formé à la hâte et qui n'était nullement au courant des affaires du secteur.

Le général Humbert voulut bien me laisser, pendant quelques jours, deux officiers qui guidèrent les premiers pas de ceux qu'on m'avait envoyés.

Le chef de l'Etat-Major qu'on m'avait donné, le commandant Chédeville, était heureusement un homme très intelligent, qui se mit vite au courant et qui donna une heureuse impulsion à ses officiers.

Dès ma prise de commandement je fis la visite de tout le front du secteur et je me rendis compte qu'il existait deux points faibles sur ce front. L'un du côté de la butte de Tir, à la liaison entre la 51e et la 52e division où les lignes de tranchées ne se raccordaient pas, l'autre à la ferme d'Alger, sur la route de Châlons, tout près du fort de la Pompelle, où les Allemands avaient pu, à la faveur des petits bois de pins, placés sur les pentes, descendant du massif de Béru, construire leurs tranchées à une cinquantaine de mètres de la ferme.

C'est, du reste, à cet endroit que, pendant 4 ans, les Allemands essayèrent inutilement de percer la ligne. La ferme d'Alger était le théâtre de luttes presque quotidiennes, luttes qui se passaient à ciel ouvert ou sous terre, au moyen de mines.

Cette partie du front était heureusement défendue par l'héroïque division marocaine qui, sous le commandement du général Blondlat, de l'infanterie coloniale, maintenait les traditions de l'armée coloniale. C'était la même division qui, au château de Mondement, s'était couverte de gloire et avait largement contribué à la victoire de la Marne.

J'avais beaucoup connu le général Blondlat au Tonkin et je savais que je pouvais compter sur lui.

Il a été nommé général de division et a commandé, pendant plus de deux ans, un des corps d'armée coloniaux.

Le secteur de Reims, dépendait depuis quelque temps, de

la 5e armée, qui était commandée par le général Franchet d'Espérey, que j'avais connu en Algérie, en Tunisie, au Tonkin et qui était arrivé en Chine au moment où j'en partais.

Le général Franchet d'Espérey a, depuis, commandé un groupe d'armées et a remplacé le général Guillaumat à l'armée d'Orient, où il imposa à l'armée bulgare un armistice, qui provoqua la désagrégation de la quadruple alliance.

Indépendamment des soins que j'apportai à renforcer les défenses du front qu'occupaient mes troupes, je m'occupai très activement de l'organisation d'une deuxième ligne de défense, en arrière de Reims, où j'aurais pu me cramponner dans le cas où les Allemands m'auraient chassé de cette ville.

Le travail, les préoccupations, les insomnies provoquées par le bombardement continuel et aussi les fatigues de mes visites journalières dans les tranchées, pendant un hiver froid et pluvieux, eurent bien vite raison de ma santé, et à la fin de janvier, je ressentis des douleurs très violentes, qui préoccupèrent mon docteur, qui exigea que j'aille à l'hôpital militaire du Val de Grâce à Paris, pour me faire radiographier.

Je fus désolé d'abandonner le poste qui m'avait été confié, mais je dus obéir à mon médecin et je quittai Rilly-la-Montagne le 10 février, pour me rendre à l'hôpital où, pendant quatre mois, je reçus les soins éclairés du professeur Chauffard.

Le secteur de Reims ne pouvait pas, je le compris fort bien, rester sans commandement et, quelques jours après mon entrée au Val de Grâce, je fus avisé par le Ministre que j'étais remplacé dans mon commandement par le général Mazel.

A ma sortie de l'hôpital, je fis les démarches les plus pressantes pour obtenir un autre commandement, mais, à cette époque, on se débarrassait, dès que l'occasion se présentait des vieux généraux, que l'on avait été bien heureux cependant de trouver au moment de la mobilisation.

Il fallait bien faire de la place aux Jeunes Turcs ! ! !

A partir de ce moment je suivis en spectateur, et en rongeant mon frein, toutes les phases de ce drame grandiose qui, à plusieurs reprises, faillit se terminer par l'effondrement de la France, mais qui, grâce à Dieu et grâce aussi à l'intervention des Américains, se termina par le triomphe des alliés.

Ma carrière militaire était terminée et, pendant les trois

années et demie que dura encore cette guerre mondiale, je gardai l'épée au fourreau.

De temps à autre j'endossai encore l'uniforme pour accompagner le Prince de Monaco à des cérémonies, telles que celle de l'enterrement du général Galliéni ou à des visites au Souverain Pontife et aux rois d'Angleterre, d'Italie, de Belgique et d'Espagne.

C'est ainsi qu'au mois de juin 1916, nous nous rendîmes à Londres, où le prince fut reçu à déjeuner dans l'intimité chez le roi Georges V à Buckingham Palace, pendant que moimême je déjeunais à la table des officiers du Palais.

A ce repas je fus un peu surpris de voir que l'on ne servait comme boisson que de l'eau ou de la limonade. Sa Majesté avait décidé que, pendant la guerre, on ne consommerait pas au Palais de boissons alcoolisées. Je n'eus pas l'honneur d'être reçu par le Roi, qui, ce jour-là était, paraît-il, dans une fureur indescriptible, car il venait d'apprendre que le général Lord Kitchener, venait de trouver la mort en se rendant en Russie.

Le bateau sur lequel il se trouvait avait été torpillé par un sous-marin allemand.

En sortant de Buckingham Palace le Prince rendit visite à Monsieur Asquith, président du Conseil des Ministres et à Sir Edward Grey, Ministre des affaires étrangères.

Le lendemain, j'accompagnai son Altesse Sérénissime dans la visite qu'il fit à la Reine-Mère Alexandra à Marlborough House.

J'eus le grand honneur, à l'issue de l'audience du Prince, d'être présenté à cette très aimable princesse, qui voulut bien causer un moment avec moi et qui m'invita à signer sur son registre d'autographes.

La reine Alexandra, malgré son âge avancé, était encore belle et avait une physionomie très sympathique.

Elle parlait avec une grande abondance, peut-être pour éviter de répondre à ses interlocuteurs, car elle est très sourde.

Elle avait auprès d'elle la Princesse Victoria, sa fille, qui est également très aimable.

Nous eûmes la chance de rencontrer à Londres, à l'hôtel, où nous étions descendus, plusieurs ministres français, dont le Président du Conseil, M. Briand, qui, accompagné de MM.

Clémentel, Denys Cochin, général Roque et du général Joffre, était venu assister à une conférence des alliés.

M. Briand invita le prince à profiter de son bateau et de son train spécial pour rentrer en France.

Nous fûmes enchantés de cette bonne fortune, qui nous permit d'arriver à Paris à 22 h. 30 après être partis de Londres à 14 h. 30.

Cela nous faisait gagner vingt-quatre heures.

Je pus constater que toutes les précautions étaient prises pour que le bateau, qui portait Leurs Excellences, ne soit pas torpillé.

Ce bateau fut escorté entre Folkestone et Boulogne par une rangée de torpilleurs français à droite, par une rangée de torpilleurs anglais à gauche, pendant qu'un autre torpilleur croisait à l'avant et qu'un aéroplane, dès que le bateau fut en vue des côtes de France, éclairait la route.

Le Prince de Monaco, ayant été invité par le roi d'Italie, à venir visiter le front italien et à s'installer au quartier général royal, nous partîmes de Paris le 13 juillet 1916 au soir.

A Modane, nous trouvâmes le capitaine de frégate Moreno, aide de camp de Sa Majesté, qui était venu au-devant du **Prince.**

Nous partîmes dans un **train** spécial, qui, après la traversée du Mont Cenis, nous amena à 14 h. 30 à Turin, où nous devions rester jusqu'à minuit.

Nous fûmes conduits au Palais Royal, où une installation était préparée pour que nous puissions nous reposer.

Je profitai de cette occasion pour visiter Turin, que je ne connaissais pas.

Le peu de temps que j'y restai me permit simplement d'avoir un aperçu de cette grande ville, ancienne capitale du duché de Savoie, puis du royaume du Piémont.

Turin commande toutes les routes des Alpes qui permettent de passer en France.

C'est à cette situation qu'elle doit son importance.

Les rues sont larges, tracées à angle droit et bien bâties.

Il y a peu de monuments à Turin et je ne vois guère à citer que la cathédrale San Giovanni Baptista, qui est du XVe siècle, qui est peu remarquable comme architecture, mais qui contient des fresques et des tableaux intéressants et le Palais Royal qui est imposant par sa masse.

Il contient le Musée royal des armures, que je pus visiter grâce à l'obligeance de son conservateur et qui m'intéressa beaucoup.

Nous quittâmes Turin à minuit, par train spécial pour nous rendre au quartier général du Roi, qui se trouvait dans le Frioul.

Nous arrivâmes le lendemain matin à 10 heures, à la gare de Pasian-Schianovèse, où nous trouvâmes Sa Majesté le roi Victor-Emmanuel III, qui était venu au-devant du prince.

Après les présentations nous prîmes place dans l'automobile du Roi, pour nous rendre à son quartier général qui se trouvait à 14 kilomètres de la gare.

Un logement avait été préparé pour le Prince et pour moi, dans une villa voisine.

S. M. le roi d'Italie, S. A. S. le prince de Monaco,
Le général Brussatti, le général de Pélacot.

Le quartier général de Sa Majesté était installé dans une villa fort modeste, près du village de Terréano, à 8 kilomètres d'Udine, la métropole du Frioul, siège du grand quartier général du général Cadorna.

Le roi Victor-Emmanuel III est petit, mais d'une allure très alerte.

C'est un homme charmant, très intelligent, très vif et d'une simplicité étonnante.

Pendant les quatre jours, que nous passâmes auprès de lui,

il fut pour le Prince et pour moi, d'une amabilité et d'une prévenance vraiment délicieuses.

Nous employâmes ces quatre journées à faire des visites au front. Nous partions le matin, vers 8 heures et demie, dans une automobile, dans laquelle le Roi et le Prince prenaient place

Le roi d'Italie,
le prince de Monaco, le général de Pélacot
dans les tranchées italiennes.

sur le siège de derrière. Le général Brussati, aide de camp général du Roi et moi sur le siège de devant et nous roulions jusqu'au soir, ne nous arrêtant que pour prendre notre déjeuner, lorsque nous trouvions un site agréable.

Ce déjeuner était porté sur une automobile, qui suivait celle dans laquelle se trouvaient trois ou quatre officiers, dont le lieutenant de vaisseau Bourée, aide de camp du Prince de Monaco, qui faisait partie de ce voyage.

Chacun de nous avait son déjeuner, contenu dans un paquet portant le nom du destinataire. C'était tout à fait charmant ! Le premier jour, après le déjeuner pris à la table du Roi, nous partîmes pour nous rendre à Aquiléa.

Cette petite ville se trouve au fond du golfe de Trieste. Elle est située à 8 kilomètres au-delà de l'ancienne frontière italienne et fut à l'époque romaine, une cité très importante, qui fut rasée par Attila au V° siècle. Les Italiens s'en emparèrent dès le commencement des hostilités en 1915.

Le roi nous fit monter dans le campanile, d'où on a une

vue très étendue. On domine le Carso et on aperçoit Trieste
dans le lointain.

En quittant Aquiléa nous traversâmes l'Izonzo, sur un pont
de fortune et toute cette plaine, qui avait été le théâtre des
premières hostilités entre les Autrichiens et les Italiens.

Nous rentrâmes au quartier général, après avoir traversé
Cormans et Udine.

Pendant tout notre séjour auprès du roi, nous prîmes nos
repas à sa table, où se trouvaient également une douzaine
d'officiers attachés à son état-major.

Le roi d'Italie et le prince de Monaco
dans les tranchées italiennes.

Le Prince de Monaco était à la droite du Roi, moi à sa gauche et le général Brussati en face.

Le deuxième jour, nous nous rendîmes au Mont Stall après
avoir traversé un massif montagneux, dont les habitants sont
des Slaves.

Du reste, on peut dire que tous les habitants des Alpes Juliennes, appartiennent à cette race.

Nous admirâmes les routes superbes, admirablement entretenues, que les Italiens avaient construites dans ces régions
abruptes.

Je dois avouer que, dans ce voyage, je fus émerveillé par les travaux faits par l'armée italienne et par l'ordre avec lequel les ravitaillements étaient faits.

Les Italiens sont réputés comme des terrassiers de premier ordre et cette réputation n'est réellement pas usurpée.

Les sommets du Mont Stall étaient occupés par l'artillerie italienne.

Nous pûmes apercevoir en face le Rombon et le Polonick, sur lesquels se trouvaient les tranchées autrichiennes.

Je n'ai jamais pu comprendre comment ce massif montagneux, si facile à défendre et qui paraissait bien organisé, a pu être occupé sans coup férir, lors de l'offensive autrichienne le l'automne de 1917.

Il est vrai que les Autrichiens avaient reçu des renforts importants allemands et que l'attaque fut dirigée par le général Von Bellow.

L'effort décisif, partant de la base des Alpes Juliennes, entre Plezzo et Tolmino, fut orienté vers le sud-ouest, ayant approximativement comme axe la route Caporetto-Cividale-Udine, justement celle que nous venions de suivre.

L'arrivée rapide autour d'Udine, de l'armée austro-allemande, retrécit d'une trentaine de kilomètres, l'espace libre dont les armées italiennes de Gorizia et du Carso disposaient pour leur retraite. Celle-ci, par suite, privée de la liberté de manœuvre, s'effectua dans des conditions difficiles jusqu'au Tagliamento.

Après une brève préparation d'artillerie d'une intensité formidable, l'attaque austro-allemande fut déclanchée le 24 octobre au matin.

Du premier coup elle enleva la ville de Plezzo, déborda le Monte Néro et dépassa partout l'Izonzo.

Le front italien fut immédiatement percé sur quatre secteurs différents.

Le 17 juillet le roi nous mena dans le massif de la Dayna. Notre déjeuner eut lieu dans les magasins des subsistances de la Carnia. Nous fûmes très intéressés par l'organisation parfaite de ces magasins, situés au pied des montagnes.

Le 18 nous allâmes dans la haute vallée du Judico. Nous fîmes une halte à la chapelle de la Condra, d'où nous vîmes très distinctement les tranchées, faites par les Autrichiens sur le Zagora. Nous eûmes de ce point une très belle vue sur Gorizia.

Le jour même nous quittâmes le quartier général du Roi et nous prîmes le train à Passian-Schianovèze à 18 h. 25.

Avant notre départ le Roi m'avait remis le Grand Cordon des Saints Maurice et Lazare.

Le Prince de Monaco avait formé le projet d'aller faire une visite au Pape, mais, comme il venait d'être l'hôte du Roi, il ne pouvait s'installer directement à Rome, pour faire cette visite.

Il fallait cependant trouver une combinaison pour que le Prince put être reçu par le Saint-Père.

Après de longs pourparlers les diplomates accouchèrent de la chinoiserie suivante :

Le Prince irait s'installer à Viterbe, sous prétexte de visiter les curiosités de cette ville ; il irait ensuite en excursion à Rome et, au cours de cette excursion, une audience lui serait accordée par Sa Sainteté.

C'était une véritable combinazionne, qui sauvait les apparences, mais qui obligeait le Cardinal Secrétaire d'Etat à venir rendre sa visite au Prince à Viterbe.

Nous nous rendîmes donc, dans cette ville, le 19 juillet. En ce qui me concerne je ne fus pas fâché de cet arrêt dans une ville très intéressante.

Viterbe est, en effet, entourée de vieilles fortifications et contient des monuments très curieux, entre autres la cathédrale de Saint-Laurent, qui est un monument gothique, renfermant les tombeaux des papes Jean XVI, Alexandre IV, Alexandre V et Clément IV.

Les autres églises, très nombreuses, contiennent beaucoup de tableaux intéressants.

Les rues sont étroites, sombres, escarpées, mais bien dallées,

Il existe, dans Viterbe, de nombreuses fontaines, dont quelques-unes sont anciennes et ont fait donner à cette ville le surnom de ville des belles femmes et des belles fontaines.

Nous nous rendîmes le lendemain à Rome de très bonne heure et nous descendîmes à la Légation de Monaco, auprès le Vatican, où nous eûmes à peine le temps de passer notre habit.

Nous nous rendîmes ensuite au Vatican, où le Prince fut reçu avec les honneurs réservés aux Souverains.

Un prélat, entouré de gardes nobles et de camériers de cape et d'épée, vint saluer le Prince à sa descente de l'automobile et le conduisit à l'appartement du Pape, en traversant une quantité de beaux salons, dans lesquels les gendarmes, les gardes suisses, les gardes palatins et les gardes nobles formaient la haie.

Le cortège s'arrêta dans un petit salon, qui précédait la pièce où le Pape Benoît XV se trouvait et le Prince entra seul dans cette pièce.

L'entretien dura un bon quart d'heure et, lorsqu'il fut terminé, le lieutenant de vaisseau Bourée et moi, nous fûmes introduits auprès de Sa Sainteté, qui voulut bien nous adresser quelques paroles aimables.

Le Pape est assez jeune, il porte des lunettes qui dissimulent ses yeux, mais, sur sa physionomie respire la bonté.

En quittant le Souverain Pontife, le Prince fut conduit, avec le même cérémonial, chez Son Eminence le Cardinal Gasparri, Secrétaire d'Etat.

L'audience fut assez longue et, lorsqu'elle fut terminée, le Prince nous présenta au Cardinal, qui l'avait accompagné jusque sur le seuil de son cabinet.

Après ces deux audiences, nous rentrâmes à la Légation de Monaco, où nous déjeunâmes à la hâte, car le Prince devait rentrer à Viterbe, pour recevoir la visite du Cardinal Gasparri.

Le Prince, sachant que je ne connaissais pas Rome, eut l'aimable attention de me dispenser de l'accompagner et me donna rendez-vous à Civita Vecchia, où il devait venir prendre le train, au milieu de la nuit pour rentrer en France.

J'eus donc toute une après-midi pour visiter la Ville Eternelle. C'était bien peu, mais piloté très aimablement par un ami du Ministre de Monaco, je pus voir bien des choses intéressantes.

Nous fîmes la visite de cette immense ville en voiture ou en automobile et je pus me rendre compte de sa topographie.

Je visitai Saint-Pierre et les principales églises, Saint-Jean de Latran, Sainte-Marie Majeure; je vis les ruines du Forum, le Colisée, le Palatin, etc... mais je ne pus, à mon grand regret, visiter le musée du Vatican.

Cette course rapide, au travers de tant de beautés, me donna le désir de revenir à Rome et j'espère bien pouvoir un jour me donner cette satisfaction.

Nous rentrâmes à Paris le 21 juillet, après ce voyage si intéressant sous tous les rapports.

Je reçus, à l'occasion de cette visite au Pape, le grand cordon de Saint-Grégoire, ordre militaire.

Dans le courant de l'année 1917, j'accompagnai le Prince dans la visite qu'il fit au roi des Belges, à son quartier général à la Panne.

Nous partîmes de Paris le 10 juin et nous descendîmes du train à Calais, où nous trouvâmes le capitaine Lauckswaert, aide de camp du roi, qui venait saluer le Prince de sa part et qui nous emmena en automobile à La Panne, située à 60 kilomètres environ de Calais.

A notre arrivée, nous trouvâmes le Roi et la Reine, qui vinrent recevoir le Prince à sa descente de voiture.

Je ne fus pas peu surpris en voyant la Reine Elisabeth se précipiter dans les bras du Prince et l'embrasser sur les deux joues.

Je n'ignorais pas que le Prince connaissait beaucoup cette aimable princesse, car depuis de longues années il allait chasser chez son père, le Prince Charles-Théodore de Bavière, le fameux oculiste, et il avait vu, tout enfant, la future reine des Belges ainsi que ses deux sœurs, qui devinrent l'une la femme du Prince Ruprecht de Bavière, l'autre la femme du duc d'Urach, le cousin du Prince et qui moururent tous les deux prématurément.

La Reine Elisabeth tutoyait même son Altesse Sérénissime.

Je fus heureux d'être présenté au couple royal.

Le roi Albert 1er voulut bien se rappeler qu'il m'avait vu aux obsèques de sa mère, la Comtesse de Flandre et à l'enterrement du Prince Luitpold, Régent de Bavière.

La Reine eut la bonté de me faire un accueil très aimable.

Le roi Albert 1er est un homme admirable, dont l'histoire conservera un souvenir impérissable, pour l'attitude si digne et si chevaleresque qu'il eut lorsque les Allemands le mirent en demeure de choisir entre l'envahissement de son royaume et une trahison.

C'est un homme timide, à l'abord plutôt froid.

La Reine Élisabeth, au contraire, a un caractère très gai et très expansif. Sa figure respire le naturel et la bonté. Cette femme, allemande d'origine, oublie sa nationalité, pour ne plus penser qu'à ses devoirs comme reine des Belges.

Elle eut, pendant cette triste campagne, une conduite héroïque ; elle quitta son mari, quelques jours seulement, pour aller mettre ses enfants à l'abri en Angleterre, puis revint auprès du Roi. Elle fit avec lui et les restes de son armée, cette retraite si pénible d'Anvers à l'Yser.

Lorsque le roi installa son quartier général à La Panne dans ce petit coin de la Belgique, non occupé par les Allemands, elle resta auprès de lui et s'installa dans une petite villa, bâtie sur les dunes auprès de la mer, installation bien modeste pour une Reine.

C'est dans cette ville, que nous vîmes le ménage royal. Le Prince et moi fûmes installés dans une villa voisine. Pendant deux jours nous fûmes les hôtes du roi. Nous prîmes nos repas à sa table, qui était une vraie table familiale, à laquelle se trouvaient simplement le premier aide de camp du roi, le général Biébuick et la dame d'honneur de la Reine, la Comtesse de Caraman-Chimay. Les deux soirées que nous passâmes dans la villa royale, resteront dans mes souvenirs, comme deux des plus exquises soirées de mon existence.

Pendant que le roi causait, dans un coin du salon, avec le Prince, je restai en tête à tête avec la reine, qui daigna s'entretenir familièrement avec moi, avec une simplicité et une bonté dont je fus touché. Elle me parla longuement de ses enfants, des événements de la guerre, de ses occupations journalières, des hôpitaux qu'elle avait créés et dont elle s'occupait avec un zèle admirable.

La Reine s'occupait beaucoup de photographie : elle me montra ses albums, qui étaient remplis de souvenirs de la campagne et des portraits de tous les personnages, avec lesquels elle avait été en rapport.

Elle me promit très gentiment de faire ma photographie avant mon départ et de la placer dans sa collection. Ces deux journées furent malheureusement vite passées. Le Prince les employa à visiter, avec la Reine, les hôpitaux et une ambulance qu'elle avait installée tout près du front.

Moi, je fis des excursions en automobile avec la Comtesse de Caraman-Chimay et le capitaine Lanckswaert : nous visitâmes Furnes, Dunkerque et Cassel.

Le matin du jour de notre départ à 6 heures, nous enten-

Sa Majesté la reine des Belges et le général de Pélacot.

dîmes une forte détonation. C'était une bombe lancée par un avion allemand, qui était tombée à une centaine de mètres du quartier général et qui tua deux cavaliers belges : aimable attention du beau-frère de la Reine, le Prince Ruprecht de Bavière, qui commandait le groupe d'armée du Nord et qui, de temps en temps, se rappelait au souvenir de sa belle-sœur en faisant bombarder La Panne soit par des navires, soit par des avions.

Nous quittâmes La Panne le 12 juin et rentrâmes à Paris le soir même.

Avant notre départ, la Reine voulut nous photographier : au même moment la Comtesse de Caraman-Chimay nous photographia, la Reine et moi, pendant que nous causions.

J'eus l'agréable surprise, quelques jours après notre retour à Paris, de recevoir la photographie que la Reine avait faite de moi et qu'elle avait l'aimable attention de m'envoyer avec la date et sa signature. La Comtesse de Caraman-Chimay m'envoyait, en même temps la photographie qu'elle avait faite de la Reine et de moi.

Je conserve ces photographies comme un souvenir précieux de mon séjour à La Panne et je les ai placées sur mon bureau, après les avoir fait encadrer.

Le Prince ne fit pas de voyage pendant cette année 1918, qui soumit les nerfs des Français à une si rude épreuve et qui finit cependant par leur procurer une victoire si complète et si glorieuse.

Le bombardement, par avions et par pièces à grande portée, qui firent de si nombreuses victimes à Paris, l'offensive allemande si critique du mois de mars dans le but de séparer les armées britanniques des armées françaises, la perte par nos troupes du Chemin des Dames et l'avance des Allemands jusqu'à Château-Thierry mirent la capitale dans un grand danger.

L'établissement de l'unité de commandement, l'héroïsme de nos troupes et l'appoint, de plus en plus fort, des armées américaines rétablirent promptement l'équilibre et permirent aux armées alliées et associées de reprendre, dès le milieu de juillet, l'initiative des opérations.

L'habileté du plan de campagne du général Foch, sa manœuvre de l'ennemi, forcèrent bientôt les Allemands à battre en retraite sur tout le front. L'effondrement de la Bulgarie et l'armistice accordé à cette puissance, le 29 septembre, suivi de la capitulation de la Turquie, le 30 octobre et de l'Autriche Hongrie le 3 novembre, placèrent l'armée allemande dans une situation désespérée.

Ses chefs se rendirent promptement compte de cette situation et, pour éviter un désastre complet inévitable, l'Allemagne implora un armistice qui fut signé le 11 novembre.

Les conditions de cet armistice étaient très dures, pas assez dures à mon avis, car à ce moment, on aurait pu obtenir de l'Allemagne tout ce qu'on aurait voulu.

Elle se soumit à toutes les exigences des alliés.

Cette Allemagne si orgueilleuse, consentit à remettre intacte entre les mains des alliés presque toute sa flotte de guerre, cette flotte dont le Kaiser était si fier, et tous ces bateaux furent conduits, quelle honte ! par les amiraux et les commandants allemands dans le port anglais de Scapa Flow, où ils furent désarmés.

Quelques jours après l'armistice, le Prince de Monaco eut le désir d'aller voir ce qu'était devenu son beau château de Marchais, près de Laon, qui avait été occupé pendant quatre ans par les Allemands. Il me demanda de l'accompagner et nous partîmes le 18 novembre, en automobile, avec sa petite fille Mlle de Valentinois.

Notre itinéraire devait nous faire traverser Meaux. Château-Thierry, Fère-en-Tardenois, Fisme, suivre la route de Pontavert à Berry-au-Bac et par Corbény, nous amener à Marchais.

Nous pûmes nous rendre compte ainsi de la dévastation de toute la région que nous traversâmes, dans laquelle on s'était battu pendant 4 ans.

A partir de Fisme, qui n'était plus qu'on monceau de ruines, rien n'existait plus, les arbres avaient été arrachés ou brûlés, la terre elle-même avait été tellement bouleversée que l'humus avait disparu et que l'on ne voyait plus que la craie, qui, dans cette région n'est recouverte que d'une mince couche de terre végétale.

La route de Pontavert à Berry-au-Bac, qui se trouve immédiatement au pied des pentes qui descendent du Chemin des Dames était particulièrement émotionnante. C'était la désolation de la désolation.

La route avait été retapée tant bien que mal et notre auto avait beaucoup de mal à passer. Elle fut du reste très éprouvée, car un longeron fut faussé et notre chauffeur craignait fort qu'elle ne puisse nous conduire jusqu'à Marchais.

Si cet événement s'était produit en cet endroit, je me demande ce que nous serions devenus, car c'était le désert absolu et je ne vois pas comment nous aurions pu nous tirer d'affaire.

Grâce à Dieu l'automobile ne nous abandonna pas et nous arrivâmes sans accident à destination.

Le château de Marchais, qui est une splendide habitation, ayant appartenu à la famille de Guise, a été utilisé de différentes façons pendant l'occupation allemande.

Des états-majors, des formations sanitaires, des parcs d'aviation l'ont successivement occupé. Le parc magnifique, entouré sur trois côtés, par un canal, était planté d'arbres centenaires. Ces vandales ont coupé tous ces arbres ; ils avaient installé dans le parc une scierie électrique, qui les a débités et ce parc, qui était la parure du château, est maintenant complètement dépouillé.

Les arbres de l'avenue qui conduit au château ont heureusement été respectés.

Quant au château lui-même, il n'était pas trop endommagé au moment de la retraite des Allemands, mais tout le splendide mobilier avait été emporté. Tous les aménagements intérieurs, tentures, sonnerie électrique, canalisation pour la lumière électrique, etc... étaient arrachés.

Je crois savoir que la plus grande partie du mobilier, tout au moins les meubles artistiques, qui avait été entreposée à Maubeuge, puis à Bruxelles, a été retrouvée et a repris sa place.

Comment expliquer que ce château de Marchais ait été laissé debout, alors que presque tous les châteaux de la région ont été dévastés ?

Ce n'est certes pas pour ménager le Prince, car il avait été l'objet d'un chantage abominable.

Dès les premiers jours de l'occupation allemande, le général Bulow, sous prétexte que la population avait essayé de rendre impraticable la route, dont les Allemands devaient se servir, avait imposé une pénalité de 500.000 francs au village de Sissonne, voisin du château de Marchais, propriété du Prince de Monaco, en lui adressant la menace écrite d'incendier le village.

Le général von Bulow savait bien qu'en infligeant cette pénalité à quelques centaines de paysans déjà ruinés par la guerre, c'était le Prince qui serait atteint, et, en effet, c'est son Altesse Sérénissime qui a payé pour la majeure partie la somme réclamée.

Le Kaiser voulait se venger de la dépêche que le Prince avait adressée le 21 septembre 1914, au Président de la République.

dès qu'il apprit le bombardement de la cathédrale de Reims. lettre qui se terminait par la phrase suivante : « de tels actes condamnent pour toujours un peuple, une armée, un règne, une dynastie ».

Il est bon d'ajouter qu'en réponse à la pénalité infligée par le général von Bulow, le Prince avait protesté auprès de l'empereur d'Allemagne, qui lui fit adresser par son ambassadeur à Rome, M. von Flotow, une longue lettre dans laquelle se trouvait la phrase suivante : « Votre Altesse Sérénissime peut être assurée que, du côté allemand, sa résidence ne subira aucun dommage. »

Malgré cet engagement la terre, les bois et les jardins de Marchais furent ravagés systématiquement par l'armée allemande, plusieurs dépendances incendiées.

Tout ce que le château renfermait, sauf quelques meubles et tapisseries envoyés à Valenciennes, a été volé. Vers la dernière semaine d'octobre 1918, au départ des Allemands, le château fut bombardé, sa chapelle recevant 4 obus, qui heureusement ne firent que des dégâts insignifiants.

Après la signature de l'armistice, Paris reçut la visite de tous les souverains, dont les troupes avaient combattu auprès de l'armée française.

Le prince de Monaco fit une visite à tous ces monarques et me demanda de l'accompagner.

C'est ainsi que je fus présenté au Roi Georges d'Angleterre, qui était accompagné du Prince de Galles et de son frère le Prince Albert, au Roi des Belges Albert Ier et à la Reine Elisabeth, qui étaient accompagnés de leur fils Léopold duc de Brabant et au roi d'Italie Victor-Emmanuel III qui avait auprès de lui son fils Humbert, Prince du Piémont.

J'assistai également avec le Prince à une représentation de gala, donnée à l'Opéra au mois de mars 1919, en l'honneur de Monsieur Wilson, Président des Etats-Unis d'Amérique.

La capitale, depuis l'armistice, respirait enfin. Cette ville, qui avait supporté si crânement toutes les privations et les bombardements, reprit vite son entrain et son animation.

Cette animation était favorisée par l'énorme quantité d'étrangers, qui vint la visiter ou s'y installer provisoirement.

Les boulevards étaient une véritable tour de Babel, où on

entendait parler toutes les langues. On voyait également les uniformes de toutes les armées alliées ou associées.

Les Américains surtout avaient envahi Paris et occupé tous les appartements disponibles, pour y installer leurs services et les cantines de leur Croix Rouge, de leurs succursales de la Y. M. C. A. (Young men Christian Association) de la Y. W. C. A. (Young women christian association), des chevaliers de Colomb (association catholique), du club Israélite, du club de la Maçonnerie, du club des officiers de l'armée, du club des officiers de l'armée navale, etc...

La Conférence de la Paix avait amené, de son côté, un personnel considérable de chacune des nationalités qui y prenaient part, et la plupart des grands hôtels avaient été réquisitionnés pour loger ce personnel. Bref, Paris n'était plus Paris et bien des Parisiens regrettaient cette affluence d'étrangers, qui venaient déranger leurs petites habitudes.

J'avais le plus grand désir de revoir Reims et ses environs.

Je pus satisfaire ce désir, grâce à l'amabilité du général commandant d'armes, qui dès mon arrivée, mit une automobile à ma disposition.

J'eus le cœur bien serré quand je revis cette ville, que j'avais connue avant la guerre si vivante et si prospère, que j'avais laissée en 1915 avec des quartiers à peu près intacts.

Je la retrouvais complètement détruite, je dis complètement car sur 14.000 maisons, il y en avait à peine une vingtaine à peu près intactes et 2.000 réparables.

La cathédrale, très abîmée, avec sa voûte percée en plusieurs endroits, n'est cependant pas complètement détruite et on espère pouvoir la réparer. La basilique de Saint-Rémy avait très peu souffert au moment où je quittai mon commandement. Je la retrouvai avec la voûte du chœur complètement effondrée.

La façade est heureusement à peu près intacte ainsi que les nefs.

J'employai ma première journée à visiter le front que j'avais défendu, lorsque je commandais le secteur de Reims.

Je tenais à voir tout d'abord le fort de la Pompelle qui, pendant quatre ans, n'avait cessé d'être bombardé.

Je ne retrouvai à sa place qu'un monceau de ruines ; on distinguait cependant encore les fossés, dont la contrescarpe était à peu près intacte. Du fort lui-même il ne restait qu'une amorce de voûte. Je visitai Sillery, Prunay, le château de Romont et je finis ma randonnée par le village de Rilly-la-Montagne, où était installé mon quartier **général**.

Le village avait beaucoup souffert mais la maison que j'avais habitée avait été épargnée.

En rentrant à Reims je passai devant le fort de Montbré et le village de Cormontreuil.

A Reims la maison où se trouvait le quartier général de la 52e division lorsque je la commandais, dans le faubourg de Vesle, n'avait pas trop souffert, son toit cependant avait été enlevé en partie et remplacé par du carton bitumé.

Ma deuxième journée fut consacrée à me rendre sur les positions, qui dominent Reims au nord et d'où les Allemands, pendant quatre ans, bombardèrent cette malheureuse ville.

Une série d'ouvrages couronnaient ces hauteurs et je m'attendais à les trouver complètement en ruines.

Je fus stupéfait lorsque j'arrivai au fort de Witry-les-Reims de le trouver à peu près intact; quelques obus étaient tombés sur les terre-pleins, mais les constructions étaient encore en bon état.

Elles avaient bien reçu quelques écorniflures, mais rien ne compromettait leur solidité.

Je fis la même constatation à la vigie de Berru et au fort de Nogent-l'Abbesse.

C'est ce dernier fort, qui détruisit le fort de la Pompelle et qui rendait si dangereux le séjour dans les tranchées de la droite du secteur de Reims. Je visitai ensuite le fort de Brimont et le cran de Brimont.

Ces deux ouvrages étaient dans le même état que ceux que j'avais vus précédemment. Ils avaient très peu souffert.

La porte du fort de Brimont était bien démolie, mais sa destruction avait été provoquée par les Allemands, qui avant de déguerpir, l'avaient fait sauter.

Quelques jours après, je visitai Soissons ; cette ville a beaucoup moins souffert que Reims, mais cependant des quartiers entiers ont été détruits.

La cathédrale a été très abîmée, mais les ouvriers avaient déjà réparé le chœur et l'abside et on y célébrait le culte.

La voûte s'était effondrée sur la nef, mais on était déjà à

l'ouvrage et il y a lieu d'espérer que ce beau monument sera bientôt complètement restauré.

Dans le courant du mois de mai j'assistai à l'adoption de Mademoiselle de Valentinois, la petite fille du Prince Albert de Monaco.

Cette solennité eut lieu à la Légation de Monaco en présence de M. Raymond Poincaré, Président de la République, de M. Stéphen Pichon, Ministre des Affaires Etrangères, de M. Léon Bourgeois, de M. Le Bourdon, Ministre d'Etat de Monaco et de toutes les autorités de la Principauté.

Le Prince m'avait prié de signer comme témoin l'acte d'adoption.

Son Altesse Sérénissime décerna à cette occasion, le titre de Duchesse de Valentinois à sa petite-fille.

Cette formalité de l'adoption avait été jugée nécessaire pour établir d'une façon irréfutable les droits de la jeune duchesse à la succession de la Principauté. Le Gouvernement français l'avait demandée pour écarter la famille allemande d'Urach qui, en cas de décès du Prince Albert et du Prince Louis, aurait pu faire valoir ses droits à cette succession.

Depuis l'armistice, qui avait rendu à la France l'Alsace et la Lorraine, j'avais un grand désir de visiter ces provinces.

L'occasion s'en présenta tout naturellement.

Ma promotion de Saint-Cyr, qui était entrée à l'Ecole au commencement de 1872 et qui était la première promotion, après la guerre, avait pris le nom de promotion d'Alsace-Lorraine.

Quelques-uns de mes camarades et moi nous eûmes l'idée d'aller faire notre banquet de promotion, dans les provinces nouvellement revenues à la France et nous décidâmes de faire un déjeuner à Strasbourg et un déjeuner à Metz.

Ces déjeuners furent fixés au 5 et au 7 juin.

Je formai le projet de me rendre à Strasbourg en passant par Mulhouse et Colmar.

Je partis de Paris le premier juin et j'arrivai dans la première de ces villes le lendemain.

Mulhouse est une grande ville industrielle qui s'est beaucoup développée depuis la suppression de l'enceinte fortifiée.

Elle n'a qu'un seul monument intéressant : l'hôtel de ville du XVIᵉ siècle.

Les usines sont nombreuses : grandes filatures et tissage de coton, sont en majorité.

Colmar, où je me rendis dans la soirée du même jour, est au contraire une ville très élégante, qui contient un nombre considérable de monuments intéressants, parmi lesquels il faut citer l'église Saint-Martin, l'ancien couvent des Dominicains d'Unterlinden, qui renferme le célèbre musée, le commissariat de police, l'ancienne douane et beaucoup de vieilles maisons des XVIe et XVIIe siècles.

Le trajet de Colmar à Strasbourg, comme d'ailleurs celui de Mulhouse à Colmar, est très intéressant. Le chemin de fer traverse la magnifique plaine d'Alsace, en laissant à gauche les belles montagnes des Vosges.

Strasbourg est une très grande et très belle ville, que les Allemands ont beaucoup développée depuis 1871. Ils en avaient fait un camp retranché très important. La ville, située sur un sol parfaitement uni, est large, bien bâtie, aux rues droites et commerçantes. Elle contient de nombreux monuments intéressants, parmi lesquels il faut mentionner tout d'abord la cathédrale, édifiée au cours du XIIIe siècle. C'est un merveilleux édifice du style gothique, dont la façade décorée de trois portails est une des œuvres les plus parfaites de l'architecture gothique.

Sa fameuse flèche a une élévation de 192 mètres. L'horloge de la cathédrale est célèbre par la perfection de son mécanisme et par ses automates qui viennent sonner les heures.

Il existe encore à Strasbourg plusieurs églises intéressantes, une belle maison renaissance et, parmi les monuments modernes, l'ancien palais du Kaiser, qui est d'un goût douteux, mais dont l'aspect est néanmoins très imposant.

La navigation du Rhin, qui se trouve très près de la ville, de l'Ill et du canal du Rhône au Rhin, favorise beaucoup le commerce qui est florissant à Strasbourg.

Pendant mon séjour dans cette ville je pus faire l'excursion de Sainte-Odile.

Ce pèlerinage célèbre, qui comprend un monastère et une église du XVIIe siècle, est bâti sur un haut promontoire, qui domine la plaine du Rhin.

Il comprend également plusieurs chapelles, dont l'une de

l'époque romane, renferme les reliques de sainte Odile, qui fonda le monastère primitif au VIIe siècle.

En quittant Sainte-Odile je me rendis au château de Haut-Kenigsbourg, que le Kaiser fit construire sur l'emplacement d'un ancien burg.

Cette construction, qui a la prétention de reproduire l'ancien château, est située sur un pic, qui domine toute la plaine et d'où l'on a une vue magnifique, qui s'étend jusqu'à la Forêt Noire.

C'est une construction massive et tout à fait inconfortable.

Je fais le vœu que le Conseil de Guerre qui jugera le Kaiser et qui, certainement, n'osera pas le condamner à expier ses forfaits par la mort, malgré l'immensité de ses crimes, l'envoie finir ses jours dans la solitude du Haut Kœnigsbourg.

Le lendemain, mes camarades et moi, après un confortable déjeuner chez le général Hirschauer, gouverneur de Strasbourg, qui tint à nous offrir notre déjeuner de promotion, nous nous rendîmes au pont de Kehl, pont splendide, qui a remplacé l'ancien pont de bateaux d'avant 1870.

L'officier, qui nous pilotait, nous fit admirer les constructions considérables et les aménagements disposés sur la rive droite du Rhin par les Allemands, pour faire de Kehl, un port très important.

Des travaux ont été commencés sur la rive gauche, pour faire le port de Strasbourg qui, grâce aux facilités qui nous sont accordées par le traité de paix, pourra rivaliser avec le port allemand.

Metz, où nous nous rendîmes, mes camarades et moi, en quittant Strasbourg, ne m'était pas inconnu. Je l'avais visité en 1880 pendant un voyage de l'Ecole de Guerre à Verdun, mais j'avoue que j'eus beaucoup de mal à m'y reconnaître.

La gare a été déplacée et tout un quartier a été bâti autour de ce monument, ce qui me désorienta complètement. Je fus d'abord surpris en voyant l'immensité de cette gare nouvelle, qui est véritablement kolossale.

La ville elle-même n'a pas beaucoup changé; elle conserve le caractère de toutes les villes fortes, avec ses rues étroites et ses maisons élevées.

C'est une place militaire de premier ordre.

Commandant la trouée de la Moselle, les Allemands depuis

1871, l'ont pourvue d'une formidable enceinte de forts détachés, couronnant à l'est les plateaux de Sainte-Barbe et de Colombey, à l'ouest les hauteurs de Gorze et de Saint-Privat.

Metz contient peu de monuments et je ne vois guère à citer que la cathédrale de Saint-Etienne, commencée à 1332, achevée seulement en 1764, ornée d'une flèche de 95 mètres de hauteur et d'admirables verrières.

Le Kaiser Guillaume II avait eu le mauvais goût de se faire représenter dans une statue du portail de la cathédrale.

Un loustic messin, le lendemain de la délivrance de Metz, avait eu l'idée originale d'attacher à ses mains par des menottes une pancarte portant l'inscription : « Sic transit gloria mundi ».

Je pus grâce à l'amabilité du Général de Maud'huy, Gouverneur de Metz, qui mit une automobile à notre disposition, visiter, avec trois de mes camarades, le fort du Mont Saint-Quentin et les champs de bataille de 1870, Amanvillers, Saint-Privat, Sainte-Marie-aux-Chênes, Gravelotte.

Le lendemain, mon ami le général Mercier-Milon et moi, nous allâmes faire une excursion à Luxembourg.

Cette ville est la capitale du grand duché de Luxembourg. Elle est située au confluent de l'Alzette et de la Pétrusse, qu'elle surplombe de très haut.

La première de ces deux rivières l'entoure en partie. Le site est des plus pittoresques.

Luxembourg était jadis très puissamment fortifiée. Elle a été démantelée, à la suite de la neutralisation du grand duché, par le traité de Londres (1867). C'est une petite ville, qui a un commerce et une industrie assez importants.

C'est un nœud de chemins de fer, avec bifurcation sur Nancy, Namur, Liège et Mayence.

Nous repassâmes par Metz pour rentrer à Paris et, en quittant cette ville, nous pûmes constater combien les bombardements par avions, qui furent si fréquemment et si pompeusement annoncés par nos communiqués, pendant la guerre, avaient fait peu de dégâts à la gare de Metz-Sablons.

Le 28 juin, date à jamais mémorable, la paix avec l'Allemagne fut signée à Versailles, dans cette fameuse galerie des glaces, où le roi de Prusse Guillaume Ier avait été proclamé Empereur d'Allemagne, 49 ans auparavant.

Les plénipotentiaires allemands durent avoir le cœur serré en signant ce traité, mais ils durent cependant se réjouir de ce que l'Entente ne profitait pas de sa victoire, si complète, pour détruire cette unité de l'empire d'Allemagne, si néfaste au monde entier, ce qui leur laissait l'espoir de prendre un jour leur revanche d'une humiliation aussi grande.

Le 14 juillet eut lieu la grande fête de la Victoire. J'accompagnai le Prince de Monaco qui avait été invité à y assister dans la tribune du Président de la République.

Nous fûmes donc admirablement placés pour voir le défilé des troupes, auquel prirent part les chefs des armées alliées et des détachements de toutes les armées, qui avaient participé à la Guerre mondiale.

Quel splendide spectacle et combien émouvant après toutes les angoisses des années précédentes !

Voir défiler nos troupes victorieuses et leurs camarades de combats sous l'Arc de Triomphe de l'Etoile !

Mon cœur exultait de joie et jamais je n'ai éprouvé des émotions aussi réconfortantes.

J'avais bien assisté, dix-neuf ans auparavant, ainsi que je l'ai raconté, à un défilé dans le palais impérial de Pékin, auquel prenaient part les détachements de huit armées différentes. C'était évidemment un très beau spectacle, qui se déroulait dans un cadre magnifique, mais nous étions en Extrême-Orient, loin de la patrie !

A Paris ce jour là c'était la délivrance, c'était la victoire, c'était l'apothéose !

La France venait de vivre cinq années angoissantes ; elle avait été sur le penchant de l'abîme.

Aujourd'hui, grâce au courage et au dévouement de ses poilus, grâce aussi à l'aide puissante de ses alliés, elle venait de se relever et de sauver l'Humanité !

Elle avait rendu à la mère patrie les deux provinces l'Alsace et la Lorraine, qui pendant 46 ans, avaient gémi sous la botte des barbares et elle avait terrassé l'altière Allemagne.

Cette fête se déroula par un temps magnifique.

Depuis la veille un cénotaphe tout doré, d'un goût douteux munichois, je ne crains pas de le dire, avait été installé sous l'Arc de Triomphe.

Dès le matin du 14 ce cénotaphe avait été amené sous le côté gauche à l'entrée des Champs-Elysées. C'est à ses pieds que le Président de la République vint déposer une gerbe de fleurs avant le défilé.

C'est devant ce cénotaphe que les troupes défilèrent, après avoir passé sous l'Arc de Triomphe.

Une généreuse inspiration avait fait décider que les mutilés de la guerre défileraient avant les troupes. Emouvante cohorte, où les aveugles défilèrent aux bras des béquillards, inoubliable passage de ces visages sans yeux, qui se tournent, pâles de fierté, vers les ovations qui les saluent au passage !

En tête de l'immense colonne cheminant botte à botte le maréchal Joffre, le vainqueur de la première Marne, et le maréchal Foch le vainqueur de la deuxième Marne, le vainqueur de la Grande guerre.

Ils passent et une ovation formidable salue les sauveurs de la France et des peuples.

Viennent ensuite les Etats-Majors.

La jeune armée américaine avec le général Pershing, à sa tête, les Belges commandés par le général Gillain, les Anglais, ayant à leur tête le maréchal Haig, qui ont eu l'heureuse idée de grouper leurs drapeaux, ce qui produit un splendide effet.

Les Italiens, commandés par le général Montuori, défilant au son d'une marche entraînante.

L'armée japonaise représentée seulement par un général et quelques officiers.

L'armée héllénique, l'armée polonaise, l'armée portugaise, l'armée roumaine, l'armée serbe, l'armée siamoise, l'armée tchéco-slovaque, défilent ensuite avec une compagnie ayant à sa tête un colonel avec le drapeau de leur nationalité.

Voici maintenant les soldats de la France, avec à leur tête le maréchal Pétain et tout de suite après le général de Castelnau, que la foule s'étonne de ne pas voir maréchal et salue d'acclamations particulièrement nourries.

L'armée française défile : tous les corps d'armée, toutes les armes spéciales, y sont représentées et la foule salue au passage les chefs qui ont tenu haut le drapeau de la France : les généraux Gouraud, Fayolle, Mangin, Humbert, Debeney, Maistre, Guillaumat, et tant d'autres qui sont suivis d'un détachement de fusiliers marins, ayant à leur tête le vice-amiral Ronarc'h, le héros de l'Yser.

Pour clore ce défilé, dans un bruit infernal, apparaissent les chars d'assaut, les tanks, ces machines d'apocalypse, qui prirent une part si glorieuse à la victoire de nos troupes.

Au mois de novembre de cette même année 1919, le Prince de Monaco devant se rendre à Madrid, pour y présider un congrès d'océanographie, me demanda de l'accompagner.

La jeune duchesse de Valentinois, accompagnée de sa gouvernante, faisait partie de ce voyage.

Nous nous mîmes en route le 13 novembre au soir et nous arrivâmes le lendemain matin en gare d'Irun.

Nous trouvâmes dans cette gare le vice-amiral Carranza, aide de camp du roi d'Espagne, qui venait saluer le Prince au nom de son souverain.

Cet amiral, le plus aimable et le plus serviable des hommes, était attaché à son Altesse Sérénissime pendant son séjour en Espagne.

En gare d'Irun se trouvaient également les autorités civiles et militaires de Saint-Sébastien et les membres du musée océanographique de cette ville.

Après un séjour de vingt-quatre heures dans cette jolie ville, si coquette, pendant lequel un splendide banquet fut offert au Prince, nous partîmes pour Madrid, où nous arrivâmes le soir même à dix heures.

Le voyage est peu intéressant ; pendant les premières heures, on traverse un pays de montagnes pittoresques ; ce sont les contreforts des Pyrénées, mais dès que l'on descend dans la plaine, le paysage est affreux et cela presque jusqu'à Madrid. Les plaines de la Vieille Castille sont très plates, dénudées et c'est à peine si, de temps en temps, on aperçoit un arbre souffreteux.

Il paraît cependant que ces plaines sont fertiles en céréales et que, lorsque l'année est pluvieuse, elles donnent de belles récoltes.

On ne rencontre pendant ce trajet que deux villes importantes : Burgos, ville de 31.000 habitants, ancienne capitale de la Vieille Castille, dont on aperçoit du chemin de fer, la splendide cathédrale de style gothique, fondée en 1221 et Valladolid, ville de 71.000 habitants.

On passe également à Ségovie, ancienne ville importante,

ancienne capitale de la région, sous la domination arabe. mais qui n'a plus maintenant que 14.000 âmes.

En quittant Ségovie la voie commence l'ascension des premiers contreforts de la Sierra Guadamara et atteint son point culminant à 1.289 mètres, d'où on a une vue très étendue sur la Nouvelle Castille.

Avant d'arriver à ce point culminant, le chemin de fer passe à Avila, patrie de Sainte Thérèse, qui se trouve à l'altitude de 1.132 mètres.

Après avoir dépassé ce point, la ligne de chemin de fer descend jusqu'à Madrid.

A notre arrivée dans cette capitale nous trouvâmes à la gare le Capitaine général de la Armada. grand amiral Pidal, en compagnie de l'Infant Don Fernando de Bavière. cousin du Roi, qui venaient saluer le Prince au nom de Sa Majesté.

Beaucoup d'autres personnages se trouvaient également à la gare.

Après l'échange des compliments d'usage, nous nous rendîmes en automobile au Palais Royal, où nous devions loger pendant notre séjour à Madrid et où le Roi Alphonse XIII et la Reine Mère dona Maria Christina attendaient le Prince et la Duchesse de Valentinois.

Une conversation de quelques intants eut lieu entre ces personnages, puis le lieutenant de vaisseau Bourée et moi nous fûmes présentés à Leurs Majestés, qui voulurent bien échanger quelques paroles avec nous, puis nous fûmes conduits dans nos appartements. Le lendemain, à 9 heures, du matin. avait lieu, au Palais du Sénat. l'inauguration du Congrès océanographique, qui fut présidé par le Roi et au cours de laquelle plusieurs discours furent prononcés.

Pendant les cinq jours que nous passâmes à Madrid nous prîmes nos repas à la table du Roi. La Reine Mère y assistait toujours et j'eus l'honneur d'être placé à sa gauche à chacun des repas.

Il est difficile de dire l'amabilité et la simplicité de ces deux souverains.

Le Roi, jeune, élégant et d'une gaieté de bon aloi. est le plus charmant homme que l'on puisse rencontrer.

Très familier avec ses invités. tout en conservant une grande dignité, il les met de suite à leur aise.

Il a l'air d'avoir une très grande affection pour sa mère, pour laquelle il a les plus délicates et les plus respectueuses attentions.

Il se rend compte de tout ce qu'il doit à cette femme remarquable, qui, pendant sa longue régence, a fait l'admiration du monde entier, par la correction de son attitude et l'intelligence qu'elle a déployée dans l'éducation du futur roi et le gouvernement du royaume.

J'ai eu, pour ma part, le grand honneur de causer longuement à plusieurs reprises, avec sa Majesté Dona Maria Christina ; je conserve le souvenir le plus agréable de ces conversations, et une grande reconnaissance pour l'aimable souveraine qui a daigné s'entretenir familièrement avec moi.

Après notre premier déjeuner le Roi voulut faire lui-même les honneurs du Palais à la duchesse de Valentinois et à moi. Il nous conduisit successivement dans chacun de ces admirables salons, qui sont de véritables musées. Il nous mena ensuite dans la galerie vitrée, qui fait au premier étage le tour de la cour carrée et dans laquelle étaient suspendues des tapisseries flamandes merveilleusement belles.

Ces tapisseries ne sont installées que dans les grandes circonstances, seulement à deux ou trois fêtes de l'année et lorsque le Roi reçoit des personnages de distinction. C'est le Roi lui-même qui nous fit l'historique de ces tapisseries et nous donna l'explication des sujets représentés.

Il ajouta à ces explications que les tapisseries, que nous avions sous les yeux, étaient à peine la dixième partie de ce qu'il possédait et il y en avait cependant un développement d'au moins 300 mètres.

Il est bon d'ajouter que toutes les résidences royales possèdent également des quantités considérables de tapisseries très belles.

Le Palais Royal est un énorme édifice, de forme carrée, ayant 132 mètres de côté avec cour intérieure.

La principale façade est précédée d'une vaste cour ou Place d'Armes, bordée d'arcades à l'est et à l'ouest.

C'est là que se fait, tous les jours à 11 heures, la parade de la garde montante et de la garde descendante, qui attire toujours beaucoup de monde.

Le Palais Royal domine à l'ouest la campagne de Madrid, dans laquelle coule le Manzanarès.

A l'extrémité sud de l'aile gauche du Palais, avec entrée sur la Place d'Armes, se trouve l'Armeria, riche collection d'armes et d'armures, parmi lesquelles on remarque les armes complètes de Charles Quint.

Les Ecuries royales, situées au nord du Palais, sont également intéressantes à visiter. On y voit de superbes écuries, pouvant contenir 300 chevaux, la sellerie et les remises contenant, outre les voitures de service ordinaire, 20 carrosses de gala, pour la plupart de toute beauté.

Pendant notre séjour à Madrid, je visitai cette ville, qui n'offre pas de grandes curiosités.

La ville elle même n'est pas belle ; il existe au centre une grande Place, la Puerta del Sol, où viennent aboutir toutes les lignes de tramways et où il existe un mouvement très intense.

Les trois rues principales de Madrid, la Calle Mayor, la Calle de Alcala, et la Calle de Attocha, partent de la Puerta del Sol.

A l'est de la ville se trouvent de grands boulevards qui sont très beaux ; c'est la ville neuve, auprès de laquelle s'étend le Parc, qui s'appelait autrefois le Buen Retiro et qui porte aujourd'hui le simple nom de Retiro.

C'est un parc de 143 hectares, avec de superbes avenues, qui sont très fréquentées par de beaux équipages, car il est à remarquer que l'on rencontre encore, à Madrid, un très grand nombre de très belles voitures très bien attelées.

Sur le boulevard du Prado se trouve le Musée National de peinture et de sculpture, qui est certainement un des plus riches musées du monde.

Il contient plus de 2.000 tableaux, parmi lesquels une très grande quantité d'œuvres de premier ordre, où figurent de très nombreux Vélasquez, des Ribeira, des Murillo et des Goya de toute beauté.

L'histoire de la peinture espagnole peut y être étudiée dans toute son ampleur.

Les églises de Madrid n'ont rien de bien remarquable. Il suffit de signaler la cathédrale San Isidro el Réal ancienne collégiale, qui est loin d'être monumentale et l'église San Francisco el Grande, vaste édifice construit de 1761 à 1784, qui a été érigé en Panthéon National. Cette église a été magnifiquement restaurée et officiellement inaugurée en 1889.

La nouvelle cathédrale Nuestra Señora de la Almudena est en construction au sud du palais Royal, près de la grille de la Place d'Armes.

Il existe encore, au sud du Prado, près de la gare du midi, une basilique royale, d'origine ancienne, Nustra Señora d'Attocha, qui est en reconstruction.

J'aurais beaucoup désiré voir l'Escurial : une excursion avait été organisée par le Roi, mais je ne pus y prendre part parce que ce jour là j'étais invité à déjeuner, avec le Prince de Monaco, par Monsieur Alapetite, ambassadeur de France.

Pendant le séjour de son Altesse Sérénissime le Roi offrit un grand dîner en son honneur et le lendemain eut lieu une représentation de gala au Théâtre royal.

Nous restâmes à Madrid, cinq jours seulement.

La veille de notre départ une grande manœuvre de la garnison de Madrid avait été effectuée, aux environs de la capitale. Les troupes, au retour, devaient défiler devant le Palais Royal. Le Roi eut l'aimable attention de me demander d'assister à ce défilé, en me plaçant à ses côtés sur un balcon du Palais.

Avant le départ, le Roi me fit remettre le grand Cordon d'Isabelle la Catholique, avec sa photographie dédicacée.

Un grand événement devait survenir quelque temps après dans la famille princière.

La charmante petite fille du Prince, la duchesse de Valentinois, était fiancée, à la fin du mois de janvier 1920, avec un jeune homme d'une des plus illustres familles de l'aristocratie française, le Comte Pierre de Polignac.

Le mariage eut lieu, le 20 mars suivant, à Monaco en grande pompe et la bénédiction nuptiale fut donnée au jeune couple par son Eminence le Cardinal Luçon, archevêque de Reims.

J'eus une grande joie de revoir à Monaco le vénérable Prélat, dont j'avais fait la connaissance à Reims, au mois de novembre 1914, au moment où sa cathédrale était bombardée journellement par les Allemands.

Nous nous rappelâmes avec émotion les visites que nous échangeâmes à cette époque.

Le Prince eut l'aimable attention de me donner, le jour du mariage, le grand cordon de son ordre de Saint Charles.

Dans l'après-midi du jour où fut célébré le mariage religieux, j'accompagnai le cardinal dans une visite qu'il fit à l'Impératrice Eugénie, qui était en villégiature dans sa ville du Cap Martin.

Je ne saurais exprimer l'émotion que j'éprouvai en voyant cette vieille femme de 94 ans, sourde et presque aveugle, mais dont l'esprit conservait une grande lucidité.

Je n'oublierai jamais la bonté avec laquelle elle nous reçut.

Mes yeux ne pouvaient se détacher de cette figure qui, quoique flétrie par la vieillesse, conserve encore un grand charme.

Je me reportais, à l'époque de ma jeunesse, où cette femme était dans toute sa beauté et dont on parlait avec admiration.

En rentrant au Palais de Monaco, je me précipitai dans un des salons, où se trouve le portrait de l'Impératrice, qui est une réplique du portrait si connu de Vinterhalter et je cherchai à retrouver dans l'admirable figure que j'avais sous les yeux, les traits de la vieille femme que je venais de voir.

Je n'eus pas de peine à retrouver son profil.

L'Impératrice Eugénie est morte en Espagne, peu de temps après, au mois de juillet.

Me voici arrivé au terme de mes souvenirs.

J'ai fait de mon mieux pour les rendre intéressants. J'aurais pu les arrêter au moment où j'ai remis mon épée au fourreau.

J'ai cru bien faire, en les continuant jusqu'à la fin de la Guerre mondiale, pour raconter les visites que j'ai faites avec le Prince de Monaco aux fronts italiens et belges et aux souverains amis de Son Altesse Sérénissime.

Je souhaite que le lecteur éprouve autant de plaisir à les lire que j'en ai pris en les écrivant.

Je les ai commencés sans enthousiasme, puis j'ai pris goût à ce travail, qui m'a permis de revivre près d'un demi-siècle de mon existence.

Et maintenant après une vie si agitée, consacrée tout entière au service de mon pays, je vais attendre dans le silence et dans le repos, le moment où il plaira à Dieu de me rappeler à Lui.

Château de Chacagnac, le 20 septembre 1920.

Des événements importants m'ont empêché de publier ces souvenirs écrits en 1920.

Cinq années se sont écoulées depuis ce moment, pendant lesquelles mon existence a été fréquemment troublée. Le Prince Albert Ier de Monaco est mort au mois de juin 1922 et j'ai eu la grande douleur de perdre ma chère femme à Rome au mois de novembre 1923 pendant un voyage d'agrément que nous faisions en Italie.

C'est à elle que je dédie ces souvenirs, car, pendant trente années, elle a partagé et embelli mon existence.

Paris, le 15 *avril* 1925.

FIN

Obsèques du Prince Albert 1ᵉʳ de Monaco, au Palais de Monaco
(8 Juillet 1922

TABLE DES MATIÈRES

Voyage à Bruxelles, Amsterdam, la Haye. — Remontée du Rhin (Cologne, Mayence, Coblentz). — Séjour à Limoges. — Camp du Pas des Lanciers. — Je suis nommé dans l'infanterie de marine. — Séjour à Rochefort. — Départ pour le Tonkin. — Escale de Port-Saïd, Obock, Singapour, Saïgon. — Arrivée en baie d'Along. — Débarquement à Haïphong. — Je suis nommé au 2ᵉ régiment de tirailleurs tonkinois (Nam-Dinh, Ninh-Binh, Phu-Mé). — Colonne de Tanh-Hoa. — Séjour dans les postes malsains de Hoï-An et Thac-By. — Séjour à l'hôpital d'Hanoï. — Séjour dans les postes de Quinh-Coï et de Phu-Nho-Quan. — Je suis nommé chevalier de la Légion d'honneur. — Voyage à Hong-Kong et à Canton. — Retour en France. — Escales de Saïgon, Singapour, Colombo (excursion à Kandy), Aden, Port-Saïd. — Arrivée à Marseille.

CHAPITRE IV

Je suis désigné pour servir au 2ᵉ régiment d'infanterie de marine à Brest. — Je suis nommé chef de bataillon. — Je suis nommé à l'état-major du général commandant en chef les troupes de l'Indo-Chine. — Départ pour le Tonkin. — Escale à Alexandrie. — Voyage au Caire. — Escales à Aden, Colombo, Singapour, Saïgon, Tourane. — Arrivée à Hanoï. — Séjour à l'hôpital d'Hanoï. — Voyage à Hué. — Départ pour la France. — Le choléra se déclare à bord. — Quarantaine dans la rivière de Saïgon. — Escales à Colombo, quarantaine à Thor (Egypte). — Escales à Port-Saïd et à Alger. — Arrivée à Toulon.

CHAPITRE V

Je suis nommé aide de camp du vice-amiral préfet maritime de Toulon. — Vice-amiraux de Boissoudy, Browen de Colstoun, Vignes. — Visite à Toulon de l'escadre russe de l'amiral Avellan. — Je suis nommé lieutenant-colonel. — Je suis désigné pour prendre le commandement du 12ᵉ régiment d'infanterie de marine en Nouvelle-Calédonie. — Départ de France. — Escales à Port-Saïd, Djibouti, Mahé des Seychelles, Albany, Adélaïde, Melbourne, Sydney. — Arrivée à Nouméa. — Je remplis par intérim les fonctions de commandant militaire. — Voyage aux Loyalty et aux Nouvelles-Hébrides. — Départ pour la France. — Arrêt de sept jours à Sydney. — Escales à Melbourne, Adélaïde, Albany, Colombo, Aden et Port-Saïd. — Arrivée à Marseille.

CHAPITRE VI

Je suis nommé au 5ᵉ régiment d'infanterie de marine à Cherbourg. — Je commande ce régiment. — Intronisation de mon oncle sur le siège épiscopal de Troyes. — Je suis désigné pour servir en Indo-Chine. — Départ de Marseille. — Escale à Port-Saïd. — Echouage dans le lac Timsah (canal de Suez). — Excursion au Caire. — Escales à Aden, Colombo, Singapour, Saïgon, Tourane. — Arrivée à Hanoï. — Je prends le commandement du 9ᵉ régiment d'infanterie de marine. — Je suis promu colonel. — Voyage à Lang-Son. — Je suis désigné pour aller prendre le commandement du Corps expéditionnaire de Chine.

CHAPITRE VII

Voyage du Tonkin en Chine. — Arrivée en rade de Takou. — Arrivée à Tien-Tsin. — Combats à Tien-Tsin. — Prise de la cité chinoise de Tien-Tsin. — Je suis nommé officier de la Légion d'honneur. — Prise des tas de sel chinois. — Arrivée du général F. — Combat de Peï-Tsang. — Combat de Yang-Tsoum. — Marche sur Pékin. — Arrivée à Pékin. — Défilé dans le Palais Impérial. — Arrivée en Chine du général Voyron. — Départ de Pékin. — Séjour à Tien-Tsin. — Difficultés avec le général F. — Départ de Chine. — Escales à Nagasaki, Shangaï, Hong-Kong. — Arrivée au Tonkin. — Départ de Hanoï. — Séjour à Saïgon. — Escales à Singapour, Colombo (excursion à Kandy), Bombay, Port-Saïd. — Arrivée à Marseille.

CHAPITRE VIII

Je suis nommé au commandement du 21ᵉ régiment d'infanterie coloniale à Brest. — Conseil de guerre du lieutenant-colonel de Saint-Rémy. — Je conduis le 21ᵉ régiment à Paris. — Je suis nommé commandeur de la Légion d'honneur. — Visite à Paris du roi d'Angleterre Edouard VII. — Je suis désigné pour servir à Madagascar. — Voyage. — Escales à Port-Saïd, Djibouti, Zanzibar, Majunga, Diégo-Suarez. — Le général Galliéni. — Voyage de Tamatave à Tananarive. — Je prends le commandement du 1ᵉʳ régiment de tirailleurs malgaches. — Je commande p. i. les troupes de Madagascar. — Séjour à Tananarive. — Je suis désigné pour prendre le commandement du point d'appui de la flotte à Diego-

CHAPITRE XI

Mobilisation générale. — La guerre est déclarée par l'Allemagne. — Je vais mobiliser à Alençon la 166ᵉ brigade territoriale. — Je conduis cette brigade à Paris. — Avance des Allemands sur Paris. — Je suis nommé général de Division à titre temporaire. — Je reçois le commandement de la 86ᵉ division territoriale. — Je suis mis à la disposition du général Foch, commandant la 9ᵉ armée. — Je reçois le commandement de la 52ᵉ division de réserve à Reims. — Je suis nommé au commandement du secteur de Reims. — Grave indisposition. — J'entre à l'hôpital du Val-de-Grâce. — Je suis replacé au cadre de réserve. — Enterrement du général Galliéni. — Voyage à Londres. — Voyage au front italien. — Séjour au quartier général du Roi d'Italie. — Visite du Prince de Monaco au Pape. — Visite au front belge. — Séjour au quartier général du Roi des Belges. — Armistice. — Visite à Reims et à Soissons. — Voyage en Alsace-Lorraine. — Mulhouse, Colmar, Strasbourg, Metz, Luxembourg. — Traité de paix. — Voyage à Madrid et séjour au Palais Royal. — Mariage de la duchesse de Valentinois.